劝富的追问

百年中国的工商巨子

张秀枫 著

21 二十一世纪出版社集团
21st Century Publishing Group

图书在版编目（CIP）数据

　　财富的追问：百年中国的工商巨子 / 张秀枫著 . -- 南昌：二十一世纪出版社集团，2016.4 （2021.4重印）

　　ISBN 978-7-5568-1712-2

　　Ⅰ . ①财… Ⅱ . ①张… Ⅲ . ①企业家—列传—中国—近现代 Ⅳ . ① K825.38

　　中国版本图书馆 CIP 数据核字 (2016) 第 073106 号

财富的追问：百年中国的工商巨子

张秀枫 / 著

责任编辑	张　宇	
出版发行	二十一世纪出版社集团	
	（江西省南昌市子安路 75 号　330009）	
	www.21cccc.com　cc21@163.net	
出 版 人	张秋林	
经　　销	新华书店	
印　　刷	廊坊市瑞德印刷有限公司	
版　　次	2016年6月第1版　2021年4月第2次印刷	
开　　本	710mm×1000mm　1/16	
印　　张	20	
字　　数	300 千	
书　　号	ISBN 978-7-5568-1712-2	
定　　价	45.00 元	

赣版权登字—04—2016—192

目　录

胡雪岩的是非功过 ……………………………………………………… 1

　　"红顶商人"胡雪岩，从放牛娃到"资产半天下"的中国首富，一直在历史的神龛里被顶礼膜拜。然而，当代中国著名企业家马云和宗庆后却对其不屑，认为他只会钻营、官商勾结。如何重新打量和审视胡雪岩在中国商业史上的是非功过？在他神奇经商手段的背后，折射了中国商人自古以来怎样的宿命？"胡雪岩热"的当下警示又是什么？

帝国斜阳下的"朝廷柱石" ……………………………………… 23
——作为企业家的张之洞

　　他不但是中国钢铁工业的开拓者和奠基者，而且是中国近代铁路的开拓者之一，中国新式军队的开创者之一，创建了南京大学、武汉大学等历史名校，他的"中体西用"思想影响至今……他是历史上罕见的诤臣、能臣和良臣，以其瘦弱之躯杠鼎着大清这个风雨飘摇的王朝。他的一生做了许多人一生合起来也做不了的事情。他的生命密度超乎常人。

盛宣怀的经世之才为当世所器重, 慈禧太后评点说: "盛为不可少之人。"孙中山先生在中华民国成立后以临时大总统的身份, 通过其代表招募盛, 同时赞誉说: "热心公益, 而经济界又极有信用。"当代学者、《盛宣怀传》的作者夏东元先生评价盛说: "处非常之世, 走非常之路, 做非常之事的非常之人。"

张謇的事业从轰轰烈烈到黯然落幕, 有一种难以言说的伟大和光荣。他用一己之力对抗一个时代, 用悲壮的追寻和一生的血汗, 改变、推动并影响了中国近代的历史。他是一位顶天立地、正大光明的失败的英雄。

周学熙一生致力于中国近代工业的奠基和发展, 是位名垂青史的大实业家, 也是一位具有开拓精神的金融家, 除创建北洋银元局和天津官银号、一度出任北洋政府的财政总长外, 还创建了中国实业银行, 而1908年他所创建的京师自来水公司, 则是其一生事业的最大亮点。

一个出身寒苦的商人，如何在起伏动荡的乱世里，攫取财富、攀爬高位并且屹立不倒？作为金融大佬和企业霸主，他如何在权力与金钱之间成功游走、站在舞台的中央而且左右逢源？他与蒋介石勾肩搭背，黄金荣、杜月笙都要让他三分，他那张巨大而圆滑的人际关系的大网是如何编制的？

　　1905年，简照南、简玉阶兄弟创建了南洋兄弟烟草公司，在政权更迭、战火纷飞的乱世中，它凭什么向全球的烟草巨头叫板、抗衡和对垒博弈？它是如何从白手起家发展到中国最大、历史最久的烟草企业的？简氏兄弟拥有怎样的企业家精神和商业智慧？

　　1946年4月25日上午9时45分，荣德生和儿子等三人乘坐小轿车，由上海市高安路210弄20号的家中驶出，刚刚拐上马路，突然遭到三名持枪男子的拦截和绑架。朝野为之震惊，舆论一片哗然，蒋介石"震怒万分，令速竣办"，撤换了上海市市长和警察局局长，加强了侦破的力度……

陈嘉庚一生经历了晚清、民国和新中国三个历史时期,此间发生了两次全球性经济危机和两次世界大战,先后与孙中山、蒋介石、毛泽东建立过良好的个人关系,他是华人世界公认的华侨领袖,受到海内外广大人民的无比崇敬,不平凡的一生蕴藏着多少惊心动魄、意味无穷的故事和传说?

　　棉花大王穆藕初,是西方科学管理理论的传播者和实践者、近代中国企业管理体制创新的先驱。猎鬃大王古耕虞在你来我往的商战攻防中,以小胜大、以少胜多,手段独到而新颖,所向披靡。火柴大王刘鸿生善于用人、长袖善舞,出色的商业才干在他的人生中摇曳生辉。金笔大王汤蒂因是少数成功的商界木兰,毛泽东风趣地称她为"金笔汤"。

　　民国商界的"四大天王"见证了从一穷二白到事业有成所能达到的人生高度。

　　1945年10月4日下午2时,重庆沙坪坝南园,被时人和后世称为"中国化工之父"的范旭东溘然离世。正在参加国共和谈的毛泽东亲笔书写了"工业先导,功在中华"的挽联,蒋介石派人送去了"力行致用"的挽幛。周恩来、王若飞、朱德、彭德怀、郭沫若等人都送去了挽联,表达了深切的哀悼和崇高的评价。

　　他是近代中国的"船王"、以"实业救国"而名闻天下的企业家。他所创办和经营的民生公司和重庆北碚乡村建设被历史所永远铭记。他是被毛泽东称为不能忘记的中国实业家之一。他轰轰烈烈的一生是如何度过的？他缘何要以自杀这种极端的方式告别他无比热爱的世界？怎样的纪念才是对他在天之灵最好的告慰？

"财富之上"有什么？

姚景源

在风雨飘摇的晚清和军阀混战、北洋执政的年代里，中国企业家艰难地登上了历史舞台。从破土而出的稚嫩到逐渐壮大进而可以影响中国的政局、成为那个时代最引人注目的群体，经历了差不多百年的砥砺和淬炼。

张秀枫先生的《财富的追问》一书，选取了 15 位中国近代有代表性的商界巨擘和优秀企业家，再现了他们既波澜壮阔又跌宕起伏的一生，描述了他们如何平地起高楼、创下了丰功伟业和惊人的财富，既有对成功经验的理性梳理，也有对财富玄机的审视破解，既有对企业经营具有穿越时空、普适意义的阐释，也提出了对失败教训的冷静剖析及其对现实的殷鉴和思索。

作者用现代的视角回望百年历史，既摒弃一些年来妖魔化资本家、买办资本家和商人甚至实业家的传统观念，更不简单地复述历史或人云亦云地迷恋于人物的表层经历；而是实事求是地考察、诠释、评价中国近代财富巨擘人生的关键节点、经商智慧、社会活动和思想变化及走向，寻找其历史地位、探究其现实价值，在求新、深度和厚度上发力。

作者的叙事和议论，始终将传主置身于具体的时代和具体的环境中，既不拔高、矮化，也不苛求古人，有些篇章还将视野拓宽至西方国家彼时的商业活动，进行有趣的对比。作者多次引用并阐释毛泽东、蒋介石、胡适、王石、冯仑等现当代著名的政治家或企业家对近代财富巨擘的看法或评价，将百余年来不同时期、不同身份人物的认识有机地勾连在一起，互为映照，发人深思。

作者还向更加纵深的层面进行了有益的探讨和开掘。商人以赢利为其经济活动的出发点，他们胼首胝足、惨淡经营，集腋成裘，拥有了巨大的财富，或富可敌国，或坐拥一方，荣德生兄弟在 1930 年代就控制了中国一半以上的面粉厂和棉纺厂，被称为"中国的洛克菲勒"。其他商界大腕亦毫不逊色，都是近代中国不同年份的"中国首富"。然而，他们从未把利润最大化看作是第一追求，而是有着更高的目标。什么才是更令他们神往并且穷其一生为之而殚精竭虑、孜孜以求的呢？也就是说，"财富之上"他们还拥有什么？

张謇、荣德生兄弟、周学熙、穆藕初、简照南兄弟、范旭东、卢作孚等等，这些灿若星辰的名字，代表了中国近代企业发展的方向，谱写了民族工商业的艰巨和辉煌，既标志了一个时代所能达到的高度，也为后世留下了宝贵的精神遗产。

张謇是近代中国民营企业的先驱。他经过数十年的艰辛和努力，终于攀爬到了中国科举的最高峰，获得了耀人眼目的状元头衔。匪夷所思的是，"大魁天下"三个月后，他竟毅然决然地放弃了功名利禄，宣布"下海"经商，从此踏上了一条荆棘丛生的商业之旅。这是因为，甲午海战之后，内忧外患、积贫积弱的中国，使他深受刺激，决心通过实业来实现他"救国图存"的伟大抱负。这种为国为民的忧患意识，不但是张謇，也是那个时代所有优秀企业家从事商业活动的初衷和动力。

在国家和民族面临生死考验的关键时刻，这种爱国主义的情怀表现得更加强烈而动人心魄。1937 年 12 月南京和武汉相继沦陷，大量后撤重庆的人员和迁川工厂设备屯集于宜昌，日机昼夜轰炸，形势万分危急。四川企业家卢作孚组织民生公司的全部船只和职员采取分段运输的办法，昼夜兼程地抢运了四十多天，损失了 16 艘轮船，牺牲了百余名员工，终于胜利地完成了任务，为中国的抗战保存了宝贵的命脉，创造了民营企业在世界战争史上的奇迹，被称为"中国的敦刻尔克大撤退"。

企业家有了钱干什么，追求个人享受还是回馈社会，是不同思想境界的分水岭。2014 年 4 月 29 日，房地产企业家王石在一次会议上说，包括柳传志、张瑞敏和他在内的当代企业家，还低于民国初年工商界的水平，不如荣德生他们，因为荣家用自己家族的钱在无锡修建了"梅园"，这是企业家送给这个城市和市民的礼物，中国现在的企业家还没有谁能做到这一点，"社会担当不如"。

其实，何止荣德生兄弟，无私奉献社会的精神是中国近代优秀企业家的共同追求，他们的行为感动了几个时代。

张謇充满了现代气息的南通"试验"、卢作孚推行的"理想国"北碚乡村建设，以及众多企业家难以胜数的修桥铺路等公益事业，都是名垂青史、流芳百世的生动案例。中国近代优秀企业家视富贵如浮云、以个人奢靡享受为可耻，赤条条来又赤条条去，没有给家人和子女留下什么财产，却留下了尊贵的人格和高洁的品德，他们丰富蕴藉的精神世界和光风霁月的高尚情操，永在人间，昭示百代。

家国情怀和奉献精神与中国近代优秀企业家的生命同在。物质的生命消失了，精神的生命却与日月同辉。不管你手里攥着多少财富，如果"财富之上"一无所有，也是肤浅的、没有分量的，无法担当起推动历史进步的重任。

一段时间以来，发财术、掘金术、教人一夜致富之类的图书大行其道，不少媒体也弥漫着金钱的气味，古老的财富神话和现实的财富传奇令人眼花心迷。这样的文化背景下，人们呼唤严肃的、有价值的财经图书，也就成了"题中应有之义"。《财富的追问》一书，作者以文学的魅力和历史的穿透力，热眼相看，冷静思考，读起来饶有诗意、新意亦不乏深意，开阔视野，促人深思。

张謇、卢作孚等中国近代优秀企业家，仿佛一座座山，矗立在风烟弥漫的历史深处，本书作者向读者和当下的企业家们提出了一个意味深长的问题："山在那里，我等何为？"

是为序。

（作者为国务院参事室特约研究员、著名经济
学家、国家统计局原总经济师兼发言人）

中国企业家的精神源泉

吴井田

　　在民族振兴的伟大征程中,在新时代新一轮的经济大潮中,中国企业家以冲天狂飙、地火喷发之势,全面崛起、迅速壮大,成为实现"中国梦"的生力军和主力军。

　　然而,有一些企业家却道德沦丧、毫无底线,为了利益的最大化,而使"三聚氰胺"之类的恶性事件层出不穷。于是全社会都在讨论社会责任和时代担当,呼唤中国的工商文明。这时,人们把追寻的目光投向了那个曾被历史尘埃所掩埋并被遗忘的阶层——中国近代企业家。人们蓦然发现,他们所达到的精神高度,令人惊讶和仰慕。中国的企业家精神并非空穴来风、虚无缥缈,而是植根于深厚历史的民族土壤。

　　秀枫先生的新著《财富的追问》,描述了中国近代企业家在时局动荡国难当头的历史背景下,艰难地开创了资本主义发展的短暂春天,为民族工商业的崛起和发展发挥了引领作用,赢得了荣誉和尊严,对其精神世界的形成、内蕴和价值更是精心着墨，开合转承，颇见功力，富有启示。

爱国主义是中国近代企业家最强大的内在驱动力。简照南兄弟之所以历尽千难万险创办南洋兄弟烟草公司，就是因为当时英美烟草公司的产品独霸中国市场，民族卷烟业不是被扼杀于摇篮之中，就是被绞杀于萌芽时期。为了"挽回利权"，他们选择了"实业救国"这条荆棘丛生的创业之路，提出了"中国人请吸中国烟"这样既鼓舞民族自尊又切中市场卖点的宣传口号，推出了"大爱国""大长城"等富有民族色彩的品牌，吹响了与列强产品一决雌雄的战斗号角。理想主义和家国情怀是近代企业家精神的核心价值。

到无锡寻访荣氏家族的历史辉煌和过往遗迹时，可以看到荣德生开创惊世伟业的四台石磨，时至今日它仍然打动着无数有着创业梦的人。艰苦奋斗、矢志创业是中国近代企业家留给后世重要的精神瑰宝。

这些创业者大都出身寒苦，历尽艰辛和磨难，但他们勇于冒险、不惧大风大浪，一步一个脚印地白手起家、集沙成塔，平地起高楼。富可敌国的"红顶商人"胡雪岩不过是个放牛娃出身，荣德生兄弟的先天条件几乎是零，但是他们都成就了非凡的事业。荣德生73岁回眸初起时说："回想45年前，筚路蓝缕，创业伊始，由小做大，有此成就，殊出意外，深愧既无实学，又无财力，事业但凭诚心，虽屡遭困厄艰难，均想尽办法应付，始化险为夷。"

创业的过程更加艰险，"中国化工之父"范旭东，为了结束中国人不会造碱的耻辱，发愤创建制碱厂。由于洋人掐脖，自己又技术落后，因而备受挤压，但他雄心不减、越挫越勇，搞不出产品宁可自杀，前后数年九死一生，终于造出了超过英国公司"洋碱"的中国"纯碱"，使中国人在那个年代里难得地扬眉吐气。百折不挠的韧劲贯穿了中国近代企业家创业的全过程。

20世纪初，奥国经济学家熊彼特在他的"创新理论"中认为，作为资本主义灵魂的企业家的职能就是实现"创新"，不断把生产引向新方向，必须"不断地从内部革新经济结构，即不断地破坏旧的，不断创造新的结构"。不断创新既是中国近代企业家在激烈竞争中生存的"不二法门"，也是其事业发展壮大的利器。每一次突破都是新的开始。

体制、制度和管理创新在工商创新中占有重要位置。"状元企业家"张謇是中国民营企业的先驱，民营的道路一波三折，权力对企业的染指、干预和鲸吞从未停止过，张謇对此既始终葆有警惕，也在不断地抗争、妥协和再抗争。简照南在1940年代即已开始在自己的企业中"去家族化"，实行所有权和经营权的分离。张謇创办大生纱厂时亲自撰写了《厂约》，多达25章195条，大到办厂宗旨、董事分工，小到来客招待的不同标准，均有详尽的"规矩"，成为中国近代企业管理的最初范本。

中国近代企业家一直追求新工艺、新技术和新人才。荣宗敬办厂"机器力求其新"，卢作孚的民生公司率先在轮船里引进无线电等设备，领先于日、美等轮船公司。1921—1931年《海关十年报告》中说："中国的实业家们渴望获得最新工艺技术，这可从多数工厂采用外国机器设备一事得到佐证。"企业家们对掌握新科技的人才更是高度重视，"火柴大王"刘鸿生聘请化学博士林文骥，攻克了技术难关，使产品质量获得了根本性的改善和提升。范旭东一生追求科技创新，他与李烛尘、侯德榜、王小徐、陈调甫等科学家组成的科技精英团队，开创了中国人对世界科技进步做出重大贡献的先河，书写了中国近代企业史和科技史的新篇章。

强烈的社会责任感是中国近代企业家重要的精神特征。商人赚钱天经地义、无可厚非，然而其中之佼佼者却把奉献社会、造福大众作为自己的矢志追求。积贫积弱的中华民族崛起的根本在于"开启民智"，这几乎是有识之士的共识，因而他们总是把"实业救国"和"教育救国"紧密地结合在一起。张謇、陈嘉庚等企业家为教育投入了毕生的心血，其事迹感天动地、可歌可泣。此外，例如张之洞创办的武汉大学、南京大学、华中农业大学，盛宣怀创办的上海交通大学、天津大学等等，亦名垂后世、青史留名。近代企业家对社会责任的认识，早已超越了造桥修路、做做慈善那种简单的模式，而是具有了将工业化带动城市化的深刻内涵。张謇的南通自治、卢作孚的北碚乡村建设、荣氏兄弟的"无苏常"区域规划、周学熙的天津塘沽和乐山五通桥……古老而贫穷的中国现代化道路，在他们的脚下艰难地起步、延伸，"达则兼济天下"的传统美德在历史的深处熠熠闪光。

企业成败的关键是文化，商界那些"常青树"企业均得益于独特的企业文化。

"红顶商人"胡雪岩一百二十多年前提出了"戒欺""客户第一"和"采办务真，修制务精"等经营理念，其诚信和商德为世代所传诵，使其虽败犹荣。古耕藕二十多岁就做了老板，他早慧早熟地指出："信用是买卖人的无价之宝，是不能以数字来衡量的。"他的猪鬃生意从四川做到全国、从中国做到欧美各国，百分之百地信守合同，始终保持着良好的信誉，就连约会这等小事也要一丝不苟，他将此称之为"企业家风度"。

如何占领人才高地、凝聚人心，是企业文化的重中之重。张之洞为了办好他的"重工业"，竟然聘请并重用自己政敌李鸿章的"红人"盛宣怀。南洋兄弟烟草公司的简照南不拘一格，用人唯贤，为企业家树立了榜样。建造"南洋"上海厂房时简照南启用年轻人陈其均，陈打破陈规陋习却遭到抵制和反对，简照南则全力支持，为新的管理模式撑腰。在美国采购烟叶这样关键的岗位，简照南竟直接聘请了一个美国人。简照南的善于用人、以长取人和不求完人的人才观，值得借鉴。

站在时代前列、富有商业智慧的企业家，不但把产品质量作为企业的生命，而且已经具备了商标意识和创造品牌的冲动。张謇的"魁星"和"寿星"棉纱、荣氏兄弟的"兵船"面粉和"人钟"棉纱、范旭东的"海王星"牌精盐和"红三角"牌纯碱、周学熙的"马牌"水泥和简氏兄弟的"双喜"香烟等等，都曾名重一时、影响深远，有些品牌至今仍为群众所喜闻乐见，具有了百年以上的生命，成为跨世纪的"中国名牌"。

中国近代企业家的精神风貌和理想主义的光芒，特别是他们的家国情怀、创业豪气、创新追求、责任担当和文化建树，为后来者树立了光辉的榜样，值得我们认真地继承和学习。中国当代企业家有了这样的历史传承，便有了楷模，有了借鉴，有了动力，也就有了走得更远的未来。

秀枫先生所学为文学专业，工作后又一直在一家文学出版社供职。他编辑或主编了很多广有影响的图书，曾获中国最高出版奖"国家图书奖"，而《新时期争鸣作品丛书》则在 20 世纪八九十年代名噪一时，一度洛阳纸贵。他还是一位有成就的作家，其小说、散文和评论均不乏佳作，获得过各种奖项，被译成多种语文出版，两次被选作全国中学语文教材。2007 年创办《时代商家》杂志，我邀其南下助阵，十余年来克尽职守，贡献卓著，其工作性质亦由文学而"转型"到财经，此番对中国近代企业家的述评，可谓"跨界写作"的成功尝试。文稿曾在《时代商家》以"重磅人物"为栏目连载了 12 期，读者反响较好，结集出版他又进行了深度加工，质量有了明显提升。当然，该书也有不足或遗憾，如全书框架结构的逻辑性和系统性、传主描绘的个性化和复杂人性的探究等，似均有提升之空间。

秀枫先生是一位勤奋、求新而有独立人格的作家，我相信他会写出更多更好的作品。我与秀枫是多年的朋友、挚友，几年前他在岭南置房，我曾书"空山听雨，斯世同怀"条幅见赠。如今他的新著《财富的追问》即将面世，何以为贺呢？思之再三，也送他几个字吧："沧桑心定，海岳梦飞"。不知以为然否？

（作者为深圳市政协原副主席、深圳市企业联合会功勋名誉会长、《时代商家》杂志社社长兼总编辑）

胡雪岩像

胡雪岩的是非功过

  "红顶商人"胡雪岩，仿佛一颗耀眼的流星，划过晚清昏暗的天际。从放牛娃到"资产半天下"的中国首富，他那神话般的发迹和扑朔迷离的破败，一直为人所津津乐道和唏嘘慨叹。"当官要学曾国藩，经商要学胡雪岩"在胡生前就广为流传；而在他死后，赢得了更为眩目的地位，在历史的神龛里被顶礼膜拜。文史学者、小说家和文艺作品对他的演绎和渲染更是铺天盖地、推波助澜，20世纪八九十年代就有香港、台湾和大陆的电视连续剧竞相问世，使其更加深入人心、妇孺皆知。

  然而，著名企业家、2014年的中国首富马云却在同年11月20日于乌镇的演讲中指出："胡雪岩给我们树立了一个坏榜样。"另一位著名企业家、2010年的中国首富宗庆后对胡更为不屑，认为他只会钻营、官商勾结，通过占据政府资源达到垄断的目的。

坐落在"青春宝"集团的胡雪岩铜塑像

认识和评价如此相左并且悬殊，其中巨大的鸿沟都填充了什么？如何重新打量和审视胡雪岩在中国商业史上的是非功过？在他神奇经商手段的背后，折射了中国商人自古以来怎样的宿命？"胡雪岩热"的当下警示又是什么？

贫穷培育德性

清朝道光三年（1823 年），胡雪岩出生于安徽省绩溪县湖里村，小名顺官，父亲胡鹿泉是位有文化的乡村士绅，教授雪岩诵读《千字文》《百家姓》等启蒙读物。雪岩成人后才名胡光墉，号雪岩，以雪岩行世，家有兄弟四人，雪岩居长。雪岩自幼好学上进，很快便粗通文墨，父亲亦对他寄予厚望，临终时对家人说："欲兴吾家，其惟顺儿乎！"

雪岩 12 岁时失父，家道中落后竟一贫如洗，迫于生计，不得不为有钱人家放牛。相传有一天上午放牛时，他在亭子旁捡到一个蓝色包袱，内有换洗衣服、散碎银两和一张 300 两的银票。他大吃一惊，这些钱足以让全家过上衣食无忧的生活；然而，兴奋之余他又想到了失主的焦急和痛苦，于是坐在亭子里等候。太阳偏西时，一个客商模样的人才慌慌张张地跑来，雪岩确认他就是失主后，就将包袱交还给他。客商要送银子给雪岩，雪岩坚辞不受。

13 岁时少年胡雪岩告别寡母，走出绩溪，经过"浙皖古道"来到杭州的信和钱庄当学徒。他从扫地、倒尿壶等杂役干起，三年学徒期满后由于干活勤快卖力、头脑灵活，人缘又好，被留在钱庄当伙计，每天除了干好份内工作，他还专心学习算盘，三个手指练得飞快，而且还善于心算，客商报账时，他能迅速心算对账，分毫不差，闻者为之惊讶。16 岁时升为钱庄的"跑街"。

接受命运的安排，不怨天尤人，坦然面对现实，放牛就把牛看好，对意外之财不起贪心；学徒就要表现出色，努力修练本事，老老实实地等待机会降临。这是一种德性，也是一种智慧，它将把人带到远方。

与胡雪岩同为安徽且同为1823年生人的李鸿章，则与胡雪岩的凄惶相反，一出生嘴里就含个金疙瘩，从小学习经史，追逐功名，少年意气，挥斥方遒。在科举的路上奋力狂奔时曾写下名动一时的诗篇："丈夫只手把吴钩，意气风高百尺楼。一万年来谁著史，三千里外觅封侯。"

胡雪岩和李鸿章的少年时代正值清朝由盛而衰的转折期，大清第八任皇帝道光有心治国，无力回天，根烂叶败，国政匮废。与西方的差距也越来越大，终于在胡、李19岁的时候，爆发了标志中国进入半封建半殖民地社会的鸦片战争，失败后签订了丧权辱国的《南京条约》。

此时西方列强的工业革命正蓬蓬勃勃、如火如荼，1830年9月23日清晨，20万英国人冒雨守候在从利物浦到曼彻斯特30英里长的铁轨边上，等待见证世界上第一条铁路的开通。此外，电报、蒸汽轮船、冶金、石油……一个个新兴的行业雨后春笋般涌现并风靡世界，而此前亚当·斯密的《国富论》已经出版，此后的《公司法》更从制度的层面为资本主义的崛起筑起了坚固的基石。

李鸿章像

患难之交有真情

所谓"跑街"，就是在外面洽谈生意的业务员，由此胡雪岩认识了许多人，其中包括穷困潦倒的王有龄。孰料此事成了胡雪岩一生的转折，他不但捞到了生平的第一桶金，而且从此发迹而且一发而不可收。

王有龄出身官宦，但家道中落，父亲为他卖掉全部家产捐到一个虚职官名后，再也无力挣扎，客死异乡。他自己也屡试不中，前途渺茫，坐拥愁城。胡雪岩与他虽是萍水相逢，却是颇有好感，对其遭遇更是深表同情。胡雪岩因家贫读书很少，对有学问的人一向尊重钦敬，便想助他走出困境。

王有龄像

然而，胡雪岩不过是个钱庄的小伙计，心有余而力不足。无奈之中，他竟冒着丢掉饭碗的风险，将自己费了九牛二虎之力才收回的一笔死账500两银子，私自借给了落魄书生王有龄，权当"做官的本钱"。王有龄感动莫名，与胡雪岩结拜为兄弟。

胡雪岩被老板赶出了信和钱庄，幸得好友柳成祥和谭则仁帮助，开了一家米行，才算勉强养家糊口、渡过难关。

王有龄北上天津，遇到了幼时好友、时任户部侍郎的何桂清，在他的举荐下，获得了浙江海运局总办（相当于总经理）的实职。此后的13年间，王有龄官运亨通，历任湖州知府等职，一路升迁至浙江巡抚，势焰熏天，炙手可热。

王有龄没有忘记胡雪岩的知遇之恩，尽一切可能帮他发财致富。起初，王有龄招募胡雪岩到浙江海运局协助解运漕粮，胡雪岩抓住机会，从海运局借得20万两白银，开办了白手起家、自做老板的阜康钱庄。王有龄将大量的税收白银不计利息地存入阜康钱庄，聪明的商人胡雪岩没有让金钱睡大觉，他以其为本做生意，玩转了钱滚钱的游戏。王有龄出任湖州知府时，胡雪岩急步紧跟，不但在湖州开办了阜康钱庄的分号，而且开始代理湖州公库，用公库的现银抚助农民养蚕，然后收购运往上海、杭州等地销售牟利。他还通过各种手段，将浙江巡抚黄宗汉、江浙富豪潘叔雅等达官贵人或入股自己的药店或将钱财存入自己的钱庄，既增加利润，又有了靠山和保障。什么是会做生意? 胡雪岩说："八个坛子七个盖，盖来盖去不穿帮，这就是会做生意。"

1860年英法联军占领北京、火烧圆明园、咸丰帝逃往承德，史称"庚申之变"。在动荡的时局中，胡雪岩处变不惊，反而利用乱局来赚钱。他与军界暗通款曲，使大量的募兵经费存于自己的钱庄，后又被王有龄委以操办粮食、军械、综理漕运等重任，几乎掌握了浙江一半左右的战时经济。

如果说胡雪岩对王有龄的救助是"无心插柳"，那么王有龄的"知恩图报"则使"柳成荫"。胡雪岩在权力寻租的灰色地带纵横驰骋，将其商业天赋发挥得淋漓

北京圆明园之长春园西洋楼遗址

尽致，几乎是零风险地赚了个盆满钵溢。这种出乎意料的甜蜜使胡雪岩沉醉迷离，从此开始了他以官商勾结为主体的商业生涯，快马加鞭，一路狂奔。

有论者认为，胡雪岩之所以资助王有龄，效法的是史上最牛的投机商吕不韦——吕买卖的是一个国家！浙江大学历史系徐明德教授就说："他（指胡雪岩一笔者）襄助王有龄，是成功的'风险投资'。"（《安徽师大学报》2003年7月号）。笔者以为，胡雪岩对王有龄的冒险相救，是出于患难之交的朴素情感、是受传统文化浓郁的江南人士侠肝义胆风气的影响，以及出身寒苦青年善良的天性等综合因素使然，是干净的，至于利益的权衡和利害的算计，即便有也绝非主导。这在其后生死存亡的变故中王有龄的表现可以得到"反证"。

咸丰十一年（1861）十一月，太平军围攻杭州，城内弹尽粮绝，王有龄唯一求助的是胡雪岩。他曾一拜而跪，并将二万两银子交给胡雪岩，要他逃出城去，请救兵、买粮食以使城里的百姓和士兵活口。关键时刻的生死之托，是绝对的信任和真实的感情，它经得起大风大浪的考验和时间的淘洗。

就在中国的商人胡雪岩在战乱的1861年满目疮痍的中国大地上奔走时，美国的安德鲁·卡内基在宾夕法尼亚州与人合伙创办了卡耐基科尔曼联合钢铁厂，卡耐基是苏格兰移民，家庭贫困，通过个人奋斗，在自由竞争的经济社会里很快崭露头角，成为"钢铁大王"。卡耐基的背后，还有千千万万个大大小小的公司及它们的"老板"，在猎富时代的北美大地上狂飙突进。

安德鲁·卡耐基

利国利民建勋业

胡雪岩逃出杭州，想方设法买到了粮食，却惊闻杭州城破，王有龄自缢身亡，左宗棠继任浙江巡抚。胡雪岩打听到，左宗棠的部队在安徽时饷项已欠五月余，士兵战死饿死者甚众。粮食的短缺使左大帅十分焦躁烦恼。

急于寻找新靠山的胡雪岩紧紧地抓住机会，不但将为王有龄购买的二万石粮食作为见面礼悉数献于左部，而且出色地完成了三天之内筹齐十万石粮食几乎不可能完成的任务，深得左宗棠的赏识和信任。胡雪岩被任命为浙江粮台总管，主持全省钱粮、军饷等事宜。

左宗棠像

胡雪岩出资购买"洋枪洋炮"并聘请外国军官，为左训练了千余人的"常捷军"，在战争中发挥了相当的作用。

攀上了位高权重的左宗棠，胡雪岩的钱财滚滚而来，他也协助左宗棠干了几件利国利民的大事，成为他一生的可圈可点之处。

左宗棠自浙江巡抚升任闽浙总督后，胡雪岩向他"献议"：学习列强洋人，自己建造舰船。同治五年（1866年），清廷批准了左宗棠的奏折，命其在福建马尾创建船厂，监造轮船战舰。林则徐的女婿沈葆桢和胡雪岩负责实施。胡雪岩请来德国专家德克碑、日意格等参谋协助，而"凡局务及出入款项"则由"胡雪岩一手经理"。三年后第一艘轮船下海，其后五年中，由中国人自行设计和制造的轮船达15艘之多，成为1874年中日和中法海战的主力舰船，还培养了民族英雄邓世昌、近代启蒙思想家严复等杰出人才，以及一大批海军军官、造船专家和技术人员。

福州船政局是中国近代第一家大型造船企业，比李鸿章的江南造船所还早一年。

胡雪岩最大的功迹和一生的亮点是协助左宗棠收复新疆。

19世纪中叶,外国侵略势力一直觊觎我国西北屏障新疆。沙俄于同治三年(1864年)割去我新疆44万平方公里土地、同治十年(1871年)又强占了新疆伊犁地区。英国侵略者对新疆更是垂涎三尺,跃跃欲试,不但实行经济侵略,而且为新疆的入侵者、被新疆各族人民称为"中亚屠夫"的阿古柏提供大量军火,妄图瓜分我国西北地区。

"中亚屠夫"阿古柏

清廷内外交困,焦头烂额,一片混乱。曾国藩、李鸿章等极力反对出兵收复新疆,唯左宗棠力主西征。

清廷最后还是认为新疆关系国家安危,光绪元年(1875年)任命左宗棠为钦差大臣督办新疆军务,但国库空虚、各方推诿,军情又十分危机,左宗棠只好找到胡雪岩。当此国家危难之时,胡雪岩挺身而出,不辞劳苦地担负起筹借洋款和军队后勤供给等重任。他先后六次向外国银行借得1595万两白银,同时购买了西方最先进的武器装备,增强了部队的战斗力。他还将胡庆余堂研制的"诸葛行军散""胡氏避瘟丹"等大批药材捐运西北,为西征士兵的健康提供保障。

左宗棠是清朝、也是中国历史上著名的战将,又得益于胡雪岩的鼎力支持,西征旗开得胜,击败了"中亚屠夫"阿古柏,结束了他在新疆十多年的野蛮统治,光绪六年(1880年)迫使沙俄归还了伊犁等大片领土,从而捍卫了国家领土的完整和主权的尊严。左、胡的历史功绩不容抹杀,其爱国行为为时人和历史所传诵。

左宗棠在向清廷的奏折中,专门表彰了胡雪岩的特殊贡献,称其"实与前敌将领无殊"！胡雪岩获得钦授江西候补道、"赏二品顶戴，穿黄马褂"等殊荣，"红顶商人"由此名震天下。

左宗棠和胡雪岩都是颇有抱负的人物，在收复新疆的过程中，还着力开发和建设西北。

胡雪岩思想开放，热心学习西方先进的生产方式，积极引进其机器设备"为我所用"，领风气之先。光绪三年（1877年）胡雪岩为左宗棠在甘肃兰州创建兰州织呢总局，包括毛织机、毛纺机、洗毛机、蒸汽发动机在内的设备全部由德国引进，计有四千多箱，海运到上海后用马车等笨重交通工具，开山辟路、披荆斩棘，历尽艰辛于第二年运抵兰州，聘请德国专家指导安装、传授技术，不久即开工生产。兰州织呢总局是我国近代史上最早创办的官办轻工企业，早于李鸿章建造的上海机器织布局。

光绪五年（1879年），左宗棠聘请德国技师帮助开采肃州城外的文殊山金矿，胡雪岩个人出资购买采金机器，使沉睡了多年的荒原焕发了生机。

为缓解西北的干旱困扰，胡雪岩通过以工代赈解决资金短缺，修建了一条

阿古柏的军队

200 里长的河渠，继之又开凿了泾河，蔬菜、棉花和农田得到了灌溉，把荒凉的黄土高原改造成了膏腴之地的"小江南"，为关陇地区创下万世之利。

中国的近邻日本结束了 250 年的德川幕府统治，1868 年开始明治维新，在政治体制、教育等领域实行全方位的改革，提出"脱亚入欧"的主张，基本上不办国有企业，公司法、专利法等各种法律为市场的公平竞争提供了保障，私人企业得以蓬蓬勃勃地发展。三四年之后，曾国藩、李鸿章等人发动了洋务运动，在太多的摇摆、软弱和缺乏对制度上的反思中，开始了一场被称为是"留着辫子"的改革。

亦官亦商三宗罪

胡雪岩的商业直觉、眼光、判断和谋略均非常人可比，是个商业奇才。有一个很流行的"段子"，虽无正史可本，却在有关胡雪岩的传记类文章或图书中频频出现。

一个客人来到胡雪岩开办的当铺，拿出一件稀世珍宝"商朝的古董"，开价 300 两白银，当铺伙计信以为真就收下了。胡雪岩晚上查账，发现所谓的"古董"是个赝品，就不动声色地命人通知全城的达官贵人，明天来当铺鉴赏新收到的"古董"，并备盛宴以示庆贺。酒席摆好后，大家争先恐后一睹"古董"的真容。不料，伙计抱着"古董"下楼时一脚踏空，连人带"古董"一起滚下楼来，"古董"当场摔成碎片，众人惋惜不迭。消息不胫而走，迅速传遍全城。

第二天"客人"拿着 300 两银子要求赎回他"商朝的古董"，如果当铺拿不出，就要加倍赔偿。胡雪岩收下银子后，令伙计拿出了他的"商朝的古董"。"你……不是……已经摔碎了吗？"胡微笑着淡淡地说："我摔的那个'古董'比你这个还假！"

出其不意，攻其不备；以其人之道还治其人之身；对待狐狸就得比狐狸更狡猾。就一则商业传闻而言，这些评价都不为过。然而，对于真实的胡雪岩而言，这样的小打小闹小技巧，不过是"小儿科"而已，入不了他的法眼的。胡雪岩是个赚大钱的"大手笔"。

那么，胡雪岩到底有多少钱？

1882 年，胡雪岩致书他的恩公左宗棠，表示愿意出资独立建设长江沿岸的电报设施，为此他可以动用的自有资金在一千万两以上。1000 万两白银是个什么

老当铺

概念？慈禧太后修建颐和园或左宗棠率领千军万马进军新疆和大西北，不过花了这个数目；这些钱还足以买下李鸿章洋务运动十年来辛辛苦苦所创办的全部企业。

近代史研究者和一些近代史专著，基本上认定胡雪岩的个人全部资产是2000万两白银。根据购买力推算，一两白银约等于今天的200元人民币，胡雪岩的总家产约为40亿人民币。2010年的中国首富宗庆后的个人资产是800亿人民币，是胡雪岩的20倍；2015年新晋中国首富王健林（也是亚洲首富）约为2300亿人民币，是胡雪岩的57倍。不过，绝对值的比较意义并不大，因为胡雪岩与宗、王两位横亘着一个世纪又30年的时间鸿沟，胡雪岩稳坐晚期清朝中国首富的宝座，其风光程度并不逊于他的"继任者"。

新的疑问是，胡雪岩的巨大财富从何而来？怎么得来的？

老实说，胡雪岩的药厂药店、生丝粮食等生意给他带来的财富有限，他的金山银山是靠权力的巨石堆积起来的。王有龄的荫庇使胡雪岩深入骨髓地体味到了权力的无边威力，因而当他攀上了大清帝国位高权重的左宗棠时，就使尽了浑身解数地巴结、伺候并且终生鞍前马后、纠葛缠绕。这就是胡雪岩财富的全部秘密。

然而，权力的大门有一对雄狮把守，且机关重重，充满了凶险和变数。谙于世故的胡雪岩当然明白，只有行贿才是有效的敲门砖。行贿也是个技术活儿，其手段五花八门，不胜枚举，胡雪岩对此颇具天赋，玩起来如鱼得水。

左宗棠威风八面且脾气暴躁，怎样才能在短时间里把他搞定？金钱美色难以打动他，也太拙劣冒失，弄不好，看重名节的左大人没准要了你的小命。然而任何人都有软肋，立功建业、威名远扬是左大将军的矢志追求，也是他的"软肋"。胡雪岩于是用二万石军粮和武装"常捷军"去"雪中送炭"，果然一下子按住了对方的命门。大动作自然有大收获，胡雪岩很快便被任命为浙江省的粮草总管，从此坐上了财富的快车，轰然前行。

为了进宫"面圣"，胡雪岩在北京琉璃厂以五万两银子的高价购得明宣德年间的铜香炉，托人送给了大太监李莲英，从此在慈禧太后那里挂上了号，以至于几年后被"皇恩浩荡"。

左宗棠西征向洋人银行借钱并由胡雪岩自己打理，需要得到清廷的批准，胡雪岩进京朝见户部尚书及总理各国事务衙门大臣（相当于财政部长兼外交部长）

胡雪岩故居

宝鋆。胡雪岩早就把"功课"做好，宝鋆家挂有一幅明代唐寅的《看泉听风图》，他让琉璃厂的老板以三万两白银的高价将画买走，他又从琉璃厂买来这幅画奉送到宝鋆家。经过这一番被称为"雅贿"的折腾，宝鋆受大礼而心安，没有负担，胡雪岩也就心想事成，而且冠冕堂皇。

胡雪岩深得以钱开路的奥妙，善于揣摩对方心理，抓住要害，一击必诛，手法自然流畅、隐蔽且多变，出手又特别阔绰，从未失算过，是位罕见的"高手"。胡雪岩在权钱之间成功地穿梭游走并以此平步青云，这也许是他的无数崇拜者所自叹弗如、望尘莫及的吧。

胡雪岩巨大的财富，来自他在六次"西征借款"中的翻云覆雨、周转腾挪。当时国际市场上的利率，一般为年息三厘（3%）很少超出五厘（5%），但是"西征借款"的最低年息是7.5%，最高的居然达到了18%，超出市场行情的2——6倍。而报给大清国中央的利率，远比18%还要高，这就是胡雪岩在左宗棠的默许甚至合伙所加的"帽子"（浮报）。据史料记载，胡雪岩在"西征借款"中饱私囊的浮报利息高达288.33万两！这种无本的"买卖"，既是对清廷无耻的欺骗，更是对国库肆意地搜刮、对民脂民膏的鲸吞。至于胡雪岩从为借洋款而发行的债券中所窃取的黑心钱，更是难以统计，那是一个历史的黑洞。

两江总督刘坤一对胡雪岩的所做所为实在看不下去，曾致书左宗棠劝其有所收敛："……每百万利银至24万之多，所耗不赀……"曾国藩的儿子、时任清廷驻英公使的曾纪泽在日记里痛斥胡雪岩说："奸商谋利，病民蠹国，虽籍没其资财，科以汉奸之罪，殆不过枉。"

行贿、欺骗和鲸吞国库是胡雪岩在官商勾结中的三把利剑，也是他的三宗罪。胡雪岩是腐朽的封建政治和官商勾结经济交媾的怪胎，是权力和金钱的私生子。商品经济的要义是自由竞争，权钱交易只能使其窒息。胡雪岩这样的商人只能扼杀商品经济，不可能促进中国商品经济的发展。

正在胡雪岩忙乎捞钱的时候，大洋彼岸的企业家们正在忙乎什么呢？美国洛克菲勒的石油托拉斯迅速崛起，洛克菲勒却对合作伙伴们说："继续努力吧，我们要永远为穷人提供又好又便宜的石油。"在自由竞争的市场经济，只有"又好又便宜"的产品才有销路，有销路才能带来财富。古老欧洲的企业则以不断创新求发展，1843年德国的西门子公司发明了电镀技术，20年后又成功地发明了把机械能转变为电能，从而开创了电气化时代。

胡雪岩故居

悬壶济世彰诚信

胡雪岩在大发横财以后，挥金如土，妻妾成群，生活腐朽。然而与此同时，他也做了许多善事和好事。事情的复杂和吊诡耐人寻味。

早在同治元年，左宗棠从太平军手中收复杭州后，杭州已成一片废墟，人口只存十分之一，满目疮痍，尸骸遍地。胡雪岩被委任为"经理赈抚局事务"，"主持善后诸事"。他设立粥厂和医局，解决幸存者的生存问题。组织人员收敛城乡的尸骸十余万具，分别安葬于岳庙左侧和净慈寺右侧的数十个义冢里，焚香为他们祈祷。恢复寺庙和名胜景观，鼓励商人开市，使城市恢复生气。他还投资白银十万两，设立"钱江义渡"，用于迎送旅客、横渡钱塘江。他被杭州的老百姓称为"胡大善人"。

胡雪岩乐善好施，多次向陕西、河南、山西等灾区捐款捐物。在轰动朝野的杨乃武与小白菜一案中，他以自己的影响和金钱声援弱势一方，终使蒙冤者昭雪，行侠仗义的义声善名深入民心。他曾两度赴日，高价购回流失在日本的中国文物，至今仍存于杭州和湖州等地的文物部门，拳拳之意、爱国之情为人所赞许，流芳后世。

胡雪岩最了不起的"善举"，是他创建了"胡庆余堂雪记国药号"。这座百年老店至今仍屹立于杭州市秀丽的吴山北麓，见证了一个多世纪的战火硝烟和风风雨雨，默默地讲述着那些激动人心的往事，在中国的商业史上书写了浓墨重彩的一笔。

光绪二年（1876 年），胡雪岩在杭州涌金门外购地十余亩建成胶厂和鹿园，以一个熟药局为基础，重金聘请浙江名医，收集古方，研制新药，精制成药四百余种，质量优良，药效甚佳，广得民心，饮誉中外，与北京的老字号"同仁堂"南北辉映，被誉为"江南药王"，为中国的中医药事业的发展起到了推动作用。

胡庆余堂的门楼上至今仍然悬挂着"是乃仁术"的牌匾，它是创办者胡雪岩从《孟子》典籍中摘引出来的，反映了创办药业的宗旨是诚实守信、治病救人，胡庆余堂一百多年来始终坚守这一古训。

胡庆余堂雪记国药号外景

胡庆余堂的营业大厅悬挂着两块醒目的大匾,对外的匾额上刻有四个大字:"真不二价"

胡庆余堂的营业大厅悬挂着两块醒目的大匾,对外的匾额上刻有四个大字:"真不二价",既是对顾客的庄重承诺,童叟无欺,贫富无欺,绝不掺假,确保质量;同时也别有深意。当时杭州的多家药店为了打压挤兑胡庆余堂,采取不正当的竞争手段,以次充好、以假乱真,然后大打价格战。胡庆余堂不为所动,始终把"货真价实"作为经商根本,"真不二价"倒过来念便是"价二不真",此中蕴意,尽在不言中。胡庆余堂赢得了人心,也赢得了市场。

胡庆余堂的营业大厅对内悬挂的匾额是胡雪岩亲笔手书,此匾面对的是坐堂经理的位置,作为"店训"要求全体员工时刻牢记。上面除了"戒欺"两个大字外,还有阐释的文字,其要义是"药业关系性命,尤为万不可欺。余存心济世……采办务真,修制务精……"胡雪岩反复强调的是质量,这是他商业活动的一个根本性原则。

胡雪岩生于乱世而兴济世救人之念,已属不易;他对胡庆余堂倾注了毕生的精力,付出了大量的心血,感情深厚,终于把它建成为功在当代、利在千秋的"百年老店"，更是对近代历史的一大贡献。

济世救人、诚信为本、质量精良是胡庆余堂企业文化的灵魂，是中国传统文化的精髓，也是胡雪岩为商界树立的榜样、留给后世的精神遗产，其现实意义并没有随着时间的流逝而消失，相反，它将永远激励和警示后来的商人和企业家。

这一时期的欧美企业家在向世人表演如何赚钱的同时，也在向人们展示如何花钱。他们以自己的巨大财富建设了许多以他们的名字命名的大学、图书馆、慈善机构、医院和基金会，成为留给后人和历史的永久记忆，彰显了企业家的社会责任和企业家精神。卡耐基说过一句著名的话：死的时候还有很多钱是一件很丢脸的事。他生前就几乎将全部的财富捐给了社会。

生丝大战惹祸端

中药和生丝是胡雪岩商业王国里主要依赖市场的生意。19世纪60年代，英、美各国的商人在上海开办了机械缫丝厂，为了利益的最大化，他们不断压低生丝

旧时的缫丝设备

的收购价格,抬高经他们加工过的厂丝价格,其结果是不但蚕农受到伤害,而且使兴旺了百年的江南纺织业随之没落。目睹此景,胡雪岩认为商机已经浮现,他决定依靠自己雄厚的实力,大量收购进而垄断江南的全部生丝,斩断洋商缫丝厂的原料供给,夺取生丝价格的话语权,从而狠赚一笔大钱。

于是,中国近代商业史上一场无比惨烈的商战爆发了。

1882年5月胡雪岩开始高调出手,派出大量伙计见丝就收,无一漏脱,几近疯狂。不久,洋商坐不住了,要以高于平时的价格从胡雪岩手中购买生丝。胡雪岩稳坐钓台,不为所动,咬定一个洋商无法接受的价格,绝不松口。至当年9月,上海的生丝价格已经翻倍。双方在这场没有硝烟的战争中虎视眈眈,一度形成胶着状的对峙状态。虽然鹿死谁手尚难以逆料,但胡雪岩似乎握有主动权。

第二年即1883年,这场中外瞩目的商战发生了变化,形势陡然变得对胡雪岩不利。远在欧洲的意大利突告生丝丰收,消息传来,胡雪岩原本坚挺的囤货受到了冲击。更为重要、也是决定性的因素是中法因越南问题翻脸,法国军舰驶抵吴淞口,扬言要进攻上海。上海的形势骤然紧张,谣言四起,市面恐慌,店铺关门,交

旧时在缫丝厂忙碌劳作的童工

被收购的蚕茧

易停止,达官贵人提款逃离,外国银行和山西票号收紧银根,所有商品价格悬崖式猛跌,不动产更是急于脱手而无人问津,金融危机突然降临上海滩。

胡雪岩囤积的大量生丝不能久存,洋商又联手拒买,只得贱价抛售,损失巨大。在这场商战中,在时间节点的把控上,胡雪岩有过失误和误判。这也难怪,过于迷信官场和权力的商人,很容易丧失在真正资本市场中的搏杀能力。

然而,压垮胡雪岩的最后一根稻草,是一个正在悄然推进的阴谋,不过胡雪岩却是梦中人,浑然不觉。

胡雪岩历年为左宗棠行军打仗所筹集的 80 万两借款此时正赶上到期。这笔钱虽是清廷借的,经手人却是胡雪岩,洋行只管向他催逼。这笔借款按例每年均由各省协饷补偿,麻烦的是,胡雪岩的死对头盛宣怀这时出手了,他找到上海道台,告其李鸿章李大人要他"缓发"这笔协饷。而远在北京的李中堂出手更为狠辣,他把胡雪岩向外国银行借款时多加利息的糗事抖落出来,慈禧闻听后雷霆震怒。

胡雪岩为了堵上这笔 80 万的窟窿,就从自己的各地钱庄调钱,当他的钱庄差

贝尔发明世界上第一部电话

不多调空时，盛宣怀亲自坐阵上海，指挥对阜康钱庄的最后绞杀。上海、杭州、北京等地的阜康钱庄几乎同时爆发了挤兑风潮，人山人海，围堵索钱。胡雪岩急发电报向左宗棠求救，主管上海电报局的盛宣怀暗中命人扣下电报。挤兑风潮愈演愈烈，胡雪岩终于明白，这一切都是李鸿章和盛宣怀联手对他的打击。自己的末日到了。

这或许是一个令人动容的悲情故事，有人甚至将其描绘成一场悲壮的民族商业保卫战。不过，如果我们冷静地分析其中的因由和逻辑关系，或许会得出不一样的结论。

笔者以为，胡雪岩发动的这场生丝大战，出发点是为了垄断市场从中牟取暴利，与彼时其他企业家如荣宗敬、荣德生等抵制日货、振兴民族企业的壮举不可同日而语，这是其一。其二是，生丝上的失算和与洋商搏杀的败北不过是胡雪岩覆灭的一根导火索，根本原因是商战背后更为激烈而残酷的政治斗争。在政治斗争的历史废墟上早就血流成河，尸骨累累。

胡雪岩的靠山左宗棠与清廷的另一位重臣李鸿章，虽然同是在荡平太平天国、捻军和镇压回民起义中崛起的风云人物，却又是明争暗斗的政敌，李鸿章早就放话："倒左先倒胡。"官场上风云变幻、波诡云谲，随时面临重新洗牌，而每一次洗牌都会有一批依附于权力的商人成为其祭品，依赖权力反被权力所吞噬，这是官商勾结的宿命，也是难以逃脱的历史规律。"倒胡"的前线操刀者大官商盛宣怀，最后的下场也并不比胡雪岩好到哪里去。当商人匍匐在权力脚下时，成为权力斗争的牺牲品屡见不鲜、史不绝书。

光绪九年（1882 年），59 岁的胡雪岩东窗事发，因侵吞国家资产被革职抄家。光绪十一年（1885 年），62 岁的胡雪岩在杭州郊外一所破旧的房子里，结束了凄凉的晚年生活，郁郁而终。

胡雪岩在生丝大战中殚精竭虑拼杀的前后，西方的企业和企业家忙碌什么呢？1876 年，美国发明家贝尔发明世界上第一部电话并制作使用；1882 年，爱迪生创建了美国第一座发电厂，人类从此摆脱了地球自转周期的影响；1885 年，德国奔驰公司制造出世界上首辆汽车；同年，世界上第一栋摩天高楼——芝加哥家庭保险公司大楼落成；1886 年美国最高法院宣布：公司被视为宪法保护的自然人，受到《权力法案》的全面保护；1890 年，美国《谢尔曼反托拉斯法》通过，这是世界上第一部反垄断法……

构成胡雪岩巨大财富的，几乎没有什么是"正常"的生意，与其说他是在经营商业，不如说他是在经营权力。这是自秦以来二千多年的帝制体制造成的。在公

最早的奔驰车

权力毫无限制的时代，要挣快钱、大钱，除了逢迎官府、谄媚官员别无他途，官商勾结几乎是其"不二法门"。

新时代的胡雪岩热，说明中国还有权力寻租的空间和市场经济不够规范。依靠权力发财的"红顶商人"虽然没有黄马褂和红顶子，却想方设法也要搞到诸如人大代表、政协委员这样的"护身符"。他们可能腰缠万贯、风光一时，最后的下场却只能像薄熙来的"钱袋子"商人徐明一样，受到法律的审判，被时代扫地出门。

马云2014年11月20日在乌镇的演讲中有一个绝妙的比喻："权和钱是不能碰在一起的，就像炸药和雷管碰在一起，总要爆炸的。红顶不能做，当然黑顶更不能做。"遗憾的是，胡雪岩至死犹为梦中人，对此毫无认识。胡雪岩对现实的警示意义，高于他的商业价值。

对胡雪岩的商业模式必须进行反思和清算，根本的出路是市场经济体制的建设和法制的保障。党的十八大以来，正在对此进行顶层设计和在底层实施、一步一个脚印地推进。太阳每天都会升起。每天的太阳都是新的。

红顶商人胡雪岩的墓

张之洞像

帝国斜阳下的"朝廷柱石"

——作为企业家的张之洞

《清史稿·张之洞传》在描绘传主形象时用了八个字："短身巨髯，风仪整峻"。估计他的身高不会超过 1.6 米，这从他与外国人照像时矮了半头上大体上可以得到印证。

然而，就是这样一个又矮又瘦之人，却具有难以想象的力量，做出了气势磅礴、惊天动地的宏伟事业。他是中国近代铁路的开拓者之一，中国新式军队的开创者之一，中国近代教育的倡导者和实践者，创建了南京大学、武汉大学等历史名校，他是引进外国人才最多的人，他主笔的变法奏折开启了清末新政，他的"中体西用"思想影响至今……他是历史上罕见的诤臣、能臣和良臣，以其瘦弱之躯扛鼎着大清这个风雨飘摇的王朝。他的一生做了许多人一生合起来也做不了的事情。他的生命密度超乎常人。

更重要的是，他是清末后期洋务运动的代表人物和领袖。他以其睿智、胆魄和人格魅力，起宏图于武汉，开创了钢铁等新兴工业。新中国成立之后，毛泽东强调："讲到重工业，不能忘记张之洞。""湖北的工业基础，如汉阳铁厂、纺织厂、兵工厂、京汉铁路，都是张之洞带头办的。"毛泽东在不同场合的这些讲话，肯定了张之洞在中国近代重工业的奠基方面建树颇多、功不可没。

他是中国近代著名的政治家，更是中国第一代的企业家。

戊戌变法前的那碗酒

张之洞，字孝达、香涛，号壹公、抱冰，原籍河北南皮，1837年9月（清道光十七年八月）出生于普通士宦家庭。少年早慧，在科举路上高歌猛进，春风得意马蹄疾。14岁中秀才，16岁中举人，26岁中进士，文章深得慈禧赏识，高中探花，

慈禧是张之洞的坚定支持者

被称作太后"手擢之人"。从此他投桃报李，慈禧亦是他的坚定支持者。历任翰林院编修、山西巡抚、两广总督、湖广总督、两江总督、军机大臣等要职，官至体仁阁大学士，位极人臣。1908年11月，以顾命重臣晋太子太保，次年病卒，谥文襄。他与曾国藩、李鸿章和左宗棠并称"清末四大名臣"。

在张之洞七十多年的生涯中，贯穿了从鸦片战争到辛亥革命的全过程，不但是一位与中国近代史共始终的人物、中国政体从封建社会过渡为半封建半殖民地社会的见证者和参与者，而且是中国文化从中古形态向近代形态转换的推手。

张之洞是一位复杂、矛盾、多面性的人物。他从小即受儒家熏陶，背负着旧时代旧思想的沉重包袱，本人又是专制王朝的高级官吏，诸多因素的叠加，使他必然要打上深刻的时代烙印，于是忠君爱国便构成了他一生的主色调和基本面。初涉仕途时他即是一个偏于保守的清流党人，拒绝变革，坚决维护清王朝的顽固统治。1881 年来到山西，看到的是吏治腐败、鸦片流毒严重、人民生活困苦，他大刀阔斧地励精图治，勤考吏属，振作革弊，任用贤能，其中包括后来成为戊戌变法运动六君子之一的杨深秀。山西虽积弊日久，且盘根错节，在他峻切地治理下还是有所改观。1884 年（光绪十年）法国侵略越南，边疆告急，他因力主抗争被任命为两广总督，起用退休老将冯子材，调遣刘永福的黑旗军，在广西边境击败

戊戌变法运动六君子之一的杨深秀

法军。在广东设水陆师学堂和广雅书院，武备文事一起抓。1900 年（光绪二十六年）中国北方爆发了声势浩大的义和团运动，他坚决主张镇压，严禁暴军，安慰使馆，致电各国道歉。他会同两江总督刘坤一，与驻沪各国领事议定"东南互保"，对稳定江南局面和促进工商业的短暂繁荣发挥了一定作用。

张之洞对新思想和新事物颇为敏感并乐于接受。他在山西主政时就曾会见了英国传教士李提摩太，读了李提摩太的《救时要务》，参观了李提摩太举办的仪器、车床、缝纫机、单车展览和操作表演，受其影响拟筹建洋务局，因赴两广履新未能实行。中日甲午战败后，他上书朝廷，希望总结失败教训，兴办洋务，振兴国

谭嗣同像

运，反抗外敌侵略。这些主张，在腐朽而昏聩的清廷高层中显得清新而独到，维新派对他非常崇敬并抱有希望，谭嗣同就曾说过："今之衮衮诸公，尤能力顾大局，不分畛域，又能通权达变、讲求实际者，要惟香帅一人。"维新派领袖康有为组织强学会，他表示赞同并资助5000两白银以为会费。后因慈禧太后对维新派的态度渐次强硬，他心有畏怯，便停止了捐款并开始与维新派疏远。

《清史稿·张之洞传》说他"爱才好客"。戊戌变法前，梁启超以其新锐思想和生花妙笔，在上海办《时务报》，影响很大。他欣赏梁启超的才华，下令属下各州县订阅该报。一次，梁启超到武汉拜访他，他出联求对："四水（指古时江、河、淮、济四水）江第一，四时夏第二，先生居江夏，谁是第一，谁是第二？"才思敏捷的梁启超略加思索，巧妙地对出了下联："三教（指儒、道、佛）儒在先，三才（指天、地、人）人在后，小子本儒人，何敢在先，何敢在后？"对答不卑不亢，文字高雅，含义深远，张之洞吟读再三叹服不已。梁启超此时不过是一个二十多岁的青年，张之洞是长他三十多岁的封疆大吏，张却称梁为"卓老"（梁启超号卓如），甚至准备超出礼制大开总督府的正门隆重迎接，礼遇之高，史所罕见。两人饮酒畅谈，然而却因不同的政见而使欢快的气氛抹上了阴影。总督府里的这碗酒耐人寻味，从思贤若渴到不欢而散，反映了张之洞既是新思想的追随者，更是旧意识毫不含糊的捍卫者。后来梁启超在《时务报》及其他媒体发表了很多尖锐抨击清王朝腐败没落、鼓吹立宪改革的文章，张之洞大为不满，找汪康年撰写文章予以掣肘和斥责。

戊戌变法失败后，唐才常等人联络会党和清军部分官兵组织"新自立军"，准备在皖、鄂、湘几省起义，建立君主立宪的"新自立国"，请被囚于瀛台的光绪皇帝复辟。他们通过各种渠道企图说服并得到张之洞的支持。张之洞以缓制急，并不立即表态，在错综复杂的政治局面中冷静观望。当他看到慈禧太后对清廷中枢仍有控制能力时、在自立军起事迫在眉睫之际，果断出手，捕杀了唐才常等人，彻底扑灭了戊戌变法最后的一束火苗。

张之洞的同时代人批评他处世圆滑、"首鼠两端"。的确，为了保住自己的权位而瞻前顾后，忽左忽右，特别是在戊戌变法过程中所表现出来的那种看风使舵和最后的残酷无情，使他的人格大打折扣。然而，当我们进行道德评价时，也应看到，清末是个大动荡、大分化、大改组的乱世，属于社会急剧变化的"过渡时代"，时代必然以其浓墨重彩投影在人物身上。

张之洞每干一件事，总是集中精力、心无旁骛。他的"平生三不争"广为世人传诵："不与俗人争利，不与文人争名，不与无谓争闲气。"专注形成能力。日本明治维新时的首相伊藤博文卸职后于 1898 年造访中国，到各地考察后得出结论说，在中国的高级官员中"真正能办实事的，唯张香帅一人耳"。张之洞去世次日，清

张之洞故居

廷的"上喻"为他"盖棺论定"："公忠体国，廉正无私"。《清史稿》的评价更加简单
干脆，一言以蔽之曰"朝廷柱石"。他一生的主要贡献是三个方面：兴实业、办教
育和练新军。

中国近代钢铁工业之父

洋务运动是中国近代历程中最重要的运动。李鸿章是第一代洋务运的代表
人物，甲午战争的失败宣告了它的破产。其后，19世纪八九十年代的洋务运动是
第一代洋务运动的继续，代表人物是张之洞。张之洞的洋务运动比李鸿章晚了
20年。

1889年张之洞奉调湖广总督，直到1907年离任整整干了17年。他以武汉
为基地，将其建设成为一个可与北洋"大本营"天津相抗衡的第二个洋务中心。时

李鸿章像

人说人才"不是流于津门，就
是归于武汉"，形成了南北两
个中心。这也许正是一贯以
平衡之术驭臣的慈禧对晚清
总体格局的构想。

张之洞以其雄才大略和
励精图治，在鄂17年间兴办
了湖北兵工厂、汉阳铁厂和
布、纱、丝、棉四纺织官局等三
大近代工业，将武汉打造成了
中国最大的重工业基地。

1889年（光绪十五年），张
之洞上奏朝廷，建议修建卢汉
（卢沟桥至汉口）铁路，以贯
通南北。他认为"铁路为自强
第一要端，铁路不成，他端更
无论矣"。"西洋富强，尤根于
此。"卢汉铁路自光绪二十四

张之洞建造的湖北兵工厂（又称汉阳兵工厂）大门

年兴建，至光绪三十一年完成。它是中国第一条铁路，其倡导者和监修者都是张之洞。

如同修建卢汉铁路，张之洞建造湖北兵工厂（又称汉阳兵工厂）同样也是出于爱国图强的初衷。他在署理两广总督任内，不但主管广东的防务，而且兼管台湾和云桂等地的兵器及后勤供给。此间正值中法战争如火如荼之际，他是坚定的主战派，在战争中也取得了胜利。然而，中国枪支弹药的严重不足和粗糙低劣却使他深受刺激，战后他冷静地总结经验教训时说："自法人启衅以来，历考多处战事，非将帅之不力，兵勇之不多，亦非中国之力不能制外洋，所以不免受制于敌者，实因水师之无人，枪弹之不具……兹虽款局已定，而痛定思痛，宜作卧薪尝胆之思，及今不图，更将何待？"中日甲午战败和八国联军入侵，对他的刺激更甚，深感富国强兵的根本出路在于大办近代工业，而军火和钢铁又首当其冲。强烈的家国情结和时不我待的紧迫意识，使他决心大办战争的利器枪炮和"工业之母"钢铁工业。

张之洞兴办近代工业发韧于广东而兴盛于湖北。他在主政两广时就积极筹建兵工厂,1888年他动员当地绅商捐银30万两建立了广东枪弹厂,向德国订购了生产小口径毛瑟步枪和制造120毫米大炮的机器设备,1889年他调往湖北时遂将这些来之不易的设备运往武汉。

1890年他选定汉阳龟山北麓为厂址,建造湖北枪炮厂。工厂格局宏阔,气象豪迈,先后建有枪厂、炮厂、罐子钢厂、无烟火药厂、炮弹厂、枪弹厂等等,门类齐全,分厂林立,员工愈三千人。除从广东运来的设备外,又从国外添购了许多新的先进设备。聘请德国技师担任技术指导,制造新式枪炮和弹药。所造7.9毫米口径步枪称汉阳79步枪,产量很大,使用时间很长,是中国主流兵器,成为闻名于当世、扬名于后世的"汉阳造"。该厂生产的山炮、迫击炮、半自动步枪都是中国最早的。湖北枪炮厂从1894年开始投产至1907年张之洞离开湖北的十多年间,共生产马步枪11万余支、枪弹4000余万发、各种快炮740余尊、各种开花炮弹63万余颗,无论是数量还是质量都远超李鸿章创办的清政府最大的军工企业——江

张之洞建造的湖北兵工厂(又称汉阳兵工厂)全景

南制造总局。

张之洞创办兵工厂是出于国家富强的使命感和焦虑感,以及建功立业的进取心,政治起点高;解放思想,大胆引进发达国家的人才和整套设备,使其在技术上也站到了高处。第一代洋务运动引进的设备大都是局部的、零星的、东拼西凑的,张之洞则注重引进整套的设备,这是一种进步。湖北枪炮厂开办费为70万两平银,常年经费50万两左右,1890至1897年共用库银210万两之多。如此巨量资金,清廷拨款又十分有限,大部分需要地方自筹。为此他殚精竭虑、煞费苦心,东挪西凑,到处借款,至1907年还欠汉口中外绅商白银五百余万两,无力偿还。创业过程中的艰巨、艰辛和坚强,也许只有他自己知道。

汉阳铁厂是张之洞在湖北兴建的第二个近代大工业,1891年动工建造,1893年陆续建成。它是一座大型钢铁联合企业,包括炼钢厂、炼铁厂、铸铁厂等大小工厂14个,拥有化铁炉2座,炼钢炉4座,另有洗煤机、炼焦炭炉等。全厂机器设备和部分原材料,全部购自英、德等国,聘用三四十名外国技师,主持技术指导。1894年6月化铁炉和炼钢炉正式出铁出钢。两年后的1896年5月工厂委托盛宣怀署理,由官本官办改为官督商办后又改为完全商办,生产这才渐入佳境,进一步发展后进入鼎盛时期,年产钢7万吨,炼钢、采煤、铁矿石工厂加起来共有员工七八千人。

汉阳铁厂虽然在张之洞经营时困难重重,实绩有限,后来的发展也差强人意,然而中国的钢铁工业从此蹒跚起步,被西方视为"中国觉醒的标志"。日本的八幡制铁所建厂不但晚于汉阳铁厂,而且规模也小得多。汉阳铁厂从创办到衰落走过了48年的风雨之路,是中国重工业的摇篮,对中国近代化影响巨大,因而毛泽东将张之洞评定为中国四大企业家之首。

张之洞创办汉阳铁厂时,在用人上表现了难得的知人善任和非凡的气度和胸怀。他聘用毕业于广州专门学校的蔡锡勇担任汉阳铁厂的首任总办(总经理),蔡不负重望,全力以赴,以致积劳成疾,以身殉职。盛宣怀是李鸿章的红人,张之洞与李鸿章早就因政见不和而有嫌隙,然而为了工厂走出质量差、经费难的困境,摆脱被外商兼并的危机,他毅然决然地将其交付盛宣怀接办,事实证明他的这个决策是正确的。盛宣怀重新规划,将汉阳铁厂改为汉冶萍公司,事业得到了极大的发展。

汉阳铁厂投入那么大,产出却少得可怜,设备利用率更是低得惊人,这与张之

汉阳铁厂是张之洞在湖北兴建的第二个近代大工业

洞缺乏科学知识且刚愎自用、官气十足有着因果关系，以致于在他经营的十多年间臭棋不断，其大端要害者主要是两大错误。

首先是选址不当。汉阳铁厂本应建在邻近铁矿石的附近，可以节省原材料的运费，降低成本。张之洞以不便亲自控制为由坚持在汉阳建厂，这样他站在衙门的窗前，即可将厂区收入眼底。他不听众人苦劝，对外籍专家的建言亦大为不满甚至大动肝火。结果机炉等设备在汉阳，铁矿石用 120 里外大冶的，煤则用更远的安徽马鞍山后又改用江西萍乡的，这样严重违背科学的企业布局，只有在人治社会里才会出现。

其次是胡乱引进设备以及由此而引发的一系列问题。炼铁炼钢用什么设备与原材料是要配套并有严格技术要求的，否则将严重影响钢铁的质量，然而张之洞却全然不顾这一切，独断专行，十分任性。他致电清廷驻英国公使薛福成要他购买炼钢厂机炉，英国梯赛特工厂厂主回答说："欲办钢厂，必先将所用之铁、石、煤、焦寄厂化验，然后知煤铁之质地如何，可以炼何种之钢，即以何样之炉，差之毫厘，谬以千里，未可冒昧从事。"张之洞听后不以为意，口放大言说："以中国之大，何所不有，岂必先觅煤铁而后购机炉？但照英国所用者购办一分可耳。"薛福成公使只得从命。结果，马鞍山的煤因灰矿并重，不能炼焦，不得已只好从德国购买焦炭数千吨。1890—1896 年 (光绪十六至二十二年)，耗银 560 万两，还是没有炼成钢。后改用江西萍乡的煤，制成的钢因含磷超标，因而太脆易裂。张之洞这才知道他所购的机炉采用酸性配置，不能去磷，于是又向日本借款 300 万元，将原来的机炉改用碱性配置的机炉，才制出优质的马丁钢。前后这一折腾，共耗银千万两之巨，而且耽误了 20 年的宝贵时间。最后企业负债累累，千疮百孔，终被日本商人所控制。《清史稿》评论张之洞兴办汉阳铁厂时用了八个字："务宏大，不问费多寡"，财经作家吴晓波说这是"典型的国营大佬心态"。张之洞和汉阳铁厂所走过的冤枉路和花费的昂贵"学费"，既有体制的原因，也有个人的原因，历史的教训十分沉痛。

清廷驻英国公使薛福成

一座城市的繁华和一本书的影响

张之洞兴办的第三个大企业是织布、纺纱、织麻、织丝四种纺织业,时称布纱丝麻四官局。湖北织布官局成立于 1890 年,厂址设在武昌文昌门外,设备是英国制造,聘请外国技师指导。1893 年 1 月正式投产,拥有织布机 1000 张,纱锭30000 枚,工人 2000 名。织布官局产销两旺,每年都有盈余,张之洞于是决定再开两个纱厂。他电请清廷驻英公使薛福成向英商订购机器,1897 年(光绪二十三年)建成北厂,纱锭 50000 枚,工人 1600 人。开始是官商合办,后商股要求退出,遂成官办。由于资金短缺,南厂一直未能建成,从英国进口的机器停放在上海码头任凭风吹雨打("国营大佬心态"的又一标志性案例!),后被张謇低价买走办了南通大生纱厂。

湖北缫丝官局成立于 1894 年,厂址设在武昌望山门外,拥有缫丝车 308 台,工人 300 名。湖北制麻官局成立于 1894 年,厂址设在武昌平湖门外,拥有制麻机40 台,工人 460 名。除三大工业外,张之洞在武汉还兴办了十多个中小型企业,作为拱卫三大工业的卫星群,较好地发挥了配套和辅助的作用。

民国时期武昌胡林翼路街景

"四官局"中的布纱两官局虽然开局顺利,然而张之洞却将其赢利拿去填充湖北枪炮厂和铁厂巨亏的窟窿,使织布官局一直陷于高利贷重压下,无力发展。后来外资纱厂和民营纱厂竞相出现,市场竞争趋于激烈,加上管理不善,布纱两局纱布滞销,产品积压,出现亏损,资金周转不灵,被迫停产。丝麻两官局亦受波及,先后停产。1902年"四官局"被粤商租办,1913年再次转租后发展成为华中最大的裕大华民族资本集团。

李鸿章与张之洞同为洋务运动的领袖,李重在军工和重工业,张则军工与民用并举、重工与轻工同步。张之洞的三大实业湖北枪炮厂、铁厂和布纱丝麻四官局几乎在同一时间兴办,军工、重工、轻工,国防工业和民用工业在武汉三镇比肩崛起,气魄的宏大,可谓前无古人。

湖北布纱丝麻四官局历时五六年,投资400万银两,历经沧桑,跌宕起伏,令人唏嘘。然而新兴的纺织业为武汉增添了蓬勃的生机,一度成为仅次于上海的中国第二个纺织工业中心,对湖北乃至中国近代化的引领和影响功不可没。

张之洞办企业强调官办,只有当资金或人力、技术出现困难时才会引入民间力量。北纱局本是官商合办,张之洞的傲慢、官气和武断使商股心存疑虑、缺乏安全感,中途退出。改为官办后没撑几年便不可救药地衰败了。官办企业不按经济规律办事,漠视市场,效率低下,滋生腐败,缺乏创新,只能走向没落以致于破产。同样是轻纺业,张謇等人的民营企业却能在洋商和官商的双重挤压下艰难前行;张之洞的"四官局"败下阵来转入商办后,不久便扭亏为赢,一直发展成为名闻遐迩的裕大华民族资本集团。任何一家国有企业只有当它烂到骨子里才肯松手,而转为民营后却能枯树逢春并渐次发芽抽枝、绿满天涯。古今中外,概莫能二。历史的规律是无情,还是有情?

在一个人存政兴、人亡政息的时代,张之洞全然以他个人的能量使地处内陆、经济封闭保守、备受近代工业冷落的武汉三镇从19世纪90年代起拥有了它平生最大的一次起飞。张之洞在督鄂的近二十年间锐意开放,建树颇丰,全面推行近代城市建设、交通建设、文化教育建设,一系列的"湖北新政"几乎涵盖了城市的每一个角落,使武汉成为"驾乎津门,直追沪上"兴旺繁华的大都市,近代化车轮的隆隆声轰响在荆楚大地。今日武汉的城市格局即是在张之洞当年擘画的基础上发展而成的。张之洞在修好武昌南北两条长堤后,又修建了汉口的后湖长堤,不但消弥了水患,造福于当代、泽被于后世,而且使汉口的面积扩大了几十倍,变

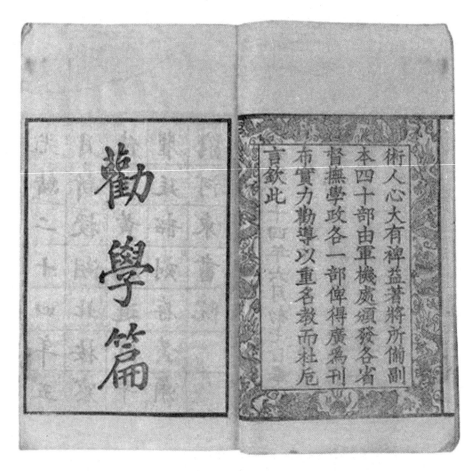

術人心大有裨益著將所備刪

本四十部由軍機處頒發各省

督撫學政各一部俾得廣為刊

布實力勸導以重名教而杜厄

言欽此

张之洞《劝学篇》

成了大汉口。张之洞对这座城市开拓性、奠基性的贡献,使他的生命与其融为一体,深受这座城市人民的崇敬和怀想。

张之洞不但是洋务运动的骁将和领袖,而且也是一位大儒和思想家。对康梁的维新变法一度颇有好感并予支持,这也许是出于张之洞的某种自觉。随着变法的深入,坚守旧思想、旧道德的张之洞与这个运动的矛盾也日益尖锐起来,这或许是他的另外一种自觉。在帝后两党从暗潮涌动到公开冲突中,深谙官场玄机的张之洞敏锐地看到,朝廷的大权仍然在慈禧太后的严密控制之中,为了表明自己的观点免遭误会和非议,从而确保自己的权位,他于1898年撰写了《劝学篇》。这既是张之洞一种政治和利益的考量，更是一种心机和算计。他曾坦陈写作此书的原委："自乙未后，外患日亟，而士大夫顽固益深。戊戌春，金壬伺隙，邪说遂张，乃著《劝学篇》上下卷以辟之。大抵会通中西，权衡新旧。"

《劝学篇》共 24 篇，四万余字，分为"内篇"与"外篇"，"内篇务本，以正人心；外篇务通，以开风气"。所谓"务本"就是批评维新派的"菲薄名教""不知本"；所谓"务通"就是批评顽固派的"守旧""不知通"。他所寻找的救国治国的第三条道路，实际上是在顽固派与维新派之间的摇摆和骑墙："旧学为本，新学为用，不使偏废。"清末的名臣宿儒中如曾国藩、李鸿章、左宗棠等虽有著述，但将洋务运动的思想系统化、理论化，以完整的形态构筑起理论的蓝图，张之洞是第一人，也是最后一人。

《劝学篇》因主张新学、效仿西方的观点为光绪皇帝所欣赏，又因其固守封建统治和纲常伦理慈禧亦能接受。于是一纸风行，印数高达二百多万，这在当时是一个惊人的数字。欧美各国出版了译本，1900 年美国出版的英文版书名易为《中国唯一的希望》，蕴涵深意，蜚声海外。

1902 年（光绪二十七年）7 月，在朝廷的电促下，湖广总督张之洞会同两江总督刘宁一连续上了三道奏折（刘此时已为风烛残年，担纲者主要是张），史称"变法三折"，又称"江南三折"。其核心内容是《劝学篇》中"中学为体、西学为用"思想的延伸和具体化，提出了"兴学育才""整顿中法十二条""采用西法十一条"等

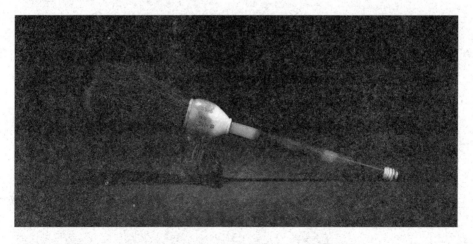

张之洞的翡翠管毛笔

张之洞的墨盒

洋务运动的主要主张，其中还吸收了维新派的一些观点，成为清末新政的总纲领和路线图。"变法三折"在改革的道路上步子更大也更稳健，其可操作性更是维新派书生们所望尘不及的。它是晚清思想成熟、积极务实政治家洞悉国情后政治运作的精妙设计，对于中国的近代化转型、民族复兴和资本主义的发展以及新文化的传播发挥了重大作用。

《劝学篇》不但是张之洞从事洋务运动实践的思想指南，也是在古今中西各种观念和思潮交会交锋中，一批朝野有识之士求索富国强兵之道的思想结晶。它所阐释的中与外、本与末、体与用、常与变等观点，成为百余年来思想界持续讨论的焦点和展开域。中国向何处去？如何坚守与改变中国的传统文化？如何借鉴和融入世界文化？张之洞提出的问题，直到今天仍在进一步探索和讨论。

张之洞左右逢源的人生哲学和"变"与"不变"的双重观念，既不触动专制统治的根基又要发展经济和文化，使其陷入了二律背反的政治怪圈。《劝学篇》刊行不久即遭到改良派人士的谴责，严复着力批评其"体用两橛"的混乱，章太炎批评其上篇"多效忠清室语"，梁启超的批评则具清算性质，文笔也更为辛辣，"挟朝廷之力以行之，不胫而遍于海内，何足道？不三十年将化为灰烬，为尘埃野马，其灰其尘，偶因风扬起，闻者犹将掩鼻而过之。"

风雨如磐中的光亮

张之洞最为后人称道的是,在中国教育由封建传统向现代化迈进过程中所做出的历史性贡献。1905 年(光绪三十一年)9 月,张之洞上书朝廷,请停废除科举,以兴新学。朝廷诏准,自 1906 年开始,所有乡试、会试及各省岁考一律停止,结束了自隋唐以来一千三百多年的科举制度。教育形态根本性的改变,是中国近代教育标志性大事。不破不立,破中有立,新观念、新思维从此得到积极传播,张之洞的提倡和努力为历史所铭记。

书院是唐宋以来传统的教育模式,张之洞督鄂时期首先对其进行改革。他没有进行疾风暴雨式的革命,而是采取温和的改革。他保留了书院的名号,内容则渐次发生变化。"经世致用"的主导思想使教学注入了新鲜空气,逐渐代替了过去空洞、呆板、迂腐的学习模式。1890 年(光绪十六年),张之洞在武汉创办了两湖书院,开设"经学、史学、理学、文学四门",宗旨是培养"出为名臣,处为名儒"之才。1896 年他的改革向前迈进了一大步,仿照西洋学院的架构,开设经学、史学、舆地

张之洞的"爱国歌"铜墨盒

张之洞与洋商合影

和时务四门课程，院长则负责主讲经济。1902年两湖书院改为以文、理、法三科为主的两湖高等学堂，学习以"西学"为主，学制五年：普通学科一年，专门学科三年，出国留学一年。12年间，他一步一步地将封建色彩浓郁的书院演变为新式学堂，培养了辛亥革命领袖黄兴等一大批近代历史上的风云人物和"离经叛道"从事革命活动的栋梁人才。这样的结果显然违背了他的初衷，然而历史的大势如长江之水浩浩荡荡、一去千里，远非人力所能左右。

张之洞的教育理念以实用为灵魂，分类型、分层次地"广实学"，促进中国教育的近代化。为了培养合格有用的新式人才，努力提高国民的文化素质，他在湖北大规模地兴办实业教育和师范教育。

在张之洞中国近代化的构想中，农业占有举足轻重的地位。为改良湖北农业、培养农业专门人才，1898年4月，湖北农务学堂在他的主持下正式成立，学校除开设专业课外，还建造了现代教育色彩浓郁的实验室。

张之洞认为中国工业落后的原因是人才匮乏，改变现状和人才培养的重点是工程师和技师。他指出："工有二道，一曰工师，专以讲明机器学、理化学为事，悟新理、变形式，非读书人不能为，所谓智者创物也。一曰匠首，习其器，守其法，心能解，目能明，技能运，所谓巧者述之也。"1898年春，他创办了湖北工艺学堂，聘请日本教习，讲授理化和机器原理。学校注重培养学生的动手能力，每天实际操作四小时。学校为洋务运动输送了大批骨干人才，繁荣了湖北经济。理论设计与动手操作的关系至今我们仍在探讨，在实业教育理念方面，他是一位开拓者。

他认识到欲强国必先提高国民文化水平，小学的基础教育则首当其冲，为此必须培养数量众多的合格的教师。1902年他创办了湖北师范学堂，次年又创办了三江师范学堂。学堂以修身、历史、地理、文学、算学和体操等为教学内容。湖北的师范教育体系完整，讲求实效，推动了湖北的近代教育发展，为社会培养了大批人才。

如今江苏和湖北一些著名高校都与张之洞兴办的新式教育有关。署理两江总督时他在南京创建的三江师范学堂即今南京大学。他在武汉创建的自强学堂即今武汉大学，农务学堂即今华中农业大学，湖北工艺学堂即今武汉科技大学。

编练新军是张之洞对近代中国的另一重要贡献。腐朽的清王朝与列强交手时屡吃败仗，受尽了不公和屈辱。因而，军事强国的思想早就在张之洞的脑海里根深蒂固。他在署理两江总督时，创建了中国近代第一支新式军队江南自强军，人数一万，地点在徐州，军官全部由德国人担任，采用西式方法操练。返回湖北时他将江南自卫军交给两江总督刘坤一，他则在湖北编练了湖北新军。

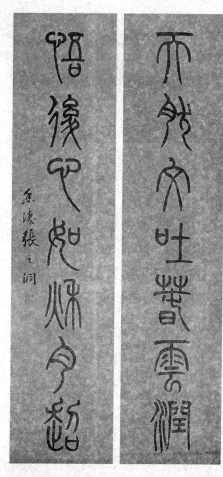

张之洞《行书七言联》纸本

刘坤一像

经过张之洞的严格训练，湖北新军成为晚清最精锐的部队之一，与名震华夏的袁世凯的小站新军齐名并列，在清廷举办的军事演习中屡屡夺得头牌、荣获冠军。湖北新军不但装备先进，而且士兵的素质是其他部队所望尘莫及的。张之洞一反招募士兵的传统，坚决拒收兵痞和行为不良者。他只招两种人，一是底层知识分子，科举制度的废除，使大批青年士子把参军视为个人前途的不二选择；其次是老实的青年农民，他们出身寒苦，遵守纪律，易于接受教育。湖北新军的教官全部由军事学堂毕业生担任，他们深受西方文化影响，专业能力强，思想活跃。湖北新军的现代化不但使其战斗力在华夏首屈一指，而且成了革命党人进行革命宣传的土壤，终于在辛亥革命的武昌首义中打响了震撼历史的第一枪。张之洞为清王朝刻意培养的精锐部队成了埋葬这个王朝的生力军，这是他不愿看到的。

张之洞重视文化，每到一地都亟力筹资兴办图书馆。湖北图书馆、湖南图书馆、京师图书馆等至今仍负盛名的图书馆都是在他手上创建的。他自己也博览群书，根底深厚，著作丰富，不但著有《輶轩语》《书目答问》等版本学、目录学和治学方法等学术作品，而且留下了大量诗词，风格厚重宽博，开一代诗风。他所撰写的大量奏议文字，有别于一般奏折的繁琐和干瘪，而以文采和深情著称，可做文学作品阅读。他去世后，有《张文襄公全集》（229卷）等著述行世。

张之洞工书，法苏轼，也擅米体。笔力遒劲，俊迈豪放，跌宕有致。

生命最后时刻的努力和拚搏

1908 年 11 月 4 日光绪皇帝驾崩,次日慈禧太后去世,相隔不过一天。慈禧死前安排年仅四岁的溥仪继位成为宣统皇帝,其父 25 岁的载沣为监国摄政王,掌管这个混乱不堪王朝未知的命运。

张之洞于此前一年即 1907 年 8 月奉诏离鄂进京,与袁世凯一道被任命为军机大臣,首次进入帝国权力的核心机构。他这时的威望已达极点,"老成谋国"几乎为朝野所公认,袁世凯虽与其有过节,表面上也要尊一声"仰公如神"。然而,七十多岁的他已进入古稀之年,精力有限。大清王朝国事日非,前程多艰,他心境苍凉,以心相交之人已近绝迹,倍感孤独与落寞,四顾茫然,心力交瘁。

纵然如此,张之洞也要做出自己的努力甚至不惜一搏。他一生孜孜以求的东西最终变成了他不能接受的现实,历史的吊诡使他陷入反思,后人曾追叙说:"张之洞晚年见新学猖狂,颇有悔心。"原两湖书院的优秀弟子黄兴从日本归国回到武昌后,发表反清演讲并散发革命书刊,这样的言行早已触犯了他的底线,他闻讯后大怒,严命驱逐黄兴出境并立禁"逆书"。《革命军》《猛回头》等进步书刊宣扬推翻封建专制帝国、建立民主国家,在群众中广有影响,他则斥之为"诬谤朝廷,搅扰和局,狂吠毒蛰,凶残万状",下令严查治罪。他苦心孤诣送往海外留学的有志青年,回国后一旦步入官场,对权力与利益的追逐和贪婪远胜当年科举场中人,这对他的打击尤甚。于是他从倡导西学又回到要保存国学堂和国

光绪像

摄政王载沣与末代皇帝溥仪以及与溥杰之合影

学的原点。他的一生几乎都在新与旧之间纠结、冲突和挣扎，在两个相反的方向奔跑。有些方面有些时候一日千里，有些方面有些时候又千年不变。

为了维护风雨飘摇中的大清王朝、挽大厦之将倾，张之洞进京伊始即向慈禧面奏、其后又通过各种渠道，提出自己的一系列主张，概言之就是"速开国会""顺舆情""先开国会，后布宪法"。这种自上而下的改革其要点是限制君权、以法治国、走君主立宪这种世界通行政体之路。老实说，这是应对已枯烂至骨的专制统治颇为清醒的药方，做出适当的让步、减轻一些压力，或许可以缓解火山的爆发。然而，由于清廷的最高统治者对大势陷于盲点，不愿减少自己的权力并迷信这种权力的永恒和威力，最终没有接受这些治病的苦药，失去了使历史步入别一种道路的可能。

1909 年 7 月张之洞病，8 月病重。摄政王载沣亲至张家看望。当载沣礼节性地安慰他说"公忠体国"时，他从枕席上挣扎起来答道："公忠体国不敢当，廉政无私，不敢不勉！"这句看似的客气话，其实是他这位病入膏肓"托孤大臣"对执政者委婉而含蓄的批评和提醒。载沣大权在握后，任命自己 24 岁的弟弟载洵为海军大臣、22 岁的弟弟载涛管理军咨处事物，简直是拿江山社稷开玩笑，哪里还有什么"廉政无私"可言? 浑浑噩噩的载沣是否听懂了这位对大清王朝赤胆忠心老臣之言的全部涵义,我们不得而知。然而载沣闻听之后的不以为意,却使张之洞感到了鸡对鸭讲的悲哀,以致"郁狂气发",当晚呕血,病情益重。

在津浦铁路督办人选问题上,张之洞与载沣再次发生不快。载沣准备任命唐绍仪担任,张之洞说唐的名声不佳,"如不顾舆情,恐怕要激起民变。"不料载沣却冷冷地说:"有兵在,还怕什么民变?"张之洞沉痛地开导说:"国家养兵,岂是用来打老百姓的?"事后张之洞对人发出感慨:"不意闻此亡国之言。"

1909年10月4日,张之洞已经气息奄奄,弥留之际载沣最后一次前来探望。两人谈了什么,史料鲜有记载,总之是张之洞从失望变为绝望,载沣离开后他发出一声长叹:"国运尽矣!"不久便溘然而逝,享年72岁。他在生命的最后关头,敏锐、清醒而又无奈地预见到大清王朝的丧钟已经敲响。敲钟人正是他自己。不出所料,两年后偌大的清王朝在辛亥革命的熊熊烈火中轰然倒塌。

临终前,张之洞谆谆告诫病榻前的子孙们:"勿忘国恩,勿坠家学,必明君子小人义利之辨,勿争财产,勿入下流。"其实,张家已无财产可争。《清史稿》上记述:"(张之洞)任疆寄数十年,及卒,家未增一亩。"张之洞一生廉洁奉公,当年两江总督刘坤一曾奉旨彻查他办企业的情况,刘企图通过严刑逼供从他手下特别是他的内弟游之襄口中得到他劣迹的证据,结果反证了他公私分明、清白干净。他的幕僚、怪杰辜鸿铭在《张文襄公幕府纪闻》中回忆说:"张之洞极力为国富强,及其身殁,一家八十余口,几无以为生。"做到如此廉洁,对于一个一生中经手天文数字金钱而又缺失监管机制专制社会的高官,是相当不易的,其自我约束能力令人惊讶。

张之洞死后即起争议,百余年来对其评价亦大起大落。民国初年,张之洞等洋务派人物得到了世人的尊重。孙中山在视察武汉时称张之洞为"不言革命之大革命家"。言外之意是张之洞虽然在骨子里是维护清王朝统治的,但他实业自强的种种努力却为辛亥革命提供了物质、人才和思想的准备。种豆得瓜,他反对革命,却为革命创造了条件。

20世纪50年代,在范文澜的《中国近代史》、胡绳的《帝国主义与中国政治》等主流意识著作中对张之洞的评价均为负面,主要观点是,"(张之洞)的洋务运动是用出卖中国人民利益的办法,换取外洋枪炮船只来武装自己,血腥镇压中国人民起义,借以保存封建政权的残酷统治为目的的运动。毫无疑问,这是一个反动的、卖国的、并以军事为中心的运动。"张之洞被扣上了"汉奸""卖国贼"的帽子。

20世纪60年代的"文革"中，张之洞当年捐资兴建的慈恩学堂后改为南皮中学的造反派，于1966年秋挖掘了张之洞墓，开棺倾尸，暴于野外数十日。张之洞当年悲悯良善换来的是后代白眼狼的疯狂。

改革开放以后，人们回归理性，张之洞得到了公正的评价，还历史一个迟到的公道，肯定了他杠鼎武汉、湖北和中国现代化的莫大功勋。

张之洞波澜壮阔而又纠结坎坷的一生，始终与晚清的国运相连。他一生都在建殊功立伟业、努力造时势，却又一生都在挫折、矛盾中挣扎，终被时势所摆布。在一个呼唤英雄而又英雄辈出的时代，他却是一个处于身不由己的环境中身不由己的人。历史的玄奥，留给了我们太多的疑惑和无尽的思考。

恢修后的张之洞墓

盛宣怀像

盛宣怀："中国实业之父"

在"三千年未有之变局"的清朝末年，列强环伺中华、国家积贫积弱，"实业救国"和"教育救国"的时代弄潮儿风起云涌、逐鹿中原。盛宣怀一生经历传奇，成就不凡，创办了许多开时代先河的事业，涉及轮船、电报、铁路、钢铁、银行、纺织等诸多行业，富可敌国，势倾朝野，搅动乾坤。他热衷慈善尤重教育，创建了今之交通大学和天津大学等高等学府。他的胸怀抱负、思想高度、战略眼光和经营能力均有过人之处，成了当时最显赫的实业家，也是最重量级的官商。影响巨大，中外著名，垂及后世。

百年激荡过后，重新审视这位被称为"中国实业之父"和"中国商父"的盛宣怀所扮演的角色，梳理并探讨他的物质和精神遗产，探究他的时代局限和消极影响，对于从一个更为悠长的历史宽度寻找中国商业的血脉基因，也许不无启示。

走非常之路

　　盛宣怀的祖父盛隆，曾中举人，做过浙江海宁知州；父亲盛康，进士出身，官至湖北督粮道，负责监管督运漕粮，后出任湖北盐法道，负责食盐的生产和经营等事宜。与当朝重臣李鸿章颇有交往。

　　清宣宗道光二十四年（1844 年 11 月 4 日），盛宣怀出生于清末江苏省常州府武进县龙溪（即今常州市钟楼区五星乡盛家湾村）。据说那年春天，盛隆常州老宅的庭院杏花怒放，灿若云锦，觉得是个吉兆，于是给孙子起了个"杏荪"的字号，后又字幼勖、荇生、杏生，号次沂，又号补楼，别署愚斋，晚年自号止叟，还有思惠斋、东海、孤山居士、紫杏、愚卿等。盛宣怀在六兄弟中居长。

　　盛宣怀处在一个既是书香门第又是官僚地主的家庭里，按说应该在科举之路上殚精竭虑、孜孜以求，孰料他并未矢志不改、心无旁骛地一路狂奔。他的祖父和父亲忙碌于官场，对他的"教育"抓得并不紧，他们都将"实务"看得更为重要。这为少年的盛宣怀提供了一个相对宽松的别样环境。

　　盛宣怀随父居住在官府，达官贵胄和文人墨客们的高谈阔论以及官场的风云

常州清代古桥——飞虹桥

变幻,使他开阔了眼界,增长了见识。他也要回到老宅,接受塾师的严格教育,用心攻读经书。清咸丰十年(1860年)二月,太平军兵锋逼近常州,盛宣怀随家人逃往江阴长泾镇,再逃至盐城,后被其父盛康派人接到湖北武昌。晚清名将胡林翼、严树森先后担任湖北巡抚,治军严峻,吏治整饬,且均为"经世派"著名人物。盛康勉励盛宣怀向他们学习"有用之学"。

晚清名将胡林翼

1867年盛隆去世,按例盛康回老家常州三年"丁忧"。盛康是个颇具经济脑瓜的官员,早在湖北任上,就曾要他的女儿、女婿在常州开米行赚钱;今见常州的典当行是个生财之道,便在吴县(今苏州)开起了盛家第一家典当"济大典",接下来又陆续办起了二十多家典当,赢利颇丰。盛康的财富经营风生水起,益发不可收,事情也越做越大,后又集资办起了钱庄,亦财源广进,盆满钵满。盛宣怀此间曾做过钱庄掌柜,但时间并不长。盛康发家以后,在苏州石路置办了房产,还把私人花园买了下来,即今之苏州名胜"留园"。

然而,盛宣怀光宗耀祖的功名之心并不比任何人弱,1866年考中秀才,然而其后的三次乡试却都名落孙山,铩羽而归。与那些醉心于科举者不同的是,他并没有一条道跑到黑,他那双锐利的眼睛一直在寻找新的可能。落榜不落志的盛宣怀,心存高远,胸怀天下,决心以"匡时济世"的"经世之学"作为根本,从此绝意科举,积极致力于"天下之事"并"事事研求"。青年盛宣怀的价值取向,使他走上了一条"非常之路"。他后来总结自己的人生时,感慨道:"生平事功基于此矣。"

1870年,26岁的盛宣怀认识了李鸿章的幕僚杨宗濂,杨介绍他拜见了李鸿章。这时的李鸿章是湖广总督，一方面要北上平息地方骚乱，一方面又要推行洋务运动，正是用人之际。盛宣怀顺利地进入李鸿章的班底，成为其经济事务的代理人。30年追随左右，历经风云变幻，直到1901年李鸿章去世。

由于李鸿章与盛康素有交情，盛宣怀一开始就进入了李鸿章的权力核心，被委任为文书。也许这是命运对他的一次有意历练，是"天降大任于斯人"之前的"苦其心志，劳其筋骨，饿其体肤，空乏其身"。李鸿章北上陕西"防剿"回民起义，盛夏酷暑，燥热难当，盛宣怀不畏辛劳，勤于职守；其才学也得以展露，据说草拟文稿时竟能"万言立就"。不久天津爆发"教案"，列强炮舰陈兵于渤海湾，帝国的安全受到了极大的威胁，清廷不得不把李鸿章从西北调到天津拱卫防务。盛宣怀精明缜密的头脑和精干务实的作风，使他很快在众多同僚中浮出水面，头角峥嵘。以

李鸿章（中）

清代铁路

富国强兵为己任的李鸿章亦老辣识人，发现盛是个难得的"可塑之才"，于是赴津不久即任其会办陕甘后路粮道，往来于天津与上海等地采办军需，一时风光无两。

此间，由于英国人未加申报便擅自在上海至吴淞之间修建了一条全长 14.5 公里的商用铁路，清廷极为不满，在李鸿章的指示下，盛宣怀参与并主导了对英国人的外交干涉，最后以 28.5 万两白银的代价收回了铁路并予以拆除。此事固然暴露了清廷的腐败至骨和颟顸愚昧，但整个事件的处理却显示了盛宣怀卓越的才干。李鸿章对他给予了高度评价，谓其"心地忠实，才识宏通，于中外交涉事宜能见其大"。

从此，李鸿章将盛宣怀作为自己庞大事业中筹办洋务和外交事务最得力的干将，令其随侧左右，参与诸多重大事务的擘画。1884 年爆发了中法之战，李鸿章向清廷推荐盛宣怀署理天津海关道，在奏折中李使用了"精明稳练""智虑周详""洞悉症结""刚柔得中"等诸多溢美之辞。李鸿章虽然是为了将帝国经济的窗口门户掌握在自己手中，但也表达了对盛宣怀精通洋务、长于经济的充分肯定。

在李鸿章的竭力提携下，盛宣怀的官运扶摇直上，1896 年后历任太常寺少卿、大理寺少卿、办理商务税事大臣、工部左侍郎、招商局督办等职，开启了"先致富，再做官"的人生逆袭。回眸盛宣怀的迅速发迹，与李鸿章情感上的复杂联系固然重要，更为重要的却是李鸿章政治上和事业上的需要。为了挽回风雨飘摇大

盛宣怀朝服蜡像

清帝国危亡的命运，李鸿章大兴洋务。这样事关国脉的大业，没有得力干才的鼎力辅佐是难以完成的。历史学家陈寅恪的父亲、学者和诗人陈三立在为盛宣怀所作墓志铭中说，盛宣怀"最受知李文忠公（李鸿章）"，原因是，"时文忠为直隶总督，务输海国新法，图富强，尤重外交、兵备。公则议辅以路、矿、电线、航海诸大端为立国之要，与文忠意合。"

从军营文书到招商局督办，从典当小掌柜到掌控大清经济命脉的实业家，没有李鸿章的发现和提携是不可想象的。盛宣怀对此心知肚明，感念莫名，他在给李鸿章的信中表白自己说，"竭我一生之精力，必当助我中堂办成铁矿、银行、邮政、织布数事"；他又谦恭地表示，"百年之后，或可以姓名附列于中堂传策之后，吾愿足矣！"

盛宣怀在辅佐李鸿章的二三十年中，审时度势，励精图志，不但成功地完成了一生事业的重要转折，而且被推上了晚清这个纷纭乱世的历史舞台，呼风唤雨，叱咤风云。

创非常之业

中国近代历史上著名的洋务运动,既是李鸿章等汉族大员富国强兵的宏图,也是大清王朝在屡次被动挨打后的一次自我救赎。盛宣怀潜心于洋务四十多年,亦官亦商,势倾朝野,兴办了诸多企业,开创了中国 11 个"第一",与其说是李鸿章需要并造就了他这样的人才,毋宁说是时代的变迁选择了他。

鸦片战争后,中国的航运业基本上由洋人控制,李鸿章等有识之士一直筹谋收回利权,组建中国人自己的航运企业。1872 年,盛宣怀建议用开办航运、建造商船并以其赢利提供建造兵舰的费用,他的策划和起草的章程思路前瞻,条理清晰,见解独到,"精细为同僚之冠",李鸿章颇为赏识并采纳了这一建议。轮船招商局应运而生,定为官督商办的股份制。因是新事务,商户心里没底、担心风险,因而都在观望。盛宣怀果断出手,率先拿出真金白银以为股资,很快就得到了响应,完成了集资。轮船招商局 1873 年正式运营,这是中国有史以来第一家轮船航运企业,作为"会办"(副总经理)的盛宣怀还不到 30 岁。在他经营下,"招商局船只林立,怡和、太古(均为英国轮船公司)企图独霸江上航运的气势被压下去了。"盛宣怀由此成为洋务

盛宣怀西服图

运动的核心人物和代表人物。

1875 年，李鸿章委任盛宣怀办理湖北铁矿业务，从此开始插足矿业。因为没有经验，工程进度很慢，有人便向李鸿章告状说他工作不尽心，建议对他"裁撤停办"。盛宣怀虽然一肚子委屈，极力为自己开脱责任，然而，舆情汹涌，最终还是自己掏钱把亏损补上了事。盛宣怀办实业也是历经坎坷，一波三折。

1870 年代，英、美、法等列强国家不顾清政府的规定，在中国的海底和陆地铺设、架设电线，开展并垄断中国的电报业务，谋取暴利，实施经济侵略。盛宣怀看在眼里，痛在心中，经过考察和准备，1880 年向李鸿章建议在天津试办电报局，指出国家自强大计，端赖铁路和电报，而电报由于通讯的快捷尤为重要。他在呈送的报告《电报局招股章程》中，提出了"通军报为第一，便商民为其次"颇有说服力的务实主张。同年中国第一个电报局——天津电报局诞生，由其倡导者和创办者盛宣怀全权负责。次年他又被任命为津沪电报陆线总办。津沪、苏浙、湘粤、

清代电报局

晋冀、豫鲁、东三省等全国二十多个省市的电线，都是在他的主持下架设的。1882年为了阻止外国人在中国沿海建立电报网，李鸿章委任盛宣怀建立上海至广东、宁波、福州、厦门等地的电报线，进一步扩大了他的通讯事业的版图。

清代陆路电报线架设

此间，轮船招商局因经营不善而严重亏损，李鸿章派盛宣怀以督办的身份前往"救火"。他眼光敏锐，兴利除弊，通过赎回船产、整顿洋人工程人员、减免漕运空运轮船税赋等措施，使招商局在短短几年间便扭亏为盈，业务也随之蒸蒸日上。

1882年，他创办了山东平度、辽宁金州金矿。

1886年，他在任职山东登莱青兵备道道台兼东海关监督时，创办了全国第一家内河小火轮航运公司。

1892年，盛宣怀在上海督办纺织业，开办华盛纺织总厂，又以官督商办和官商合办名义，控制大纯、裕春、裕晋等诸多纱厂。

甲午战争失败后，清政府割地赔款，国势衰竭，朝野震动。1896年10月，盛宣怀向清廷呈送了《条陈自强大计折》，提出了"练兵、理财、育人"三大自强主张，"理财"为其核心。其目的是"挽外溢"，就是控制金钱外流；办法是建立中国人自己的银行，由此增加进口税、开征印花税，进行币制改革。他在随后的奏折《请设银行片》中认为，列强利用银行聚集了国家财富，建立中国的银行后，不但可以以低于外国银行的利率为国家发行公债，而且可以掌控因金银兑换而造成不应有的亏损。光绪皇帝对此非常赞同，下旨命盛宣怀遴选董事，征求商股，筹建银行。1897年5月27日，中国通商银行终于在外国银行林立的上海外滩挂牌成立了。

这是中国第一家现代银行企业，从而结束了中国只有钱庄而没有银行的历史。中国通商银行采用股份制，董事会的八位董事均为当时赫赫有名的商界大佬。开办一年后，天津、汉口、广州、汕头、烟台、镇江、北京等地相继开设了分行。开办

上海外滩中国通商银行总行外景

两年后，为企业贷款 40 万两白银，上缴国库 10 万两。盛宣怀志得意满，以"询诸汇丰开办之初，尚无此景象"来形容事业的兴旺发达。中国第一家银行的从无到有、从小到大，有力地推动了近代中国的经济发展，具有里程碑的意义。

中日甲午战争后，李鸿章倒了，有些人也要弹劾盛宣怀。盛沉着应对，以进为退，攀上了风云一时、炙手可热的清廷要员、湖广总督张之洞，不但化险为夷，而且迎来了他人生的第二次飞黄腾达。

1890 年，张之洞主持的湖北汉阳铁厂由于经营不善而亏损累累，准备卖给洋人经营。盛宣怀闻讯后赶到武昌，提出钢铁关乎国家命脉，绝不可卖给洋人。张之洞与盛宣怀两人各取所需，一拍即合。经过奏请清廷，盛宣怀正式接办包括大冶铁矿和江夏马鞍山煤矿在内的汉阳铁厂。

盛宣怀对这个行将倒闭的烂摊子进行了大刀阔斧的改造：找出问题，重点突破，努力创新。他将原来的"官办"模式改为"官督商办"，招募商股，吸纳社会力量。

将汉阳铁厂定位于总厂, 将大冶铁矿隶属于总厂, 聘请商界能人郑观应为总办(总经理)。体制和格局调整理顺后, 他着手解决由于缺乏燃料且质量低劣这一严重拖累了企业发展的"短板"。他派员到江西、安徽和湖北各地搜求钻探, 寻觅好煤。最后选定在萍乡开矿掘煤, 采用机器生产、运输、洗煤和炼焦, 极大地提高了效率, 萍乡由此被誉为"江南煤都"。

1908 年, 盛宣怀将汉阳铁厂(包括其子厂大冶铁矿)和萍乡煤矿合并, 成立中国第一家钢铁煤矿联合企业——汉冶萍煤铁总公司, 他由此成为近代中国第一家托拉斯大型企业的董事长。他派李维格等人到欧美考察钢铁企业, 购置了最新的机炉等设备, 采用先进的生产技术, 产品的数量和质量都得到了极大的提高, 汉冶萍煤铁总公司面貌一新, 名播遐迩, 成为东亚"第一雄厂", 洋人惊呼"中国醒矣"。公司生产的钢铁销往由他控制的铁路公司, 作为铁轨等使用。这样, 盛宣怀的混业经营、上下游通吃、全产业链布局悄然形成, 规模宏阔, 为世人所瞩目。

需要指出的是, 盛宣怀在开创萍乡煤矿时, 曾向德国礼和洋行借德银 400 万马克; 但在改造、扩充汉阳铁厂时, 在日本竞争同行的诱惑下, 他以大冶铁矿得道湾矿山及矿局的全部财产做抵押, 向日本兴业银行借款三百多万日元, 结果使大冶铁矿主权丧失。在解决资金短缺问题上, 如何擦亮眼睛, 避开陷阱, 此中教训可谓深刻。

在盛宣怀的商业帝国里, 铁路是"重头戏"。甲午战争以后, 清廷意识到铁路在国民经济中的重要性, 于是颁布上谕, 要"力行实政", 而修建卢(卢沟桥)汉(汉口)铁路则被置于这一"实政"的首位。1895 年 12 月, 张之洞力保盛宣怀出任卢汉铁路督办大臣。盛宣怀承办卢汉铁路的款源主要是举借洋债。1898 年 6 月,《卢汉

李维格像

铁路比利时借款详细合同》和《卢汉铁路行车合同》在上海签订,清廷向比利时借款 112.5 万法郎,息 5 厘,期限 30 年。同年卢汉铁路开始修筑,全长 1311.4 公里。1906 年 4 月 1 日,全线正式通车,并改名为京汉铁路。这是中国第一条南北铁路干线。

盛宣怀 1896 至 1906 年担任清廷铁路督办大臣的十年间,共修铁路 2100 多公里,超过其后民国自成立到民国 20 年所修铁路的总数。他的商业版图再次扩充,实力剧增,影响日隆。

然而,正是铁路,不但使盛宣怀的传奇人生走到了尽头,同时也葬送了他为之披肝沥胆的大清王朝。

1900 年,作为大清王朝铁道部长的盛宣怀,决定将各省修建的铁路全部"国有"、转归中央统一领导,遭到了地方的强烈反对,直接导致了四川、广东和湖北的"保路运动"。盛命武力镇压,激起了各地更大的反弹。清廷派湖广总督端方前往四川弹压,结果武汉军力空虚,刚刚广州起义失败的革命党人,这一次仅凭很少的力量就于 1911 年 10 月 10 日在武昌首义成功。在辛亥年的枪声中,千年帝制成为历史的尘埃。苟延残喘的清廷,当然不会放过这个三百多年王朝的掘墓人,在大清国资政院的一次决议上,一百多人以投票表决的方式要求对他"明正典刑"。最后以"革职"了事,当然还要"永不叙用"!《清史稿》中给出的结论是:"宣怀侵权违法,罔上欺君,涂附政策,酿成祸乱,实为误国首恶。"在各方谴责声中,一向"保皇"的盛宣怀,为了保身,不得已逃亡日本。

1912 年秋,中华民国成立后,在孙中山先生邀请下,盛宣怀回到上海,在租界中继续主持轮船招商局和汉冶萍公司。此间,盛

孙中山像

盛宣怀大出丧

宣怀断然拒绝了日本人要求合办汉冶萍公司的要求,尽管此项要求曾明确写入了袁世凯与日本政府签订的"二十一条"之中。大是大非面前,盛宣怀表现了一代商人凛然的民族气节,维护了国家的尊严。

1916 年 4 月 27 日,中国实业和金融业的先驱和奠基人盛宣怀溘然长逝。葬礼耗资 30 万两白银,场面盛大豪华,轰动上海,送葬的队伍络绎不绝,人头攒动,租界不得不出动巡警疏导和维持秩序,备尽哀荣。

处非常之世

在中国近代商业史上,盛宣怀与当时另外一位商业巨头、红顶商人胡雪岩不断地斗权、斗智、斗法并终于使胡一气而亡的故事,历来被史家和民间所津津乐道。这一事件,对于认识盛宣怀商业帝国的建立和发展、深入理解资本主义工商业在中国晚清社会的畸形生态,具有标本性意义。

盛与胡的积怨冰冻三尺,由来已久。盛是靠直隶总督兼北洋大臣李鸿章发家的,胡的后台则是战功赫赫的两江总督左宗棠。

架设电报线是一个蕴有巨大红利的大工程,因而盛、胡都在虎视眈眈并于暗中较劲,志在必得。胡雪岩通过左宗棠向清廷提出了奏折,不料一些王公大臣以"惊民扰众,变乱风俗"为名予以抵制。左只好无功而返。盛宣怀的打法则与胡雪岩和左宗棠完全相左。在朝廷为此事而争吵不休的时候,盛已在李鸿章的防区大沽与天津之间架设了一条电报线,小试牛刀并取得了成功之后,李鸿章请醇亲王等朝廷显要参观试验,结果评议甚好。瓜熟蒂落,李鸿章正式奏请慈禧太后,很快得到了批准。盛宣怀于是走马上任,独吞了这块大蛋糕,后来竟做到了邮传大臣。

使胡雪岩倾家荡产、彻底败落的是电报风波之后的挤兑风潮。1883 年,胡雪

岩历年为左宗棠行军打仗筹集的80万两白银的还款期到了。这笔钱本来可以由官方筹集还给胡雪岩，但在关键的时间节点上，盛宣怀以李鸿章的名义要求上海道等"官方"拖延还款20天。就在这20天里，盛坐阵上海，亲自布局，以不体面的种种手段，堵死了胡雪岩所有突围的可能。雪上加霜的是，胡雪岩与远在北方的左宗棠的通讯，已被盛宣怀掐断。银行的强力催款和债主的疯狂挤兑，犹如洪水开闸、猛虎出柙，胡雪岩一夜之

胡雪岩像

间便被吞噬，其庞大商业帝国随之坍塌。胡不久也在忧愤中死去。

盛、胡之间的缠斗厮杀，由于盛的靠山更硬，手段更加狠辣（甚至运用"厚黑"手段），因而成为砧板；而胡虽然也给盛使绊和制造麻烦，但在"丛林法则"的游戏中还是成了挨宰的鱼肉。也许由于胡雪岩是失败者和"弱势"一方，当世和后世多有同情。然而，平心而论，盛、胡双方几乎没有谁代表正义或进步，有的只是金钱之争夺、势力之倾轧和民族传统的痼疾"窝里斗"，其目的无非都是自身和身后势力利益的最大化或垄断化。

从商而依附权力以及其间的悲剧，是盛、胡以降直到当下，中国商人血脉中的DNA。从规律上看，官商勾结的最终结果，只能是更加残酷的统治和更加腐败的商业。然而，具体问题还要具体分析。盛、胡处在一个"非常之世"，面对几千年封建社会超稳定的人治结构，他们很难跨越。这是时代的局限。清醒的梁启超1910年就指出"中国不知法治为何物"。经过一个多世纪的呼唤和奋争，直到当下，中国的商业在法治的环境中自由竞争才得到了确认。"桔生淮南为桔，生于淮北

则为枳"。以盛、胡的商业才干和能量，如果成长于另外一种土壤，没准儿会成为东方的洛克菲勒或卡耐基。历史在反复迂回中留给人们无尽的思索。

在盛宣怀所处"非常之世"中，"东南互保"历来被认为是盛一生中可圈可点的一件大事。义和团运动兴起后，河北、山东等北方地区风云突变，社会动荡，民不聊生，刚刚起步的民族工商业也受到了严重的冲击。专制而昏聩的慈禧太后下令，向英、美、法等11个列强国家开战，战火由北向南全面蔓延。为了保护长江流域特别是上海和苏、浙一带的安定，1900年6月，湖广总督张之洞、两江总督刘坤一等南方各省督抚与列强各国，达成并签订了旨在不参与清廷与列强战争、保护以苏、浙为中心的南方不受战争蹂躏的"东南互保"协议。在策划、组织和执行"东南互保"的过程中，盛宣怀挺身而出，利用其丰富的政治资源和社会关系，在清廷中央、各省督抚和各国驻华公使之间往来奔走，积极斡旋，穿针引线，使这一"协议"落到了实处。

台湾近代史学者戴玄之对盛宣怀此举称赞有加，说他"精明干练，聪明机智，眼光远大，思虑周密，凡所策划，动关大计"，"以北方业经糜烂，东南如再有事，国

刘坤一（中）

家危亡即在旦夕,乃建议刘、张两督与外人订阅——互保东南之约,并受命襄助谈判,东南各省赖此以安。"

大陆近代史学者雷颐指出:正因为他们(地方大臣)使尽浑身解数抗衡朝廷几近疯狂的决策而"东南互保",使中国最富庶繁华之地、为数不多的新式工商业最集中之区局面大体平静,免于战火破坏,人民生命财产得以保全,同时也阻止了列强势力在长江流域更迅速、更强烈的深入。

对"东南互保"持负面看法如认为盛勾结帝国主义等亦不乏其人,一度还是主流观点,但笔者以为,将事件置于特定的历史环境中予以考察,客观上的进步意义是不可抹杀的。当然,作为事件积极的策划者、组织者和贡献最大的盛宣怀,除了要保乱世中的一方平安特别是工商业的相对稳定外,是否也掺杂了保一己之巨大财产的私心?他的恩师李鸿章曾这样评价他:"一手官印,一手算盘,亦官亦商,左右逢源。"李鸿章了解他的才能,更清楚他的野心。

盛宣怀亟力推行并实施洋务运动时,实际上并非为了洋务而洋务,而是把洋务当成了"致仕"和个人聚敛财富的工具。正是对权力和利益的追逐,早在创办轮船招商局的过程中,他就采用不正当手段,赶走了更加重视商股力量和利益的唐廷枢、徐润等人,独霸招商局,坐实了名为"官督商办"实则更加重"官"的这一体制模式,他也就成为了一个典型的官僚企业家。为什么盛宣怀办企业始终热衷于"官督商办"?因为权力和资本如果各自运转,本来相安无事,但一旦结合,就会产生化学反应,变成有毒的化合物。1876年,

唐廷枢像

轮船招商总局旧址

轮船招商局为了减少竞争对手，决定并购美资旗昌轮船公司，盛宣怀以总价222万两白银的价格买下了旗昌在华所有资产。并购由盛宣怀一手暗箱操作，因而受到了不少质疑和非议。御史王先谦上奏弹劾盛宣怀，说旗昌轮船公司不值那个价，盛宣怀拿了对方回扣。也许证据并不充分，盛也竭力表明自己的清白，关键时刻李鸿章出面保他过了关，后来又找机会为他"洗白"。

　　史学家庄练说盛宣怀"以招商局起家，以铁路致富，以电报而享大名，以投资矿冶事业得以结交政要"（《中国近代史上的关键人物》）。修建铁路投资浩繁，采办的材料亦甚为巨大，盛宣怀作为铁路督办大臣一干就是10年。据《盛宣怀与中国铁路》一书统计，从光绪二十二年至三十二年，盛宣怀为修筑铁路，从英国借了1065万英镑，以当时的"潜规则"计算，他从中吃回扣5%，折合中国的白银就有440万两之巨。

　　盛宣怀在当时有多少钱？这是无从估量也是外界无法知详的，坊间流传的一些传闻或可"管中窥豹"：他有个儿子喜欢赌博，一次赌注就是100栋房子；他太太每个月的生活费为上万两白银，而那时皇宫里尊贵的太太小姐们最多才几千两而已……直到盛宣怀去世，其巨额财富才露出了冰山的一角。由他指定的遗嘱

李鸿章的长子李经方

执行监督人、他的恩师李鸿章的长子李经方，经过两年半的清理，最终统计出盛氏财产至1920年1月止，总额为银元为1349万余两，除去偿款等，实际可以分配的财产为1160余万两。说他"富可敌国"，绝非只是一种形容。

费正清、刘广京在其主编的《剑桥中国晚清史（下）》中一针见血地指出："但是盛宣怀办他的企业是次要的，他的主要关心是要在官场飞黄腾达。他喜欢搞官场上的权术而不惜牺牲健全合理的商业经营方式。他在那些明显地享受着垄断或者大量官方津贴的企业中无往而不胜；而在有竞争的企业中却往往败北"（中国社会科学出版社2006年版）。

　　清末最大的官商盛宣怀聚敛财富的目的之一，便是参与权力寻租的游戏。李鸿章去世后，他依靠自己的能力和手段，1911年最终成为邮传部尚书，攀上了他在政界的顶峰。有人说，这个官位其实是从庆亲王奕劻那里花钱买的。奕劻是卖官的老手，"各官皆有价目，非贿不得"。当时邮传部尚书这个肥缺正好空悬，奕劻标出价格为白银30万两。当得知盛宣怀志在必得时，他便临时加价："别人三十万，你就非六十万不可。"这则轶闻从一个特殊的角度反映了盛宣怀的巨富在当时就名声在外，没有什么秘密可言。

做非常之事

对教育事业的高度重视和积极参与,体现了盛宣怀的远见卓识和求真务实。他不但创建了海内外驰名的大学,而且规划、完善了中国近代的教育体系。以"铜臭"之身而聚"书香"之气,是时无人出其右,在中国教育史上也可谓先行者、开拓者,贡献至伟,地位显赫。

盛宣怀为什么热心教育事业,恐怕与他自身的经历有着非常重要的关系。一方面,在经营实业的过程中,成败的关键是"人",必须用才、重才、求才,惜才;可是却发现人才难得,而外交、海关等要害部门每每只能聘用洋人。他深深地感到,中国的落后与人才的缺乏息息相关,当务之急便是"兴学树人"。另一方面,在从事洋务的过程中,他认识到,中国传统教育特别是科举那套东西愚昧落后,与"实务"无补,"西学"才是有用的、重要的,而"西学"的获得必在新式教育,因而在具备一定经济基础之后,捐资建学便是"题中应有之义"了。

盛宣怀笃信"中学为体,西学为用"的理念,在他的教育实践中,一开始就闪现着"经世致用"的光辉。当时办教育无先例可循,盛宣怀也是"摸着石头过河"。他在兴办轮船、电报、铁路、矿务和纺织等大型企业时,深深体会到新式人才的不

1903 年落成的北洋大学堂(天津大学前身)主楼正门

可或缺和极度匮乏，而那些只知"四书五经"的冬烘先生和科举制度培养出来的书呆子对现代技术又一窍不通，派不上什么用场。作为应急措施，盛宣怀在其企业设立了训练班性质的"学堂"，如天津和上海的电报学堂、汉阳铁厂的附设学堂等。这些学堂在学制、课程设置等方面注重实用性和"动手"能力。盛宣怀的这些举措，显然是个"多快好省"智慧的选择。新中国成立后，许多大型国有厂矿开设的技工学校，与盛的学堂有着明显的血缘关系。

1895年，清廷与日本签订了屈辱的《马关条约》，7月19日光绪帝颁布上谕说，"当此创巨痛深之日，正我君臣卧薪尝胆之时"，"况当国事艰难，尤应上下一心，图自强而弥祸患"。时任天津海关道的盛宣怀，对于甲午战败的深层原因，有着清醒的认识，他客观地比较了中日之间的差距，沉痛地指出人才的重要性，提出了解决的办法，"自强首在储才，储才必先兴学""西国人才之盛者出于学堂"。为此，他积极响应上谕，奏请在天津开办"西学体用"的北洋大学堂。在奏折中，盛宣怀"伏查自强之道，以作育人才为本；求才之道，尤宜以设立学堂为先"。他还草拟了创建北洋大学堂的章程。

1895年10月2日，光绪皇帝钦准设立北洋大学堂（即今之天津大学）。北洋大学堂比京师大学堂早3年，比清华学堂早16年，是我国近代第一所大学。作为中国第一所大学的校长，他为北洋大学堂制定的校训是"科教救国，实业兴邦"。

盛宣怀思想开放，主张专家办学，为此他奏明皇帝，"遴选深通西学体用之员总理"，聘请美国教育家丁家立等外籍专家主管教学。教师绝大部分也是聘请美国人担任，教材则是原版美国教科书，课堂上一律用英语授课，作业和考试亦复如此。当时的学生谈起感受时说："课本是原文的，教授用英文，答卷用英文，到处是英文，我们吃完晚饭

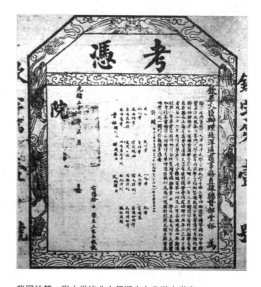

我国的第一张大学毕业文凭诞生在北洋大学堂

中国第一张大学文凭获得者,民国外交家王宠惠

在北运河畔散步,连枝头的小鸟也都在讲英文!"北洋大学树立了全新的教育模式,高起点地培养高水平人才。

盛宣怀参照国外的学校管理模式,坚持学以致用的原则,针对当时的急需,学校开设了采矿冶金、机械工程、土木工程以及法律等专业。随着事业发展,专业和课程也随之调整,绝不拘泥于条条框框。盛宣怀主张因材施教,学生入学第一年学习基础功课,之后由总办、总教习根据每一个学生的不同资质,酌定今后的学习内容;即便是出国留学,也要因人而异,选择最合适的专业去深造,留学生不准中途退学,学成要归国服务。从 1898 年至 1906 年,盛宣怀主持派遣到美、英、德、日、比五国的留学生共 58 人。盛宣怀为北洋大学堂确立了"严谨治学,严格教学要求"的校风。为此,他制定了两条规则,其一是,学生必须由浅入深、循序渐进地学完所有的课程,不许学无次第、浅尝辄止、中途他骛;其二是必须学好科学技术,语言不过是工具。这些办学观念和措施,对中国近代高等教育具有开拓性的引领作用。

北洋大学堂的创建,正值甲午战后国库空虚之际,学堂常年经费需银五万五千两,国家根本无力支付。盛宣怀自筹经费,由他所掌控的天津电报局和招商局等企业筹款解决。他的远见和实力成就了这桩青史留名的事业。

作为中国教育特别是高等教育的先行者,盛宣怀行为坚毅,远非常人可比。他曾说:"人笑我收效不能速,十年树人,视十年若远,若不树之,并无此十年矣!"正是依靠这份恒心,他笮路蓝缕、辛苦经营,成就大业。他对教育不遗余力的热情和投入,感染着其后一批又一批的实业家投资兴学,成为近代中国一道独特的风景线。反观今日热衷于个人奢靡或嗜赌成性的企业家,更加感到盛宣怀的独到和难能可贵。

1896 年春,盛宣怀捐资 10 万两白银,开办了南洋公学,系今之上海交大、西

南洋公学（交通大学前身）最早的校门

安交大、北京交大、西南交大和台湾交大的前身。1912 年，盛宣怀在南洋公学航政科的基础上，又创建了吴淞商船学院，系今之大连海事大学和上海海事大学的前身。

盛宣怀十分重视基础教育，南洋公学专门设立了培养师资的"师范院"，此外还设立了外院（附属小学）、中院（中学）、上院（大学）和特班（专门培养政府管理企业的高级官吏）。三级乃至四级的梯次格局眉目清晰，为中国新式系统学制的建立奠定了基础。郑观应为此赞誉说："此乃东半球未有之事，真不朽之功业也。"

商人逐利天经地义，盛宣怀却能拿出真金白银和难以量化的心血兴办教育，为国家和社会培养人才，开风气之先，走在了时代的前列。时间之水冲走了泥沙，留下了金子。盛宣怀当年的赫赫威势和富可敌国的金钱早已灰飞烟灭，而他的大学和教育创新却成了有形和无形的丰碑，桃李春风，永远被人铭记。

盛宣怀是近代中国著名的慈善家和赈济家，清光绪三年至四年 (1877—1878 年)，山西、陕西、河南、河北一带遭受极其严重的旱灾，史载饿殍达一千万具以上。1878 年 5 月，盛宣怀被派往献县主持赈灾。由于灾民人数太多，而他所带政府赈灾款又太少，面对生死线上挣扎的灾民，他急中生智，请求借库平银一万两，并提出:"此银如筹赈局无款核销,拟请代为转借,俟职道回南劝捐,如数归缴,决不敢短少。"这样的胸怀和境界,令人感佩。

1904年日俄战争期间,为了救助陷于战区的民众,上海的一些慈善事业活动家和企业家,仿效西方红十字会的章程和办法,联合中立的英、美、法、德等国在沪的外交人士,在上海创设了"上海万国红十字会"。盛宣怀是肩负政府使命的幕后主持人。在此基础上,1910年2月中国红十字会正式成立,这是中国第一个红十字会,盛宣怀被清廷任命为首任会长。

1879年,为了解决晋、陕、豫、冀特大旱灾后遗留下来的孤寡病老的抚养问题,盛宣怀授命在天津成立了带有官方色彩的慈善机构广仁堂。1906年春夏之际,皖、苏又发生特大水灾,受灾人口达730万人,为了更有效地组织赈灾,盛宣怀在上海亦成立了广仁堂,经费主要由盛宣怀主持的企业赞助,已演变成完全民间性质的慈善机构。晚年谈及广仁堂时盛宣怀说:"上海广仁堂系鄙人一手所建设,平常办理各种善举,遇有灾荒,同人提倡义赈,历有年所。堂内捐置房地、矿业股份,以为恒产,如能经理得宜,未始不可达救人目的。"

1908年,已是著名实业家和教育家的盛宣怀赴日东游,参观图书馆和博物馆,以便回国后仿效。他还特意拜访了缠绵于病榻的商务印书馆的创办人张元济先生,他对文化的热爱和执著使张元济深受感动。他在日本大量买书,新旧书籍不下千余种。1910年他创办了中国第一家图书馆——上海图书馆。他去世之后,其十余万卷的藏书分别赠给了圣约翰大学、交通大学和山西铭贤学校。

盛宣怀终其一生都十分注重文档留存,各种文稿、信札、账册甚至宴客菜单,吉光片羽,无不悉心收藏。这个文案多达178633件、总字数超一亿字的"盛档",由于内容丰富,且具有极高的历史价值,被称为"中国私人第一档",不但是研究盛宣怀的宝贵资料,也为中国近代史的研究留下了原生态的"活化石"。

盛宣怀生活奢华,妻妾成群,前后娶了两个夫人,5个妾,生有8个儿子,8个女儿,盛公馆中吃闲饭的不下百十来人。儿孙中除个别优秀者外,赌马的赌马,嫖娼的嫖娼,抽大烟的抽大烟,钟鸣鼎食的偌大家族亦未能逃脱"富不过三代"的魔咒,百年豪门十年衰。盛宣怀去世前立下遗嘱,用遗产的一半计580万两白银成立愚斋义庄基金会,全部用于慈善事业。盛宣怀对民生的关注、对社会的反馈和社会责任感,为后世的商人和企业家树立了榜样。

盛宣怀的经世之才为当世所器重,李鸿章评价说,"志在匡时,坚韧任事,才识敏瞻，堪资大用。"张之洞评价说，"可联南北，可联中外，可联官商。"慈禧太后评价说，"盛为不可少之人。"孙中山先生对他也颇为赏识，评价说，"热心公益，而经济界又极有信用。"鲁迅先生对他则一笔抹倒，在《从盛宣怀说到有理的压迫》一文中为其定性为"卖国贼、官僚资本家、土豪劣绅"。一段时间以来，主流意识对他的评价也多为负面。当代学者《盛宣怀传》的作者夏东元先生的评价较为"中性"，"处非常之世，走非常之路，做非常之事的非常之人。"

不同的评价固然与评价者的不同立场和价值观有关，但也反映了盛宣怀性格和思想的复杂性和深刻矛盾。近代中国初期创建的重要的工厂、矿山、钢铁冶金、航运铁路、金融银行和著名大学大多出自盛宣怀之手，说他是近代中国现代化的奠基人和开创者、新兴资产阶级的领袖人物，确为实至而名归。把他简单地说成是"官僚买办"，有失公允。

然而，他在政治上却是保守的，始终站在维护封建统治的反动立场上。在戊戌运动中，他主张什么"中国的根本之学不必更动，止要兵政、工政两端采取各国之所长"，公开反对康梁的维新变法。辛亥革命爆发后，他又竭力拥护袁世凯出山，调兵运粮，企图扑灭革命烈火，挽救摇摇欲坠的腐朽政权。在奠定先进的资本主义经济基础的同时，他没有冲破落后的封建政治体制上层建筑的牢笼，反而以他控制的巨大资本，谋求权力和财富，导致了旧中国近代化事业的最终失败，也造成了他个人的历史过失和人生悲剧。梁启超谈到他时曾说："吾敬其才，惜其识，悲其遇"，可谓深中肯綮之语。

盛宣怀逝世一百多年了。作为一代商业巨擘，他的一生可谓轰轰烈烈、波澜壮阔。他的成功或失败，他的经验或教训，他的进步或停滞，他留下了什么又失去了什么，他的生存方式和生活方式；其后的商界从他身上传承了什么又抛弃了什么，超越了什么又有哪些羞愧，值得我们认真地进行一次思想的远行，这或是对历史人物有价值的缅怀和纪念。

历史照亮了前行的道路，只有看清了过去，才能看清未来。

盛宣怀的上海故居

张謇像

张謇：状元企业家

张謇不但是中国近代最具代表性的民族企业家，也是中国现代化事业的开拓者和先驱。从公认的著名的实业家、教育家、慈善家到一个时代的精神领袖，从有胆有识的渐进论改革者到底蕴深厚的文化巨人，张謇的一生波澜壮阔，岁月峥嵘，既取得了轰轰烈烈的伟大成就，也承载了理想破灭的时代悲剧。张謇是他那个时代先知先觉者的生命标本。

胡适这样评价张謇："张季直先生在近代中国史上是一个很伟大的失败的英雄，这是谁都不能否认的。他独立开辟了无数新路，做了三十年的开路先锋，养活了几万人，造福于一方，而影响及于全国。"1950年代，毛泽东在与全国人大副委员长黄炎培、陈叔通等人谈及民族工业发展时说，"……（中国）最早有民族轻工业，不要忘记南通的张謇"。著名学者余秋雨指出："张謇是中国最优秀的知识分子，他改变了中国知识分子的生态。"财经作家吴晓波则认为："这过去的一百多年里，你若问我心目中排名第一的企业家是谁，我会说是：张謇。当今存世的所有企业家，就精神境界而言，张謇是最值得追慕的人物。"

痛斥袁世凯　弹劾李鸿章

　　张謇，字季直，号啬庵，清咸丰三年五月二十五日（1853年7月1日）出生于江苏通州（今南通）海门常乐镇。张家世代务农，直到张謇的父亲才在务农之外兼营了一个制糖的小作坊。张家兄弟五人，张謇排行第四。张謇自幼聪颖过人，五岁时即能一字不错地全文背诵《千字文》，于是父亲将他送进私塾读书。

　　张謇11岁时从师宋琛读《诗经·国风》，宋以"月沉水底"命对，张謇不假思索以"日悬天上"应之，人皆以为神童。又有一次，宋以"人骑白马门前过"为上联要学子们应对，张謇的三哥对的是"儿牵青牛堤上行"，张謇对的则是"我踏金鳌海上来"。宋大喜过望，谓其年少心高，后必成大事。然而天不遂人愿，张謇应南通州试时却排名在百名之外，宋琛深感失望，放狠话斥之说：如果有1000人考试，只录取999人，那名落榜者就是你！张謇至为沉痛，在蚊帐上大书"九九九"，晨昏视之，以为警惕。从此早起晚睡，发愤努力。

　　张家祖上三代未取得过功名，属于"冷籍"，按科举规定"冷籍不得入试"。无奈之中，在张謇15岁时由他的老师安排，冒充邻县如皋县张家子嗣获得了学籍。如皋县张家用冒名一事要挟张謇，不断地索要钱物直到将其告上法庭，用以勒索更为巨大的酬

袁世凯像

金。遭此一劫，张謇家道因之败落。
少年的张謇不但遭遇了体制的不公
和歧视，而且还陷入了人世间的不
义和陷阱。

幸而张謇的老师爱惜其才华，
为他四处奔走斡旋，引起了通州知
府孙云锦的关注和同情。在孙云锦
的努力和调停下，终使礼部撤销了
控案，同意张謇重填履历，恢复通州
籍的考试资格。

"冒籍案"结案的第二年，张謇
16 岁考中秀才，此后的考试却屡遭
失利，幸运的是，经老师介绍遇到了
他人生中的第一位"吉人"——淮
军"庆字营"统领吴长庆。吴长庆
是镇压太平军的一代名将，官居正
一品，时年 52 岁，酷爱读书，时称儒

吴长庆像

将。吴长庆颇重张謇的人品文字，命其专治机要文书。1880 年吴长庆奉命率部
督办山东海防，作为幕僚的张謇随之一同前往。

第二年即 1881 年 10 月，21 岁的袁世凯乡试落弟，在老家混了一段后决定出
外闯世界，因袁吴两家系"世亲"，于是从河南前来投奔吴长庆。吴认为袁才疏学
浅，对其不以为然，没有任其任何实职，而命他在张謇教导下在营中读书。这一年
张謇 29 岁。袁世凯以弟子礼事奉张謇。袁世凯学问荒秽，文笔拙笨，不能成篇，
张謇改无可改。然而袁在处理事务时却精明强干，井井有条。一次袁与张彻夜深
谈，袁慷慨陈词，大有"请缨杀敌，投鞭断流"之气概，志向宏阔，见地深邃。张謇
惊讶之余大受感动。次日便向吴长庆鼎力举荐，称许其治军才干。吴长庆始任袁
世凯为营务处帮办（副营长），继之任其为先锋营管带（营长）。袁世凯终于盼来
了出头之日。

1882 年，作为大清帝国藩属国的朝鲜发生了"壬午兵变"，日本乘机出兵进抵
仁川。吴长庆奉命带兵赴朝平定乱局。战斗中，袁世凯率其先锋营冲锋陷阵，指

李鸿章像

挥有度，很快平息了叛乱。吴长庆在给朝廷的呈报中，对袁大加褒扬，名列首功，称其"治军严肃，调度有方，争先攻剿，尤为奋勇"。年仅24岁的袁世凯因之以督军的身份留在朝鲜，朝鲜上下以"袁司马"称之。

1884年，李鸿章不满吴长庆，将其调回国内，袁世凯代吴留守朝鲜，分了吴的一半兵力。袁世凯不顾吴的感受，迅速转而投向炙手可热的李鸿章，"露才扬己"，毫无避忌，从此开始了他的崛起之路，其阴谋家和野心家的嘴脸暴露无遗。

吴长庆回国后凄惶郁闷，不久病逝。农家出身的张謇宅心仁厚，极重感情，悲痛之余，对忘恩负义袁世凯的表现几乎气绝，他不能原谅对恩德的背叛。他给袁世凯发去绝交信，从此割席。他在信中下笔千言，严厉斥责袁之不忠不义，"刚而无学，专而嗜名"。张袁师徒两人从此不再往来20年。

吴长庆去世前后，张謇对世道人心既颇为失望又感慨良多，他说"观人于不得意时，于不得意而忽得意时，于得意而忽不得意时，经此三度，不失其常，庶可为士"。

命运再次垂顾这位学识渊博、洞明世事的青年才俊。当朝鲜发生了"壬午兵变"时，作为吴长庆幕僚的张謇即已敏锐地意识到朝鲜战略意义的重要，因而坚决主战，请求发兵抗倭，他所撰写的以强硬姿态著称的《条陈朝鲜事宜疏》等策论文章，很快便传到了京城。他的主张受到了他人生中的第二位"吉人"——光绪的"帝师"、时任户部尚书翁同龢的赏识，在以后的岁月中，不遗余力地予以提携。

吴长庆死后，张謇有很多机会跻身官场，朝鲜希望以"宾师"的待遇留住他，北洋大臣李鸿章虽然与吴长庆不睦，却对张謇不错，两广总督张之洞对张謇亦颇为看好，两位官场大鳄争相礼聘，邀张入幕，但张始终不忘恩师翁同龢，因此一概婉拒，"南不拜张北不投李"。他要依靠自己的实力搏得功名，名正言顺地踏入仕途。这也许就是那时读书人的自尊吧。张謇回到通州故里，继续苦读。

1885年，张謇在乡试中考中了第二名举人。有趣的是，他在向科举金字塔攀登的最后阶段即礼部会试中，却上演了富有戏剧性的一幕。翁同龢由于对人才和同道的饥渴，将对张謇的赏识变为荒谬的行动，他伙同"清流"党人潘祖荫等考试要员，居然四次在评阅试卷中暗中以笔体字迹识别张謇的卷子，却阴差阳错无一命中，倒是"成全"了与张謇笔迹相仿的四名考生，而张却次次落第。直到1894年，心灰意冷的张謇在父命之下第五次进京赶考，才幸得第60名贡生。在三月的复试中取得了第11名，翁同龢将其改为第10名，这样才有机会参加四月的殿试。还是在翁的鼎力关照下，张謇的试卷被评为第一，翁向光绪皇帝推荐说："张謇，江南名士，且孝子也。"张謇终于获得了一甲一名状元，授以六品翰林院修撰的官职。这一年，张謇已41周岁。

1894年甲午一战，北洋水师全军覆灭。张謇义愤填膺，单独秉笔上书，弹劾威风八面的李鸿章，震骇一时。张謇在《请去北洋折》中痛斥李鸿章畏战误国，并历数十年前因排斥和压抑吴长庆而贻患于后的种种错误，以至于"日（日本）之所欲，鸿章与之；日之所忌，鸿章去之。"到头来"非特败战，而且败和"，要求朝廷"另简重臣，以战求和"。张謇的奏折义正辞严，掷地有声。

张謇的"书生意气"非从私怨出发，而是对甲午战败的痛定思痛、对国家前途的忧虑和担心。这种政治勇气和担当精神、爱憎分明和直率的个性，宛如一道闪

张謇像

电,刺破了那个黑幕沉沉的时代。

1898 年,翁同龢被慈禧罢官,"开缺回籍"。官场中达官贵人对其避之唯恐不及,世态之炎凉令人心寒。张謇闻讯后悲从中来,立作《奉送松禅老人归虞山》诗以赠恩师,并亲往北京火车站泣泪送别。

事后张謇借故请假南归,离开权力中心,再不回头。

艰辛办实业 智勇保东南

张謇的功名之路漫长而曲折,令人匪夷所思的是,"大魁天下"三个月后,这位恩科状元竟然宣布放弃仕途,"三十年科举之梦

翁同龢像

幻,就此了结"。这一举动颠覆了自隋唐以来读书人的所有光荣与梦想,与一千多年的漫长历史开了一个大玩笑。他从此踏上了一条荆棘和辉煌互相缠绕的商业之旅。

作为一个清高而又极其自尊的读书人,张謇清醒地知道,投身商伍必然要与他反感的官场和富人打交道,这才是痛苦的折磨和心灵的撕裂。因此,张謇将自己的此举形容为"舍身喂虎",他在《大生纱厂股东会宣言书》中写道:"反复推究,乃决定捐弃所持,舍身喂虎。认定吾为中国大计而贬,不为个人私利而贬,庶愿可达而守不丧。此计既决,遂无反顾。"这是何等的决绝和悲壮!

张謇下海经商,决不是为了赚钱。腐朽无能的官场早已使张謇心灰意冷,面对内忧外患、积贫积弱的国家,早在 1886 年左右,他就产生过"中国须振兴实业,其责任须在士大夫"的想法;甲午海战之后更加坚定了这一认知,他明确地提出"富民强国之本实在于工"。他要实现振兴民族、实业救国的宏伟抱负。他历尽千辛万苦用了四十多年的时间,终于爬到了科举正途的顶端,却又毅然决然地放

弃已经到手的功名前程，返乡创办实业，这样的气质和抱负，非强烈的爱国主义情怀，是不可想象的。

江苏是中国主要的产棉区之一，以"纱花"的产量和质量特别是纤维长并富弹性而闻名天下，因而棉纱业是洋务派扶持发展的重点产业之一。然而，日本已经捷足先登，在这里收购棉花，运回日本加工，再以高价回售中国市场。张謇在深受刺激的同时决定与其竞争，在商场上一决雌雄，为民族工业争口气。

张謇为筹办中的企业取名为大生纱厂，"大生"语出《易经》"天下之大德曰生"，意为给普通老百姓以有事做、有饭吃、有衣穿的"生计"。大生纱厂采取股份制，定位于商办民营，张謇亲自拟写了《通海大生纱厂集股章程》，公开向社会募集60万两，分6000股，每股100两，预期每股可获利22%。起步便开风气之先，富有现代企业气息。

"大生"三厂厂区

孰料，尽管投资回报相当诱人，集资却并不顺利。人们对一介书生的商业能力多有疑惑。张謇四处奔走，备尝辛酸。去上海招股，跑了几个月，连寺庙、道观都跑到了，甚至连半股也收，但仍然毫无收获，而且把带来的钱也花光了。为了筹集返回南通的路费，无奈之下他只好在报纸上刊登广告，在四马路摆摊卖字三天，总算赚到了盘缠。状元经商，狼狈至此，令人唏嘘。

张謇为了筹资而殚精竭虑，却四处碰壁，一年多下来，所获不过8万两，派不上大用场。幸好这时新任两江总督刘坤一因平时即对张颇有好感，对他矢志于实业的艰难处境和不屈精神也心生同情，决定帮他一下。1893年张之洞用官款从英国购买了2万锭的织纱机，运到上海后却一直未用，堆在码头上任其日晒雨霖，已有四五年之久。机器的包装木箱早已碎裂，机器也锈迹斑斑，零件不全。刘坤一提出，这些"国企"大佬的宝贝，经过一番周折后可折算25万两入股，性质应为"官股"。陷于困境的张謇走投无路，别无选择，只好咬牙认下这笔交易。这样，大生的资本性质就修改为官商合办，张謇还需另外招募25万两"商股"。事实上，在"大生"开工时，虽然张謇使尽了浑身解数，真正向社会募集到的资金也只有15万两。

张謇为筹资曾多方求援，江宁布政使桂嵩庆和"国企"大佬盛宣怀都曾答应出资，还签订了合同，延请了郑孝胥这样的社会名流作为见证人。但当大生纱厂急需资金时，由于担心投资安全、反复掂量后又觉油水不大，桂、盛二人便临阵变卦、言而无信，不是屡催不应，便是装聋作哑。张謇屡次写信，情急时竟含垢忍辱，字字有泪。然而对方仍是或默不作声，或百般躲闪，一两银子也不肯拿出来。事后

刘坤一像

张謇选址唐闸，1895 年创建了大生纱厂

张謇在写给刘坤一的信中说："三载以来，謇之所以忍侮蒙讥，伍生平不伍之人，道生平不道之事，舌瘁而笔涸，昼惭而夜恧者，不知凡几。"昔日痛斥袁世凯、弹劾李鸿章的风度和风采，已成遥远的记忆。如果不是为了大生，张謇不会和不讲信义之徒往来，更不会自降人格，说些委曲求全的话。儒家传统赋予他的清高，在吊诡的现实面前一败涂地，他只能扼腕叹息自己的妥协。心中的痛楚和挣扎，可想而知。从此，张謇对官商彻底绝了念想。

从 1895 年底开始筹办大生纱厂到 1899 年 4 月投产，"千磨百折，首尾五载，忍辱负讥，阅月四十有四"。在这 44 个月中，张謇数次濒临破产，历经坎坷磨难，几乎扒了一层皮。这段经历可谓中国近代工业艰难起步的生动案例。

1899 年大生开车试生产，因张謇是状元出身，大生早期棉纱产品使用"魁星"商标，进入市场后很快走红。1913 年后大生连年获利，兴旺一时，其股票亦最为抢手。

张謇是个经营天才，其管理才干几乎是无师自通，他为大生纱厂亲自撰写的《厂约》，是中国近代企业现代化管理的最初范本。在这 25 章多达 195 条的"规矩"

中,大到办厂宗旨、董事分工和职责、利润分配方式、各种奖惩细则、例会时间和内容,小到对来客的招待标准如平时二荤二素、休息天另加四碟菜、节日则为八碟五簋四小碗等等一应俱全。在一个以人治为传统的国家,张謇意识到只有以制度管理才会更公平而有效,显示了他超前而非凡的眼光和能力。

为了保证原材料供应和降低成本,在纱厂开工后,张謇创办了通海垦牧公司,自己种棉花。为了消化轧花的副产品棉籽,他创办了广生油厂。为了利用油厂的下脚料,他创办了大隆皂厂。为了纱厂的包装,他创办了大生纸张印刷公司。为了原料和产品的运输,他创办了轮船公司。因为外来务工人员的日渐增多,他创办了懋生房地产公司。为了制造织布机器设备,他创办了资生冶铁厂。完整的产业链打造,不但在当时的中国绝无仅有,即使放眼欧美国家,也毫不逊色甚至有领先之处。

张謇开启了中国近代商业"绅商"的先河。绅,亦称士绅,是指知识分子下海经商,张謇之后的仿效者由少而多,渐成风气,成为一种时尚,有力地推动了民族工商业的发展。

大生股本中有一半是那堆废旧机器折算过来的"官股",因而开始时也被称为"官商合办"或"官绅合办"。但实际上,从大生的筹划到开工经营的全过程,张謇从未让官府染指过企业的经营事宜,数十年中,"官股"只拿官利、分红,从未干涉

广生油厂实验室

过厂务。大生的实质是不折不扣的绅办民营。与盛宣怀和胡雪岩的"红顶"模式相比，无疑张謇代表了历史的进步。新兴的资产阶级以其旺盛的生命力蓬勃发展，它由自上而下官方主导的洋务运动，逐渐转化为由下而上的民间创业潮流。在这股浩荡的经济大潮中，张謇扮演了引领者的角色。

张謇的个人气场虽然强盛，但却一直低调。他从未把大生当成个人的私家财产，他的股份只占公司的4%。随着大生的逐渐壮大和蒸蒸日上，他的威信达到了顶峰，甚至被员工们视为大生的"神"。即使这时，他仍然主动接受股东的监督，出现失误则要受到股东会的指责并承受压力。

张謇创办的南通大学纺织科的表门

尊重秩序、谦和礼让、待人宽待己严的现代精神和传统道德，在张謇的身上完美融合，而且未因权力的魔鬼而有所改变。不管有多强，要守住弱；不管多得意，要守住谦卑。这是张謇的伟大之处。

通过什么途径来"实业救国"？张謇认为"棉铁主义"是一剂最好的良方。1910年前后他即已萌发了关于"棉铁主义"的雏型，提出"至柔惟棉，至刚惟铁"，同时进一步解释说，"振兴棉业之纺织为内维，扩充矿业之煤铁为外境"。1913年他出任熊希龄内阁的工商、农林两部长时，明确地将"棉铁主义"作为国家的实业政策和工业化发展的战略。在他看来，只要中国大力发展棉铁工业，就能带动各行各业的发展，从而建立起独立的民族工业体系，与外国资本主义的经济侵略相抗衡。"棉铁主义"是一个爱国商人从内心深处迸发出的深沉呐喊。

然而，就在这时亦即1900年左右，北方爆发了大规模的义和团运动。拳民们杀戮洋人、烧毁教堂、捣毁铁路，深重的民族屈辱被极端地放大为民粹主义的熊熊

纺织厂车间一角

烈火。晚清的几位清醒的顶梁柱张之洞、李鸿章、袁世凯和刘绅一均不在京,朝廷大事任由慈禧和一帮王公大臣胡来,终于引爆了八国联军的侵略行动。八国联军在犯下了"最野蛮、最不齿的罪恶行径"(雨果语)的同时,中国人民也再次地沦陷于国难与国耻所叠加的深渊。

张謇密切关注局势的变化,对义和团力主镇压。他迅速地加盟到由盛宣怀倡导由他们共同主导的"东南互保"运动。它的核心内容是由李鸿章等四大总督出面,向各国在华公使保证,他们将"奉诏"在长江中下游及上海苏杭等地"自保疆土",外国人的生命财产将得到有效的保障,不受拳民滋扰。当然,这些富庶之地中国人的生命财产包括企业也将受到保护。也许后者才是"东南互保"运动更为重要的利益诉求。

四大总督中的两江总督刘绅一开始心存畏惧、首鼠两端。关键时刻,张謇以清廷与东南是一种名实互存的关系,保东南就是保朝廷,破解刘的心理障碍,进而又对形势和利害予以透彻的剖析,终于说服了刘,实现了全方位的东南互保。

就这样,在京津冀鲁等地战乱不止、经济和民生均遭重创血与火的日子里,江南却相对平静,工商业也得到了一定的发展。1900年后,大生纱厂进入全盛期,累积利润已高达一千万两。张謇乘势扩大其商业版图,先后又创办了大大小小二十余家企业,成为中国近代规模最大的民营企业集团。张謇的威望达到了峰值,成为影响中国政局的商界巨擘,被公认为"东南实业领袖"。

"东南互保"是由官商和绅商自发主导的政治经济事件,成果显著、影响颇大。它不但反映了大清帝国的千疮百孔和其皇权统治的风雨飘摇,而且实现了中国新兴资产阶级的第一次集体亮相。企业家群体勇敢地登上了风云变幻的政治舞台,顺应历史的发展,维护自己的权益,他们的眼光和气魄、能力和智慧以及理性的妥协,在中国近代历史和中国商业史上,具有里程碑的性质。

兴办大教育　建设模范城

张謇兴办实业获得巨大成功后,这位站在科举道路终点上的迟到状元,又开启了现代教育的辉煌之旅。

张謇开办的第三幼稚园幼儿游戏情景

　　张謇一生最重教育，他认为，中国之所以国势日颓且长期积贫积弱，是民智不开、愚昧落后所致，而教育的作用即在于"举事必先智，启民智必由教育"。他所理解的教育内涵相当丰富，除学校教育外还包括社会教化、全民素质培育和慈善事业等等，是一个"大教育"的概念。

　　张謇认为，整个教育事业犹如一条源远流长的江河，"师范启其塞，小学导其源，中学正其流，专门（专科）别其派，大学会其归。"按照这个顺序，1902年他首创了我国第一所民办师范学校——通州师范学校（不称"学堂"而称"学校"，中国自张謇始。）

　　本着"立之有本，行之有方，次第有序"的思路，继师范学校后张謇在南通先后创办了370多所小学，包括敬儒初级中学、女子师范、东台母里师范、商业学校、蚕桑讲习所、艺徒学校、女工传习所、伶工学校和警察教练所等在内的四十多所中

我国第一所民办师范学校——通州师范学校

学和职业学校，以及纺织、医学、农业三所专门学校即大学。其中通州师范学校、纺织专门学校和女工传习所（刺绣）、伶工学校（戏剧）等在中国近代教育史上皆为首创。张謇对社会底层尤为关注，盲哑学校、流浪人栖息所、妓女济良所等教育或慈善机构先后诞生，彰显了他对弱势群体生存和发展的博爱之心。

张謇重视学生的全面发展，着力培养德才兼备的人才。"学术不可不精，而道德尤不可不讲，首重道德，次则学术"。在张謇开办的学校里均设伦理课，以中华民族优秀的传统道德和西方进步的价值观来教育、熏陶和感染青

张謇之子张孝若

少年学生。他到学校视察时，往往先去看厕所，他认为国人应该养成清洁卫生的好习惯。公德的培养、文明素质的提升均应从小事做起。张謇是位才情满怀并有极高造诣的书法家，他为很多学校都题写了校训，就连他儿子的书房里都悬挂着他的墨宝"白饭道德，黄金时间"。张謇对德育的重视体现在许多细节上。

张謇反对空谈，执著于实践。他主张培养和训练学生的劳动技能和动手能力，为此他不惜重金购买设备，在学校里开设实验室和实习工厂。他为社会输送的是长于实干的人才，而不是"四体不勤、五谷不分"的书呆子。张謇洞悉现代教育的真谛。

值得一提的是，为了培养建没和保卫国家的有用之人，张謇非常重视体育教育，倡导学生具有健康的体魄，南通男、女各校均开设体育课，建有体育场，举办运动会，这在我国近代史上实属罕见。

南通在全国率先形成了从学前、小学到中学和大学、从职业培训到残疾人教育、从德育到体育，门类齐全、结构完整庞大而有序的近代大教育体系，站在时代

江苏省立水产学校旧址

前列,引领社会潮流,不但在当时是个奇迹,即便在今天也令人叹为观止。

美国教育家杜威在参观南通教育状况后盛赞说:"南通者,教育之源,吾尤望其成为世界教育之中心也。"

南通之外,1905年张謇与马相伯在吴淞创办了复旦公学即今之复旦大学前身,1909年创建邮传部上海高等实业学堂船政科,几经调整后即今之大连海事大学前身,1912年在上海老西门创建江苏省立水产学校即今之上海海洋大学前身,1912年创建河海工程专门学校即今之南京河海大学前身,1917年获得张謇支持,同济医工学堂(上海同济大学前身)在吴淞复校,1921年创建上海商科大学。此外由张謇创建或资助的学校还有中华职业学校、苏州铁路学校、龙门师范学校等。张謇在南通和全国办学数量之多、质量之好、口碑之佳、影响之大,前所未有,名垂青史。

张謇有一个著名的论断:"父教育而母实业"。他把教育和实业的关系比喻为一个家庭的父母关系，彼此相辅相承，互为补充，"以实业辅教育，以教育改良实业。"张謇是位实干家，他坐拥东南，把一生完全彻底地奉献给了教育和慈善等公益事业。

以通州师范学校为例，从1903年4月到1907年4年间，该校所用经费多达18万两白银，占大生招股资金的36%，是张謇个人原始股的90倍，其中三分之二来自大生纱厂的分红，三分之一是张謇和他兄弟的个人捐款。1901年张謇创办通海垦牧公司，历经艰辛至1910年才开始赢利，次年即1911年他即提议，将公司的450股作为校产捐给了通州师范学校。

为了学校的运转，张謇倾注了大量资产，甚至变卖实业，自己的生活却极为节俭。他有一句名言："家可毁，师范不可毁！"有学者统计，他一生在南通的教育投资为257万两白银，其实，这只是一个"有案可稽"的约数，他的全部投入是难以计算的。"文革"中"造反派"挖开张謇墓，以为一定会有价值连城的陪葬品，结果发现只有一顶礼帽、一副眼镜、一把折扇，还有一对金属的小盒子，分别装着一粒牙齿，一束胎发。

张謇说："国家之强，在实业教育，而弥缝其不及者，惟赖慈善。"1906年张謇

江苏省立水产学校制罐工厂

和他三哥在南通创办了育婴堂，专事收养弃婴和穷苦人家无力抚养的孩子，两年中多达 1500 人。张謇自己还从中认领了两名男婴，抚养教育，如同己出。

1912 年张謇 60 岁寿辰时，他用亲友的全部馈赠创办了南通第一家养老院，他三哥创办了第二家，1922 年张謇 70 岁寿辰时，他再度创办了第三家养老院。前后收养孤寡老人五百多人，每年费用七百多两银元，全部由张氏兄弟承担。

1913 年张謇兄弟在南通城南创办南通医院及其两所分院，赤贫者可免费救治。1922 年张謇兄弟在上海崇明外沙大生二厂创办大生医院，救助大生职工和贫苦百姓。

张謇指出，南通的慈善事业"系自动的，非被动的，上不依赖政府，下不依赖社会，全凭自己良心去做"。为此张謇和他的家人节衣缩食，而且多年如此。张家每日饭桌上无非一小荤两素一汤而已，偶尔食用鸡鸭等肉食，也要切成、撕成薄片或细条，大家食用分享。1922 年大生集团财力困顿紧张时，张謇的个人收入锐减，不得不登报卖字，用以维持育婴堂的开支，直到 1924 年已届 71 岁高龄时方始停笔。

"散尽家财以济天下"，作为企业家的张謇，他可与日月争光的良心照耀并昭示着后来者：富者无权轻视穷者，却有责任帮助穷者。

张謇是一位爱国爱乡、矢志高远的企业家，他自觉的富有创造性的对南通的改造、开发和建设，谱写了了不起的"中国早期现代化试验"的新篇章，造福于当世，泽被于后代。

大生纱厂医院

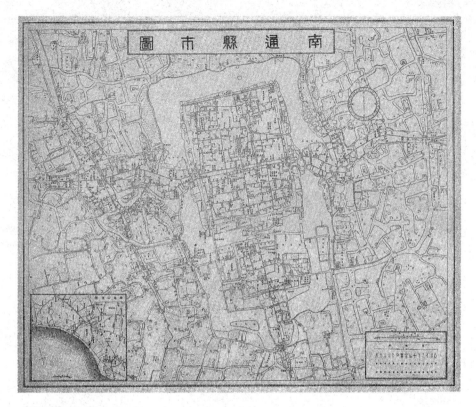

20 世纪初的南通市地图

古代通州城始建于 958 年，明清时虽有所发展，但仍是一个贫穷、落后的封闭州城。张謇在南通兴办实业时，即已开展了对其超前的规划和建设。他以老城为中心，将工业区选在西郊唐闸镇，港口区定位于长江边的天生港，而城市的南郊狼山则成为花园民居和风景区。三区与老城等距 6 公里，修建道路彼此相通，构成了"一城三镇"多元的空间格局。城镇相对独立，分工明确，彼此呼应，类似于现代大都市的"卫星城"。这样的设计体系极富前瞻眼光和科学创意。

张謇的城市建设以富有现代气息的"硬件"作为支撑，独领一时风气之先。1909 年他创办了南通电灯厂，城市告别油灯时代开启电灯照明。1913 年他创办大聪电话公司和邮政公司，开始了崭新的人际交往业务。1916 年他创办气象台，为农业、工业生产和群众生活服务……

张謇以诗人的情怀建设城市，具有浓郁的文化气息。清末他曾在城区修建了

老年时期的张謇

城市公园，1918年扩展为东西南北中5所公园。1914年在唐闸镇工业区又修建了一所公园。合理的布局和绿树成阴、溪水环绕的优美环境，为广大市民提供了休闲娱乐的好去处。

张謇对南通旧城进行了合理的改造和扩建，在南门外和桃坞路建设了公共行政设施和商业金融、旅馆餐饮等服务业。在美丽的濠河畔，1905年他以个人财力兴建了南通博物苑，这是中国人自办的第一个现代博物馆；还建设了图书馆等文教事业。他有意识地培养本土建筑人才，建筑师孙支夏就为南通留下了许多中西合璧、风格独特的建筑作品。

1919年，张謇建成了可容1200人座位的南通更俗剧场，邀请了梅兰芳等著名艺术家来此演出，还修建了"梅欧阁"，用来纪念梅兰芳和著名戏剧家欧阳予倩在南通的戏剧活动。南通的文化生活丰富多彩，社会风气醇厚而清新。

张謇重视城市的"整体改良"，通过二十多年工业、农垦、渔业、水利、交通、文化、教育和社会福利等诸多领域齐头并进的建设，终于形成了南通地区经济综合发展、人民安居乐业蓬勃繁荣的新局面。南通由此而成为"中国近代第一城""中国模范城"，开创了长达30年的黄金时代。南通模式是张謇理想中"村落主义"的具体实践，影响深远。

上海英文《密勒士评论报》主笔J·B鲍威尔造访南通后，称其为"中国大地上的天堂"。据《南通县图志》记载，在当时西方出版的《中国地图》上，中国的很多大城市没有痕迹，南通却被赫然标出。

张謇曾说，"一个人办一县事，要有一省的眼光；办一省事，要有一国的眼光；

办一国事，要有世界的眼光……"，他的事业虽在南通，终极关怀却在中国；建设的时间虽在百年前，21世纪却仍然令人赞叹神往。他是当之无愧的中国早期现代化事业的开拓者和先驱。

1922年，在北京、上海等报纸联合举办的成功人物民意测验中，投票选举"最景仰的人物"，张謇得票最高。这一年是他的70岁大寿。

领袖宪政派　魂断英雄梦

清王朝这个老大帝国到了晚期气数已尽。中国必须变，已成朝野共识，问题是怎么变？

张謇不赞成风云一时的康有为、梁启超的变法，他批评说："乘积弊之后，挟至锐之气，取一切之法而张之，上疑其专而下不喻其意。"对于较康、梁更为激进的谭嗣同，他竟斥之为"谬妄已甚"。他更不支持革命，因为在他看来，革命只会带来动荡、破坏和流血。

张謇主张一种温和的、渐进式的改革。他认为，光绪是一个开明的、力图革新的皇帝，完全可以在保全皇位的前提下，在对皇权予以限制的同时，分出一部分权力，仿效明治维新后的日本和某些西方国家的成功经验，设立国会，实现"君主立宪"。他是在历史进入20世纪初时提出自己政治主张的。此前他曾在日本参观、考察了七十多天，得出的结论是：日本之所以强、中国之所以弱，根子在于政体，"不变政体，虽枝枝节节以补救亦无益耳！"从此他积极投身于立宪运动，为其殚精竭虑，奔走呼号。

康有为像

张謇一生为之奋斗的事业是祖国的富强，为此他主张对外要坚决御敌，对内则要大力发展经济和振兴教育。只有温和的权力交接和社会变革，才能葆有一个稳定的社会环境，只有在这样的环境里，才能实现他实业救国、教育救国的理想。何况，以大生纱厂为代表的庞大的经济实体，更不希望政治的折腾和社会的动荡。求稳怕乱的思想幽灵般伴随了他的一生。

僵硬的人生很难有更大的作为。张謇的人生是富有弹性的。为了实现立宪的政治主张，他主动给断交了20年的袁世凯写信。对于颇重名节的一代大儒，这种姿态需要很大的勇气。勇气来自需要。此时的袁世凯早已不是当年那个在吴长庆营中听从张謇谆谆教导的失意门生，而是呼风唤雨、左右中国政局的直隶总督兼北洋大臣了。政治理想的光芒融化了名士尊严的坚冰。1911年6月，亦即清王朝覆亡前夜的危机关头，张謇为请求朝廷立宪，由沪粤津汉四商会公推入京对清政府"进最后之忠告"。途经河南时，他特意前往洹上村拜访袁世凯，两人彻夜长谈后张謇认为，只有袁才有能力结束中国的战乱、实现君主立宪的政治理想。

历史的分分合合、聚聚散散，如此吊诡而又意味深长。

张謇对辛亥革命持反对态度，武昌起义爆发后，他曾游说清廷的军事大员铁良等"援鄂"去扑灭革命。然而，当他看到革命之火越烧越旺终成燎原之势、"绝弦不能调"、死灰不能燃的时候，并没有固执己见，而是立即改弦易辙由立宪转向共和。虽心有不甘，但"环顾世界，默察人心，舍共和无可为和平之结果，趋势然

张謇像

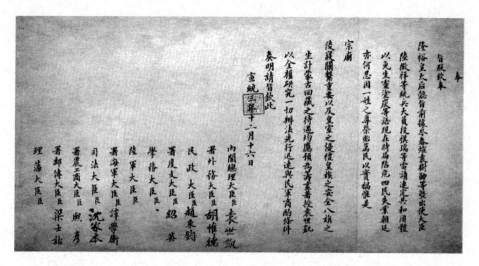

清帝"逊位"诏书

也"。他决定顺应历史潮流，因为只有这样，才能在更大的范围内避免"极烈之暴动"。他很快便出任了共和政府的实业总长。这并不奇怪，商人的本质是与强者联合。

张謇虽然非常尊重孙中山，却又认为他办事"不知崖畔"，"崖"在这里为边界之意。他觉得孙中山只懂革命，而建设一个国家才是最艰难而艰巨的。当时孙政令不出南京，连军饷都发不出来，张謇认为孙中山很难收拾这种混乱的局面，其政权也难持久。务实的张謇，在这种情况下，为了他的理想和事业，更愿意选择实力派的人物。

张謇离开南京到北京加入了袁世凯的阵营。袁将清帝宣统赶下帝位时，张謇怀着极其复杂的心情，为中国封建王朝的最后一位皇帝拟写了"逊位"诏书。1913年袁世凯从孙中山手中接过权柄出任大总统，任命张謇为农商总长。但不久历史就露出了狰狞的面目，袁世凯下令解散国会、取消立宪、企图称帝。张謇认为此举必将引起各派政治势力的强烈反弹，从而诱发新的动乱。于是反复劝导袁不要拉历史的倒车，但袁不为所动并于1915年接受了日本"二十一条"的部分条款。底线被冲破了，张謇愤然辞职，与袁彻底了断关系，回到南通搞他的实业去了。

由于袁世凯称帝而爆发的"二次革命"，使军阀混战愈演愈烈，饱受战乱摧残的华夏大地再次陷于动荡,原本就相当脆弱的民族工商业遭受了严重的打击。张謇的大生集团经过发展期后,到了1920年累积的隐忧逐渐显现。

此时"一战"业已结束,原来忙于战争的帝国主义列强各国喘过气来,为了弥补战争损失,变本加厉地实施对中国的经济侵略,企图扼住中国经济的发展。1921年正值隆重庆祝张謇70大寿之际,一场突入其来的自然灾害肆虐南通大地。在特大台风的袭击中,又连遭四天四夜的"疾风盛雨",汹涌的秋潮大汛席卷而来,江河泛滥成灾。张謇胼首胝足多年且投资甚大的农垦、水利等地方核心事业毁于一旦。

雪上加霜的是,由于连年歉收等各种因素的迭加,农产品和各种原材料价格飚升,首当其冲的是棉花,从1922年开始到1924年,棉花价格平均上涨了73%,而棉纱价格却由持续走红的市场突然走黑。棉贵纱贱的严酷现实使工厂不堪重负,上海约有三分之一的纱厂歇业停工。1922年向来赢利的大生一厂亏损39万两白银、二厂亏损31万两白银,张謇的企业由盛而衰,黄金时代戛然而止,且一去不返。

张謇像

覆巢之下、危亡关头,政府不问不管,任其在凛冽的寒风中颤抖。被逼无奈,张謇只好寻求外国资本的支持。但美日等财团不是隔岸观火就是诡计连连。张謇的企业债台高筑,走向衰落。而此时日本亦爆发了大面积的经济恐慌,由于日本政府及时而有效地采取紧急救助,提供借款,很快度过了危机,在随后中日纱厂的竞争中,毫无悬念地拖垮了大生等民族工业。

1924年大生已欠下400万两的巨额债务,这一年又爆发了大规模的第二次直奉大战和江浙之战,后者的战火一直蔓

张謇故居——濠南别业

延到张謇赖以生存的长江口，不但交通受阻、销路堵塞，而且军阀兵痞不断勒索，大生苦不堪言，企业备受煎熬。

1925年，停产的厄运终于降临挣扎中的大生。大生的债务高达906万两，已经资不抵债。张謇无奈将焚膏继晷、苦心经营三十多年的大生集团交由债权人接办。中国、交通、金城和上海四家银行和永丰、永聚两家钱庄组成债权人团全面接管大生。

张謇一手创立的商业帝国轰然倒地。张謇一生孤独，最大的精神支柱是心中崇高的理想。理想给他带来勇往直前的勇气，却也埋下了惨淡收场的伏笔。失去了信念支撑的他，晚年甚为凄凉，他曾这样叹息："幸哉一隅地，假息得苟全。太平在何时？今年待明年。呜呼，覆巢之下无完卵，野老洒泪江风前。"

不久，张謇于1926年8月24日在南通病逝。出殡之日，南通万人空巷，近乎全城民众自发赶来，为他送行。

回望张謇商业王国的衰落，既是对某些商业模式的沉重反思，也是对百年后企业家的现实提示。

张謇创业初期施行的是稳健推行策略，取得成功后，急功近利思想和浮躁心态开始膨胀，他在没有认真考虑成本与销路的情况下，又在大生一厂、二厂的基础上接连建了六个大型纱厂，到了大生八厂建成时，这种违背规律的盲目扩张使大生不堪重负、无可挽回地走上了一条不归路。歧途的入口也许最像天堂。

张謇曾说过"以一人救一国"和"以一人敌一国"这样的豪言壮语，可惜理想太丰满而现实太骨感，两者的强烈反差往往成为悲剧的根源。张謇没有很好地正视自己的实力，而想在更多的领域造福社会，陷入了"本小事大"的矛盾之中。张謇逝世前大生一厂为公益事业垫款合计超过了全部运营资金的45%，以企业之力办社会之事，严重地拖累了企业的健康发展。新中国成立后某些大型"国企"办"社会"，重蹈历史的覆辙，教训可谓深刻。

此外，企业管理的混乱、神化创始人、家长制一言堂等，也加速了大生的坍塌。

胡适之所以说张謇是"失败的英雄"，因为其一，大生集团最终被银团所接管；其二，张謇还有很多理想未能实现，所谓"出师未捷身先死，常使英雄泪满襟"。然而宇宙无穷，人生苦短。张謇用一己之力对抗一个时代，用悲壮的追寻和一生的血汗，改变、推动并影响了中国近代的历史。他是一位顶天立地、正大光明失败的英雄。

胡适像

张謇的孙子张绪武先生回忆祖父张謇开办通州师范学校时，每临近开学，已近暮年的张謇必亲自拿着油灯，查看每一间教室的门牌，并亲手将其钉牢。开学后如遇雨天，他则撑着雨伞，站在雨水中，恭候老师和学生入校。在近代中国的转折过渡期，张謇就是一位历史的掌灯者和擎天人，他不但给那个时代带来了光明和温暖，也光照和温暖着风云激荡的百年历史。

周学熙像

周学熙："中国北方工业之父"

    1934 年，出生于天津的清华大学的学生曹禺创作了话剧《雷雨》，轰动一时，成为文学艺术的跨世纪经典。剧本演绎了以"周公馆"为活动中心的两个家庭、两代人在一天之内发生的亲情、爱情、友情和"乱情"的悲剧故事。故事的发生地在天津，主人公周朴园是个资本家，因此很多人猜测，剧本的生活原型即为天津的大实业家周学熙家族。很多年之后，作者曹禺才在一篇短文中澄清说："周家是个大家庭，和我家有来往，但与事件毫无关系。我只不过是借用了一下他们在英租界一幢很大的古老的房子的形象。"

    "八卦"或不足信，然而，历史上真实周学熙的故事也许比虚构的戏剧更为精彩。

    周学熙是清末新政到北洋时期继盛宣怀之后，声名最隆、成就最大的官商，被

曹禺像

人称为"中国北方工业之父"。就其商业成就而言，时人把他与功盖东南的状元企业家张謇相提并论，称之为"南张北周"。

张謇与周学熙同为19世纪末、20世纪初由封建士绅转变为近代资本家的代表性人物，两人均以其远大的眼光、卓越的才干和不屈不挠的坚毅从事近代企业的创建活动，精于商略，长袖善舞，成就斐然。有趣的是，1915年周学熙出任北洋政府的财政总长，张謇则出任农商总长。"南张北周"是时人对他们的推许和尊崇。然而，两人的思想观念却迥然相同，张謇是自由商业主义者，倡导民营，反对官方垄断；周学熙则表现为强烈的国家主义，其产业带有浓厚的官方色彩。两人的人生归宿也大相径庭，张謇的企业破产了，成为悲壮的失败英雄；而周学熙直到去世仍富可敌国，是一位洞明世事、圆润人生的成功典型。

张謇与周学熙加起来，就是那个时代的商业史。

时局、格局与北方高地

1895年中日甲午海战之后，惨败的清廷被迫签订了丧权辱国的《马关条约》。以聚集在北京的读书人为代表的知识分子阶层悲愤难抑，群情激昂，"公车上书"，泣血请愿，要求变法维新、寻求富国强兵新路的浪潮汹涌澎湃，势不可挡。

继新科状元张謇下海之后，作为"举人"的周学熙亦毅然放弃官场，投身于实业，实践着"实业救国"的梦想。

上海社科院经济研究所研究员姜锋先生 1992 年提出了一个观点：半封建、半殖民地的旧中国向资本主义近代社会转型过渡，历经晚清、北洋和国民党三代政府，计 109 年时间。在这个过程中，这三代政府各有两位核心人物：晚清时期是李鸿章和盛宣怀，北洋政府时期是袁世凯和周学熙，国民党时期是蒋介石和宋子文。

"第一代"李鸿章、盛宣怀留给"第二代"的经济遗产是一个不折不扣的烂摊子：庚子赔款的巨大压力、国库空前空虚、财政也极度混乱。到了民国初年，袁世凯和周学熙从孙中山手里接过来的的"摊子"比原来还要"烂"：孙中山宣誓就职临时大总统时，国库里只有十枚银元，而此时光是黄兴负责的南京留守这一部门，用于裁军就需要 250 万。在这生死攸关的时间节点上，著名历史学家唐德刚在《袁氏当国》一书中指出："这时候周学熙办的三件大事实际上帮助袁世凯稳下阵来。"

袁世凯像

时年三十出头的周学熙为袁世凯办了哪三件事呢？其一，庚子之乱后，周学熙出任北洋政府银元局总办，在官铸铜钱的同时整肃地下金融市场的乱相，三个月后迅速稳定了天津和北方的金融市场。其二，1903 年周学熙从日本考察回国后，将原教养局改组为直隶工艺局，成为北洋政府官营实业的枢纽，仅从 1903 到 1908 年，五年间就为新建的商办企业提供了二百多万财政资助，有力地促进了民间工商业的发展。其三，改造天津商银号，使之成为接

周学熙等人捐资修文庙(后排左五为周学熙)

近于近代资本主义的银行模式，为民间企业筹集资金，为华北地区的经济发展提供了资本保障。周学熙认为，没有健全的金融，就没有发愤图强、蓬勃向上的工业。"金融保障"是周学熙经济思想的重要组成部分。

"第二代"是承上启下过渡的一代。从经济体制上看，他们完成了一个重要的转变。在李、盛的"第一代"主体是官办商业、商为官用。只有当官方在兴办企业遇有财力或人力困难时，才会吸引并利用商人和他们的资金参与。到了"第二代"时，商人的力量已在强劲增长，官方变成了商人的支持者，即所谓"官为商用"。蒋宋的"第三代"延续发展了"第二代"的做法。

从经济体制的法治上看，"第二代"也是一个开端。中国工商法规的制订从清末即已开始，经过不断补充、修订和完善，到南京临时政府和北洋政府时期，基本框架和主体条文已具雏型并陆续得以颁布实施，促进了中国工商业的有序发展。蒋介石政权不过是对此的进一步发展而已。

从人脉和人际关系上看，"第一代"荫庇了"第二代"，袁世凯是李鸿章提拔起来的，民国政府的核心官员也大多来自前清的官僚。周学熙同父异母的妹妹嫁给了袁世凯的八儿子袁克珍，曾任"帝师"的官商孙家鼐的孙子娶了周学熙的女儿，北洋大臣杨谦益也与周家是拐弯的亲戚……这些出身于晚清身兼官僚、商人和文人身份的中上层知识分子，通过互相通婚等手段亲上加亲，血缘和亲情使他们成为世交，形成了一个互助互利、盘根错节和相对封闭的贵族圈子和利益集团。这种庞大的关系网使他们获得了巨大的利益，但对市场的公平竞争和健康发展，却是不利并有伤害的。时至今日，仍然有人痴迷于此而恐惧市场打拼，其思维还停留在周学熙的时代而毫无长进。

二十世纪初叶，上海和江浙一带的企业在民间力量的主导下已初具规模，华北的工商业则比较薄弱，直到周学熙主政北洋政府的商业后，才得到了见贤思齐、迎头赶上的机会。与南方不同的是，天津和华北是以官商为主，利用政府和官方的力量振兴实业。例如袁世凯、段祺瑞等北洋高官都曾投资天津的企业，六大纱厂中有四家是北洋官僚集资创办的，其他两家则与张作霖等军阀有关。

周学熙由官转商的拐点发生在1906年。40岁的他有理由、有实力也有办法，在属于自己的企业里大展

段祺瑞像

拳脚了。启新洋灰公司是他在天津官办实业的一个范本。企业由权力庇护，投资主体是国家资本和官僚股份，产品由政府负责销售。这是一个没有悬念的商业模式。这一模式被周学熙和他的子侄们在天津和华北大量复制。稍后周学熙在秦皇岛开办的耀华玻璃公司，是全国最大的平板玻璃生产基地，亦同属于这一模式。他一生呕心沥血创建的企业集团，不但极大地改变了华北地区轻纺工业严重滞后的局面，而且在煤炭、建材、五金、机械、运输、金融等多个领域均建树颇丰，改写了中国工业南强北弱的整体布局，为世人所瞩目、享誉海内外。这个中国近代规模巨大的商业王国，资本高达 4260 万元，这在当时是一个令人咋舌的天文数字。周学熙把中国北方的近代工业带上了一个新台阶，也把整个周氏家族带上了日新月异的实业救国之路。天津和华北的工商业由此得以迅猛发展，成为中国北方的商业高地。

这样，中国工商业的格局基本形成，上海、天津和武汉三足鼎立，上海和天津更是全国南北经济的两大重镇。这个格局一直延续到抗日战争爆发。

家世、身事与启东崛起

周学熙，字绍之，又字止庵，号矾耕。安徽至德（今东至）人，生于 1866 年 1 月 12 日（清同治四年十一月二十六日）。其父周馥起于寒素，太平天国后期在安庆战场上被李鸿章收为幕僚，协助李办洋务 30 年，深得李的赏识，成为洋务运动中的杠鼎人物，天津的许多"洋务"都是他负责兴办：海军、陆军军官学校、海军学校、大沽口炮台、造船厂、铁路、开滦煤矿等等。周馥曾任山东巡抚、两江总督、两广总督和南洋大臣等要职。

周学熙昆仲六人，居其四。幼

周学熙父亲周馥

周馥（右）朝服照

时在籍，与诸兄弟诵读经史。15 岁随家移居津门，16 岁（1886 年）考中秀才，29 岁（1894 年）考中举人。此后却屡试不第，遂决定放弃科举与仕途，开启了他波澜壮阔的实业家人生。

父亲周馥是对周学熙人生影响最大的一个人。周学熙年轻分家时，从父亲手中不过分到了区区十二三万两银子，但父亲实业救国的思想却在他的心中牢牢地扎下根基，并且成为他一生的灵魂。周学熙还接过了父亲在晚清官场流连 30 年所积累的社会关系资源，这或是更重要、更具实用价值的。

周馥与周学熙父子两人担任天津海关道、长芦盐运使、淮军总钱粮、北洋实业道、银元局总办等关键职务长达四五十年，控制了中国北方的经济命脉，也为周学熙后来独立的实业活动积累了丰富的经验。

周学熙步入近代实业是从开平矿务局任职开始的。此间的经历、波折和斗争显示了他超群的商业才干和爱国主义精神,成为他一生事业的"华彩乐章"。

开平矿务局是洋务运动后期的成果,由时任北洋大臣、直隶总督的李鸿章委派唐廷枢于 1889 年创办,1892 年唐廷枢逝世后,张翼爬上了开平煤矿督办的宝座。由于与张翼有些"裙带关系",周学熙 1896 年被聘任为开平煤矿会办,次年升任总办,受张翼节制。周学熙负责筹建秦皇岛码头,从选址到试航,他反复勘察、精心策划、尊重科学、指挥得当,获得了极大的成功,其聪慧精干和出色业绩,为上下所称许。

唐山细棉土(水泥译名)厂系与开平矿务局一起由李鸿章委派唐廷枢创办,后落入张翼之手。其产品主要供应清廷的军械所,余者售予民用。由于粘土等原材料须由广东运送,成本高企,加之设备落后,制灰又不得法,造成水泥质次价高,企业亏损严重,1893 年被迫宣布倒闭。周学熙就任开平矿务局总办时,细棉土厂业已停办了六年之久。周学熙经过认真的市场调研,认为水泥对近代工业基本建设不可或缺,市场前景广阔,审时度势后决心排除万难,恢复建厂。

唐山细棉土厂

周学熙思想开放，不拘一格延揽人才。他任命开平矿务局技师李希明为经理，聘用德籍工程师汉斯·昆德为总技师。为降低成本，他派出专业人员在唐山附近的唐坊、大城山等地探察，终于找到了生产优质水泥的粘土和石灰石。为解决复建的资金短缺，他利用总办之便，将细棉土厂与开平矿务局合办，不但可以为细棉土厂大量融资，又可将生产水泥用的燃料就地取材，资源互动，实现双赢。

唐山细棉土厂的德国技师汉斯·昆德

就在唐山细棉土厂的复建紧张而有序进行并取得了初步成果的时候，1898 年爆发了庚子之乱，1900 年八国联军入侵，开进了唐山。作为开平矿务局总头领督办的张翼恐惧万分，躲在寓所不敢出门。更为不幸的是，此时周学熙又不在唐山。混乱中，英国商人与天津海关税务司官员联手，连吓带骗，从张翼手中以极低的代价，强行"买"去了开平矿务局和唐山细棉土厂以及与两家企业关联的房屋、码头、运河、轮船等。同年英人将骗取的开平矿务局在英国"合法"注册，霸占了全部产权。周学熙回到唐山后，英人为了手续的完备，企图诱骗他在契约上签字。目睹了帝国主义凭借武力掠夺中国矿山资源的野蛮行径，和清廷官员腐朽无能的可耻嘴脸，他义愤填膺，不惧威胁并拒受贿赂，断然拒绝签字，态度坚定地辞去总办职务，表现了一个正直中国人的民族气节。

1901 年，周学熙离开唐山，投奔时任山东巡抚的袁世凯，受到袁的特别礼遇，出任首任山东大学堂（山东大学前身）督办（即校长）。山东大学堂与私塾相比，已经有质的飞跃，具备了近代正规学校的体制和规模。袁世凯的赏识和器重，使周学熙此后的事业大多打上了袁氏的烙印。

1902 年 11 月，张翼私自盗卖开平矿务局和唐山细棉土厂的黑幕被揭开，袁

1906年,周学熙在唐山细绵土厂的基础上集资重建了启新洋灰股份有限公司,图为公司股东及有关人员合影

世凯掀起了弹劾张翼和收回矿权的运动。周学熙因熟悉情况又坚决主张维权,被委派与事并直接操办。初战虽然失利,周却毫不气馁,仍然不屈不挠,决心奋争到底。在英国外交官和律师的威胁恫吓面前,他义正辞严,据理力争,终于以7.4万元的低价,将唐山细棉土厂的固定产权赎回。

赎回后的唐山细棉土厂更名为启新洋灰公司。为迅速恢复生产,周学熙借用了50万两官银,从丹麦购置了生产水泥用的窑磨、锅炉、蒸汽发电机等设备。不久,他从民间募股,在《洋灰公司创办章程》中规定:"凡系本国人民均可附股,无论官、绅、商、庶,入股者均享受股东之权力",100万两商股很快到账,还清了所借的全部官银,1907年改组更名为启新洋灰股份有限公司,使之成为民营资本企业,公司总部设在天津,周学熙自任总经理。

翌年即1908年1月启新洋灰股份有限公司正式投产,并在北洋政府的农工商部注册了"龙马鱼太极图"作为商标(解放后简化为"马牌商标")。周学熙锐意经营,管理到位,生产得法,公司面貌焕然一新。为了站稳脚跟和持续发展,他时刻关注列强国家的前沿技术,对于先进的生产设备亦不惜重金率先购入,产品的质量和数量不断提升,很快就达到了年产24万桶的经营规模。1910年和1921年两次扩建分为甲乙丙丁四个分厂后,产量更是扶摇直上,达到日产水泥4700桶,职工愈5000人,1914年兼并了湖北水泥厂,更是如虎添翼。

至1919年启新的水泥销量占全国市场份额的92.02%,稳居垄断地位长达14年之久。启新水泥多次在国内和国际的各种赛会、博览会上获得奖章和奖状,北京图书馆、辅仁大学、交通银行、上海邮政总局等当时著名的建筑,都是用启新的水泥建造的。此间周学熙还在唐山附近创建了砖厂、陶瓷厂、机械厂等一大批企业,成为近代中国华北工业的翘楚。

1903年3月周学熙到日本考察工商业,两个多月的参观游览,使他更加深刻地认识到发展实业是富国强兵的唯一选择。归国后,他被袁世凯委任直隶工艺局总办,他仿照日本明治维新"练兵、兴学、制造"的理念,带动、支持民间兴学办厂,铸铁厂、机器厂、商品陈列所、国货售品所、专业作物种植园等富有现代气息的实业应运而生,成为北洋实业的核心根基。

为了培养发展近代工业所需的科技人才,周学熙在天津创办了高等工业学堂

启新洋灰公司旧址

天津大学

（后称河北工学院,解放后与北洋大学合并改为天津大学）。他特别重视师资队伍的建设,延聘了外籍专家授课,学校以理工科的知识传授和实际技能的训练为主,大量有用之材从这里源源不断地走向社会,在华北的实业中充分发挥了中流砥柱和技术骨干的作用。天津大学如今是中国著名的以理工科为主的高等学府。

建矿、收矿与商战风云

周学熙在华北兴办实业的过程中,最有影响也最为艰难的是创办北洋滦州煤矿公司,它在中国近代工业史上占有特殊重要的地位。

在周学熙的商业战略思想中,他认为能源是一切工业的动力,而"煤为制造之本,根本不立,他事皆无基础"。

1900年八国联军侵华,开平煤矿被英国商人骗占,1902矿务局的中国员工在局前悬挂龙旗,被英人凶悍地扯下,群情大哗,反应激烈,史称"龙旗事件",掀起了一场反对帝国主义经济侵略的群众爱国运动。

1905 年清政府迫于舆论压力向英国起诉，伦敦上诉法庭袒护英国商人，收复开平矿务局事遂以失败告终。

周学熙作为前开平矿务局的总办和爱国商人，对于这样的结局当然并不甘心。作为一位聪明而理性的企业家，他提出了一个很有创见也很有野心的斗争策略："以滦制开"。即在开平附近的滦州开办一个规模更大的煤矿，将开平团团围住，然后通过竞争压垮开平，从而实现收回产权、一雪国耻的目的。1907 年他向袁世凯呈递了"陈开滦矿界文"，很快得到袁的批准和支持，当年成立了滦州煤矿有限公司，他出任总经理。

时任直隶总办和北洋大臣的袁世凯下令"滦州地方三百三十方里矿界以内不准他人开采"，滦州煤矿的面积比开平煤矿大了十多倍，袁同时还明确滦矿为政府官矿，为北洋军需服务，"他矿不得援以为例。"

滦州煤矿以 50 万两官银启动，另募 200 万两商股，为了确保产权，周学熙在募股章程中规定"招股权限为华商，概不搭入洋股"。天津和直隶各界仕商对于洋人强占和骗取中国矿产资源的卑劣行径都很气愤，纷纷入股滦矿，募股很快顺利完成。

周学熙十分重视引进西方的人才、技术和设备。鉴于英人骗占开平煤矿的惨痛教训，滦矿绝不任用英国人而从德国聘请克劳士担任机械师、雷满担任总矿师。他派人到德国西门子公司订购了矿井设备、聘请了采矿技术人员。矿址选在马家

开平煤矿

沟一带，机器设备源源不断运到工地，专业人员也陆续到位。苏醒的冀中大地热
气腾腾，一派生机。

1918年滦州煤矿正式投产。周学熙手脚并用，四处开花。滦矿的陈家岭小
煤窑星罗旗布，使开平煤矿顿成被围之势。这些小煤窑因陋就简，土法上马，率
先出煤。由于矿苗旺盛，出煤甚丰，当年产煤二十多万吨。其后赵各庄和马家沟
两大近代大矿相继建成投产，当年产量高达三十五万多吨。到1912年滦矿产煤
一百三十多万吨，在京津和全国的销量节节攀升，给开平煤矿造成了巨大的市场
压力。而且，滦矿各个老矿和新矿之间均有铁路和电话与总矿联系，气象宏阔，大
有咄咄逼人之势。

为了彻底压垮英人的开平煤矿，周学熙用上了市场的"杀手锏"——价格战，
一度使英方大呼受不了；不久英方也以价格战相抗衡，滦矿亦难以忍受，因资金
紧张不得不用发行债券救急。开平和滦矿的厮杀缠斗，一直打到双方皮开肉绽，
两败俱伤。

开平煤矿

开平煤矿的早期蒸汽机车

周学熙与英方不得已坐下来谈判，但在公司性质、利润分配和管理权三个焦点问题上始终争持不下。英方感到大势已去，提出了退出开平煤矿，但要求索赔，经过艰巨的讨价还价，最后索赔敲定为178万英镑。

然而，1911年10月爆发的辛亥革命，使局势发生了一百八十度的逆转。封建王朝大厦倒塌的嘎嘎声由远及近，清晰可闻，滦矿的股东们心惊胆颤，唯恐因革命而受损失，企图借助洋人的力量保住既得利益，英人的嘴脸亦大变。周学熙势单力薄，最后只得接受痛苦的现实。1911年11月，开平、滦州达成"合办条件协议十款"，双方合并成中英开滦矿务有限公司，股权对等平分，利润则英方得六成，中方得四成，管理权由英方把持。

此后三十多年，开滦煤矿一直被英资公司控制，大量的真金白银落入夷人囊中，太平洋战争后煤矿又被日军占领，疯狂地掠夺我国的资源。直到1948年才由新中国收归国有，可惜周学熙已于一年前离开了这个纷扰的世界。

开滦合并的得失，在商业史上向有争议。然而，不可否认的残酷事实是，如果国力孱弱，商人的权益便得不到根本的保障。

周学熙对开滦合并的结局深以为耻，拒绝出任合并后的公司督办。他在日记中写道："吾拂虎须，冒万难，创办滦矿，几濒绝境，始意谓，将以滦收开，今仅成联合营业之局，非吾愿也。"他还在家中写了一副对联："孤忠惟有天知我，万事当思后视今。"胸中之块垒和无尽的感慨，斑斑驳驳，落寞纸上。

周学熙在创办启新洋灰公司和开滦煤矿的同时，还创建了华新纺织公司。这三家企业是周学熙商业王国的核心和支柱。

第一次世界大战期间，由于帝国主义列强自顾不暇，对中国的侵略放松，成为中国民族工商业发展的黄金时期。当时以上海为中心的纺织企业在南方已具规模，生意兴隆，利润可观。周学熙嗅觉灵敏，把握商机，1915年首先在天津创建华新纺织有限公司，自任总经理。天时、地利而人和，华新旗开得胜，从1919年投产到1922年四年间获利413万元，超过投资一倍以上，成为中国北方最为殷实的大企业之一。

周学熙经营纱厂时注意科学管理，引进美国优良棉种，推广植棉技术，成立芦棉垦局，推广地方政府奖励大面积种棉，为工厂提供优质价廉的原材料，建构起可

周学熙创办的青岛华新纱厂

靠的产业链条。他还着意培养人才,创建棉业传习所,开设植棉、纺织等应用专业,为华新纺织公司输送了大批技术骨干。

日本人在山东、河北等地纷纷开设纱厂,意欲染指华新,对周学熙威逼利诱不断打压。面对日商的冲击和包围,周学熙苦练内功,革新技术,降低成本,提高质量、强化管理,企业的实力倍增,终于战胜了强敌,使民族工业大放异彩。

1919年,北洋政府总统徐世昌鉴于周学熙在植棉和纺织业的成就和管理经验,任命他为全国整理棉业局督办。

北洋政府总统徐世昌

亮点、污点与退隐江湖

周学熙一生致力于中国近代工业的奠基和发展,是位名垂青史的大实业家。他也是一位具有开拓精神的金融家,除创建北洋银元局和天津官银号、两度出任北洋政府的财政总长外,还创建了中国实业银行,在金融创新和金融管理方面可圈可点,独步近代史。他还是一位收藏大家,周氏家族的藏书楼"师古堂"里,善本、真本等藏书甚丰,价值连城,后悉数捐给了南开大学图书馆,对文化的热爱和奉献精神为世人和历史所感动。然而,笔者以为,1908年他所创建的京师自来水公司,才是他一生事业的最大亮点。

北京的水资源向来有限,其质量尤其糟糕。不但防火用水紧张,就是市民的饮用水也极其困难。清末以来北京人口增加,城市负担亦随之增加。皇宫和达官贵人从玉泉山取水,运输费用昂贵;普通市民只能买吃井水,而北京的地下水含碱量很高,盛水容器结满了白垢,不利于健康。从政府到庶民都亟盼解决这一关乎民生的大事。然而由于资金和经验的双重匮乏，此事一拖再拖，成了北京人的一大心病。

1908年，具有丰富财经和金融经验的周学熙受命开办京师自来水公司，他很快找到了解决资金难题的钥匙：发行股票，用以集资。于是他在中国历史上创造了两个第一：中国人自己创办的自来水公司、北京发行的第一张股票。

周学熙办事首重人才。他亲自挑选了富有真才实学而又踏实肯干的精英，组成了一个扎实而高效的工作班子。他们很快勘查到水质清洁优良的京东北孙河，仔细丈量线路，决定在东直门建厂设水塔。庞大而复杂的设计工作，仅用一个多月就圆满完成了，可谓奇迹。

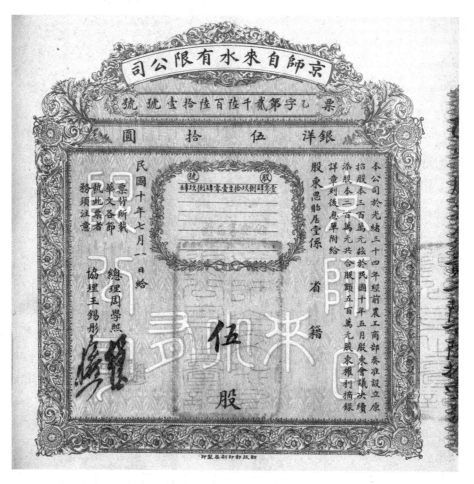

京师自来水有限公司股票

为了降低成本、确保工程质量，周学熙采用了当时只有在列强国家才开始实行的工程招投标办法。天津、北京和上海等地的洋商看中了这块"大蛋糕"，或通过当朝权贵，企图以势压人；或通过行贿手段，企图暗箱操作、以利诱人，其目的都是要做成这笔大买卖，独吞"蛋糕"。周学熙稳坐钓台，既不畏势动，亦不为利谋，冷静观察，反复比较，终于选定了在信誉、实力和经验等方面都较为理想的、德国商人开办的瑞记洋行，与他们签订了购置设备、承包工程的合同。

京师自来水公司旧址

然而，疯狂逐利是商人本性，瑞记洋行亦未能例外，他们甚至不惜在工程预算等环节大做手脚，以为中国人颟顸愚昧、落后可欺。孰料他们遇到了一个强劲的对手。周学熙不但善于理财，而且对设备造价、市场行情和工程的技术细节都清晰而熟稔，一次次以精确的数字戳穿谎言，维护了中方的尊严和权益。

经过 22 个月的精心施工，1910 年 2 月，京师自来水工程全部竣工。其间还经历了因慈禧、光绪去世举行国葬而不得施工，袁世凯被摄政王开缺回籍，周学熙失去了靠山等多重意外，但他以超人的智慧和多谋善断克服了种种困难，夺得了最后的胜利。这项工程共铺设了大小钢管 185 公里，安装了 420 处水龙头，水塔高达 52 米，相当于 20 层楼的高度。京师自来水工程进度之快、效率之高、成本之低、质量之好均堪称一流，史所罕见。

1947 年，也就是京师自来水公司创建 40 周年之际，当时市政府应广大市民的要求，隆重表彰了创办人周学熙。他当时已经八十多岁，听到消息非常激动，写诗感怀。在他一生兴学办厂中，这是最直接地造福于老百姓的一项事业，人民永远感谢他、铭记他。

袁世凯和各国使节

在袁世凯意欲称帝大是大非的关键时刻,周学熙不但并不附和而且明确地予以反对,甚至拒不拨发帝制活动经费,为此曾被袁软禁于北海。然而他一生追随袁世凯,虽然在兴办实业过程中因此而获得了种种便利和好处,但也因此而背负了历史的污点。

从1912年3月开始,袁世凯为筹集战争经费,压服、消灭南方的国民党势力,偿还积欠的外债和赔款,履行对逊位清皇室的优待条件,以处理清政府债务善后事宜的名义,没有通过国会的讨论和批准,1913年4月26日北洋政府的总理赵秉钧、外交总长陆徵祥和财政总长周学熙,擅自与美、英、法、德、日五国银行签订了《善后借款合同》,史称"善后大借款"。

"合同"规定借款总额为2500万英镑,年息5厘,期限为47年;偿还已到期的各种赔偿、借款、垫款后,实际到手仅760万英镑,而规定47年还清之本息竟高达6789万英镑。借款以盐税、关税为担保。从1915年到1939年,从盐、关两税收入中偿还这项借款本息的银数共计三亿八千多万元,为实收银数的3.63倍。

善后借款商议之初,因其条件苛刻并有损国家主权,一开始就遭到国民党和各界人士的极力反对。借款合同正式签署的消息传出后,在社会上引起巨大的震动,全国一片反对和抗议之声,纷纷谴责袁氏的卖国行径,参议院提出责问书,国民党的黄兴及皖、赣、湘、粤四省也通电责问。此后中国的盐政为外国银行团所掌握，中国财政进一步被列强控制。

作为卖国合同的策划者和实施者，周学熙当然难辞其咎。袁世凯被永远地钉在了历史的耻辱柱上，周学熙也因此而承当着助纣为虐、为虎作伥的历史责任。

1925年，周学熙陆续辞去各公司职务，至1927年则彻底退出了实业界。他这样一位充满理想抱负且业绩辉煌的企业家，缘何在61岁并不是很大的年龄激流勇退？

周学熙在退隐前的日记中曾经感慨地写道："时事又多变幻，卒非老朽所能周旋。"虽然语焉不详，却也透露了其时的天下形势和自己的心态。他与启新的一些股东不和，袁克珍就曾拍桌子还掏出了手枪，使他心力憔悴，萌发退意。但这只是表层现象，深层的原因则是袁世凯称帝天怒人怨，被迫下野后身死北京，周学熙的各项实业失去了保护伞，顿时成为各地军阀争夺侵蚀骚扰的对象，而原来的优惠则一去不返，他赖以发家和发展的的核心优势——政府关系快速瓦解，使他的企业无

位于天津澳门路的这幢三层砖木结构、中西结合式楼房是周学熙在1915年至1947年的住所

可挽回地开始滑坡,前路多艰的悲音已袅袅而来。这或是所有官商的共同宿命。

"六十岁后,一切卸去不问"的周学熙在天津三多里的"周公馆"里安静地过着寓公生活,长达二十多年。彼时的"周公馆"诸事归于平淡,激烈的戏剧冲突和豪迈的大开大阖,已成过眼云烟,所有的往事只能聊以慢慢地品咂。他设立了"师古堂",督教周氏家族及一些亲友子弟读经学诗写字。晚年的他除尊崇儒学外又一心向佛,自号松云居士。他的孙子周景良回忆说:"他退休以后变得非常保守,就是一个穿着蓝布袍子、信仰程朱理学的老头子。他甚至反对子孙上新式学堂,他的孙子上学都是瞒着他的。"

1947 年 8 月 12 日,周学熙这位饱经沧桑的老人在北平屯绢胡同病逝,享年82 岁。去世前他曾题写"绝命诗"警示子孙:"祖宗积德远功名,我为功名误一生。但愿子孙还积德,闭门耕读继家声。"他一生得到的均赖功名二字,临终前却这样感叹,言不由衷还是大彻大悟?以周氏家族百年的命运观之,一代、二代和三代为官、亦官亦商和经商兼做学问,到了四、五、六代则无一人经商,几乎都是学问家,其中不乏文化名人,实现了"耕读世家"和"代有人出"的传统理想。

我们需要一种高度,一种由辉煌的成就和崇高的境界搭建起来的高度。尽管我们离它很远,很且可能终生都难以抵达;但有了它,我们才会有仰慕、感动和追求,领略精神高地的旖旎风光。我们需要一种温度。它是小草恋山、野人怀土;它，人间的烟火,真实的存在。这里有对梦想和财富的追逐,有善于周旋和老到世故;这里没有媚骨但有攀附,没有自私但有自我;所有的失意、伤痛、妥协和遗憾,都因拿得起、放得下而变得坚忍而明亮。

周学熙离我们很远,也离我们很近。

周学熙寿圹

虞洽卿像

上海滩的"老娘舅"

——商界枭雄虞洽卿的传奇人生

前　言

一个出身寒苦的商人,如何在起伏动荡的乱世里,攫取财富、攀爬高位并且屹立不倒? 作为金融大佬和企业霸主, 他如何在权力与金钱之间成功游走、站在舞台的中央而且左右逢源? 他与蒋介石勾肩搭背,黄金荣、杜月笙都要让他三分,他那张巨大而圆滑的人际关系的大网是如何编制的?

他是中国近现代历史上非常著名、非常复杂而又非常值得研究的人物。他,就是纵横上海滩,可以呼风唤雨、扭转乾坤的虞洽卿。

当今的政商关系盘根错节, 是社会各界的持续焦点, 左右并影响着国家大势

民国上海风云大亨虞洽卿、杜月笙、张啸林、王晓籁等人合影

及其走向。在虞洽卿的人生道路、精神历程、商业选择和种种矛盾与利弊既冲突又互相依存中,可以发现历史与现实的某些逻辑,从而帮助我们读懂那个时代和这个时代、那个时代里的商人和这个时代里的商人。

房地产大腕、向有"商界思想家"之称的冯仑曾说:"如果可以穿越时空对话,我选择虞洽卿。"

青少年时光:从"赤脚财神"到洋场买办

1867 年 6 月 19 日,虞洽卿出生于浙江省镇海县龙山村,小名瑞岳,人称阿德。镇海北部与慈溪北部和余姚毗邻,统称"三北",隶属于宁波。日后他以三北命名自己的公司,以示不忘根本。他的父亲虞万丰是个普通裁缝,后改做小本生意。在他七岁时父亲病逝,原本并不富裕的虞家,从此穷困潦倒。所幸母亲方氏勤劳俭朴,种田纺纱,孤儿寡母相依为命,倒也勉强度日。

七八岁的小阿德就与小伙伴到海边捡拾贝类和鱼虾，小的自家食用，大的卖掉，将钱交予母亲。一天，薄雾初散，旭日东升，海水被浸染得熠熠生辉，小阿德兴奋地说："快看，那是金子！"小伙伴们说："哪里有金子？那是海水，真是傻子！"小伙伴们哪里知道，在心气高远的小阿德的眼睛里，眼前的大海、未来的时光，都是机会，都是希望，也就都是金子。

多年以后，功成名就的阿德衣锦还乡，对当年一起捡拾鱼虾的小伙伴、现在是穷苦的渔民说："没有海水哪有鱼虾？只有珍惜海水的人，才能看到金子啊！"

什么种子开什么花，什么样的花结什么样的果。

龙山村的私塾先生虞世民，见小阿德聪明伶俐、孝顺懂事，就安排他前来读书，不但不收分文学费，而且可以让他晴天下海捡拾鱼虾，贴补家用；雨天则到塾堂读书学习，人称"雨书"。这是那个时代三北贫苦人家子女执意求学的一种创举。小阿德读了三年"雨书"，学历虽浅，却为其一生持续的自学打下了基础。虞世民

虞洽卿故居

中华民国二十年六月

海上於

（后列）
（八）禹富禄　（九）张春彦　（十）費大元　（十一）徐品圭
前排坐者　杨雪梅　王嘉棠　杨小楼　萧长華　尚小云　徐碧云　荀慧生

杜家祠堂堂会合影

十分喜爱这个贫穷却上进的孩子，给他取了一个学名洽卿，小阿德甚是喜欢，日后闯荡江湖、拼搏于名利场，就一直以这个名字行世。

1882年，母亲见儿子日见长大，知书达理且肯吃苦，就托同族虞鹏九带他去上海见见世面，闯闯世界。虞鹏九带着虞洽卿和同村的两个孩子，登上了去上海的轮船。这一年虞洽卿已是15岁的翩翩一少年了。

虞鹏九一行四人在黄浦江十六铺码头下船时，逢天降大雨，路上积水四溢，虞洽卿十分珍惜母亲给他精心缝制的新布鞋，就一手撑伞，一手捧着鞋，赤脚赶路。他们要投奔的是位于望平街（今山东路）的瑞康染料店。

事有凑巧，瑞康染料店的老板奚汇如昨天夜里曾有一梦，梦见在雨中有一位赤脚的财神到他的店中避雨，虽是稍坐片刻就倏忽不见，但满屋金光闪烁，财宝生辉。当他看见虞洽卿捧着布鞋赤脚进到店中时，恍惚间竟以为梦中的幻景得到了应验，心中煞是高兴，便命人给四位来客每人叫了一碗热气腾腾的馄饨，为他们驱寒充饥。

奚汇如是位有经验的生意人，虽有圆梦之喜却也另藏心机，他问三个少年，每

国剧艺

（复列）
（後堂排有）
李吉瑞 谭小培 尚富 桂秋 郭仲衡 高庆奎 王长春 刘宗扬 姚玉芙
（坐前有）

碗里各有多少个馄饨？虞洽卿见两个同伴目瞪口呆、茫然无语，便不紧不慢地从容答道："别人碗里的我不知道，我这碗里有 15 个馄饨。"奚汇如见虞洽卿小小年纪却这般机警、心里有数，就连忙对虞鹏九说："把这个孩子留下吧。"非凡的细节，从小就铺满了非凡生命所有的日子。

后来人们就把虞洽卿称为"赤脚财神"。一代财富枭雄从此落脚上海滩，开始了他纵横驰骋、大开大阖的人生之旅。

作为染料店学徒的虞洽卿十分敬业，做事勤快，手脚麻利，脑子灵活，会盘算、有眼光，很受老板赏识，入行第二年还未满师，即被升为"跑街"。学徒是没有工钱的，只发"鞋袜费"，虞洽卿全年的鞋袜费，从 12 元破格升为 40 元。

"跑街"就是为染料店对外联系业务，这正是虞洽卿善于人际交往的长项，加之他对染料行的行情已经熟稔，因而做得风声水起，为老板赚了不少钱，瑞康的生意也在激烈的竞争中，多次化险为夷，站稳了脚跟并得到了发展。

虞洽卿虽然身处十里洋场的花花世界，却很有定力，不但远离吃喝嫖赌、不为浮华所惑，而且能潜下心来注意学习，《申报》等报刊是他每天必看的。学习使他看得远、想得深，心胸开阔。

一次，一家德国洋行急于脱手一大批染料，这些染料因经海陆长途运输，包装的铁桶锈迹斑斑，有的已经因挤压而变形，上海的商行担心质量有问题而无人问津。虞洽卿亲到现场仔细查看，发现包装虽然陈旧，但并无破损，德国洋行之所以贱价出卖，他从报纸上得知，那是因为欧洲爆发了第一次世界大战，他们急于回国。于是他建议奚汇如将染料全部买下。三个月后，转手高价卖出，瑞康因此而大赚了二万多元，是其原有资产 800 两银子的 25 倍。虞洽卿在商场的敏锐和才干受到了奚汇如的高度赞赏，其声名亦随之鹊起于染料行。

俗话说"人怕出名猪怕壮"，上海滩的商人们开始琢磨将虞洽卿"挖"到自己的商号，其中就有同在望平街开染料店的舒三泰，他悄悄地找到虞洽卿，许以双倍薪酬，虞洽卿觉得时机并不成熟，便堂而皇之地婉言谢绝了。

消息传出，奚汇如既有感于虞洽卿的"忠诚"，同时也颇为恐慌。他想，必须留住这棵"摇钱树"，不能断了"命根子"。左思右想，他决定分给虞洽卿三个股份。为了使虞死心塌地，他朦朦胧胧地动了另想高招的念头。

虞洽卿故居大门

1929 年虞洽卿一家在龙山镇天叙堂合影。前排右一为虞洽卿

奚汇如生有一女,芳名梦竹,年方二八,面容姣美,在女子中学读过书,举止优雅,一颦一笑间,自有一股大家闺秀的迷人气度,不知多少青年把她作为梦中情人。虞洽卿也早已暗中垂涎,无奈身份相差悬殊,不敢奢望,如今斗转星移,机会来了岂能错过?他托舒三泰玉成好事,奚汇如哪有不应之理,于是一拍即合。

1883 年 12 月 26 日,16 岁的虞洽卿独占花魁,与奚梦竹喜结良缘,次年得子顺恩。鲜花著锦,烈火烹油,好运来了挡都挡不住。

虞洽卿一生娶得五房太太,子女多达 15 名,享尽人间荣华富贵。此外,他还颇有女人缘,什么名人之妻、大亨之女、交际名流、舞台优伶都与他有着这样或那样、或深或浅的关系,花团锦簇,遭遇了无边温柔。

雄心勃勃的虞洽卿并没有小富即安,也没有在鸳鸯帐里沉醉,目睹了上海滩洋人和洋行的势力和财富,他渴望进入他们那个圈子。为此,他首先要学会英语,于是新婚燕尔刚过,他便到一家英国人开设的"夜馆"学习英语。为了提升口语能力,他寻找一切可以利用的机会,如陪洋人逛街、吃饭、购物,既当翻译,又进一步熟悉洋人的生活习惯和思维方式。几年下来,他的英语大有长进,不但可以顺

年轻时期的虞洽卿

利地与洋人交谈生意，而且结交了不少洋人朋友，为其日后在上海滩叱咤风云打下了基础。

1893年，虞洽卿脱离了瑞康染料店，在一位英国朋友的推荐下，进入德国鲁麟洋行当上了买办。这一年，他26岁。所谓买办，是指鸦片战争后，列强在其洋行里雇用中国人做他们的代理，既可沟通语言，又可在他们与中国政府之间进行往来和交流。买办还可以自营商铺或企业，因而致富者众，社会地位高企。建国后主流媒体和教科书将他们称为"买办资产阶级"，大加挞伐。虞洽卿从此有机会接触到大量西方的事物和思想，与清廷官员也攀上了关系，开始进入上流社会，为其编织人脉的大网提供了广阔的空间。买办的收入高达每年佣金上万两白银，又能广交中外商界名流，为其日后的商业活动提供了资本。

人生的翻转，可谓"时也，运也，命也"，但个人的天分和努力也是至关紧要的。

虞洽卿在鲁麟洋行充任买办前后九年，成绩斐然。一次，清廷派一大员来上海为北洋新军定制洋式军装，各国洋行的买办闻讯蜂拥而上，都想为自己的公司拿下这块"肥肉"。不料这位大员并不买账，犹豫观望之际，欲直接与洋人洽谈。虞洽卿见此知道，"正面强攻"已不可能，遂心生一计。一天，他故意使自己的马车与大员的马车相撞，大员大怒，他则肃立一旁，递上名片，连连道歉。次日他给大员赔付了一辆崭新的马车，同时盛情宴请大员。两人相谈甚欢，虞洽卿顺利地拿到了军装的订单。整个策划的每个环节都有风险，然而艺高人胆大，虞洽卿居然做得流畅自然、滴水不露，其手腕非常人可比。

1897 年夏天,法租界为了拓宽马路,侵占了宁波人的殡舍,后发展到强行拆除四明公所的围墙。上海自开埠以来,大批宁波人涌入开厂经商,他们成立了互相照应、共谋发展的宁波同乡会,开办了宁波会馆即四明公所。洋人的野蛮行径遭到了华人的强烈抵制,法国士兵开枪打死了 17 名华人,伤者无数。全市华人罢工罢市,以示反抗。华洋双方对峙,形势危机。

这时,正当盛年、血气方刚的虞洽卿提出与洋人据理力争,进行谈判。宁波同乡会因他会说英语,又善于调解纠纷,就委派他与另两位四明公所的董事一同前往法国领事馆交涉。他不畏风险,勇揽重担,然而法国人态度强硬,谈判毫无进展。

虞洽卿找到了他的"短档朋友"沈洪赉,沈发动租界的洗衣工、保姆、黄包车夫、厨师等举行总罢工。一时间法租界的衣食住行全部陷入瘫痪,洋人无奈,只好退让。经过几轮交涉,最后法国领事馆与四明公所划定地界,立下石碑,保证不再侵犯。

虞洽卿在这场斗争中扮演了"总指挥"的角色,他上下活动,四方奔走,有勇有谋,人脉广茂,办事得力,事后被选为四明公所董事,数年后被推举为宁波同乡会会长,成为宁波商人的领袖。他在总结这次斗争经验时说:"同乡会多为衣冠中人,诸事难办;四明公所多短档朋友,忠厚多义。"又说:"这不是运气,这是民气压倒洋气。"四明公所事件,极大地激发了上海工商界和市民的爱国热情。

1902 年虞洽卿跳槽到华俄道胜银行当买办,1903 年又转到了实力更加雄厚的荷兰银行当买办。荷兰银行在国际银行版图中地位显赫,这家百年老店至今仍生气蓬勃。在虞洽卿为其效力了 25 周年的时候,上海荷兰银行为他举办了隆重的庆典宴会。荷兰女王为表彰他非凡的功绩,颁发了荷兰国家级勋章一枚,同时御赐王室落地自鸣钟一架。

这时的虞洽卿,少年时光已成记忆里的一片风景,头角峥嵘的青春岁月也将别他而去,他将要面对的是一个人一生中最重要的中壮年时期了。

中壮年时期:从兴办银行到商界领袖

1905 年 12 月,38 岁的虞洽卿在一场轰动上海滩的国际纠纷案中果断出手,力挽狂澜,大出风头。

一位川籍官员的眷属黎黄氏带着 15 名使女乘船经过上海时,被租界的工部局扣押。租界会审公廨审理此案时，英国副领事德威门胡判乱断，一口咬定黎黄氏是拐卖妇女；中方会审官关炯之与其力争，指出黎黄氏确为良民。双方争执时，德威门辱骂中国人是野蛮民族，还撕毁了关炯之的朝服。在场旁听的华人见此气愤难抑，与英国巡捕厮打，德威门下令开枪，打死多人并拘捕了五百多名中国民众。

上海市民闻讯群情激昂，数千人示威，商人罢市；但英方态度傲慢，不予理睬。软弱的清廷不敢得罪洋人，又担心事情闹大不好收拾，于是委托名流大佬出面调解，可惜这些衰衰诸公出师不利，一个个铩羽而归。最后决定委派虞洽卿和朱葆三等三人出面交涉。

虞洽卿在这个"危险的游戏"中，几乎是复制了八年前平息宁波会馆风波中使用的手法并且一举成功。一方面，他凭借买办的身份和一口流利的英语，与英方斡旋沟通，摆事实，论曲直，说是非，冠冕堂皇的据理力争。另一方面，他在自己的公寓里与包括他的"短档朋友"在内的各界华人密谋策划，于是租界各阶层宣布无限期总罢工、罢市。当事态发展到焦头烂额、胶着状态之际，他又找到德、俄、荷等他做过银行买办的国家驻沪领事出面，给英方施压。英方当局终于退让：调离德威门，释放黎黄氏和被捕华人，向中方公开道歉。

中国人取得了了不起的胜利，上海市民欢欣鼓舞，热烈庆祝。上海道台袁海观、主审官关炯之、工商界代表虞洽卿三人步行于繁华的南京路，劝令商铺开市，人山人海，观者如堵。虞洽卿顾盼生风，大出风头，一时间风光无两。虞洽卿在事件中的勇气、谋略和能量为各界称道，租界洋人亦另眼相看。

"会审公案"风波过后，虞洽卿趁势而上，要求租界工部局增设华商董事。工部局是半殖民地旧中

关炯之像

国上海的一个政治怪胎，拥有租界的行政、税收等诸多权力，向为英、法、美等国洋人把持。1916年2月，工部局同意虞洽卿等三人为首届华商董事。虞洽卿的此举，垢病者指责说他作为大资本家和大买办，"把灵魂出卖给了国际财阀"。可是，在那个半封建半殖民地的时代里，任洋人奴役而不是通过斗争去争取话语权，才是保持了灵魂的干净吗？

生于清末、长于民国的虞洽卿，在旧秩序冰消瓦解而新秩序尚未建立的乱世中，面对各方势力争相登场而谁是最后赢家一时难辨的现实，正如商人投资不把鸡蛋放在一个篮子里一样，他在政治上选择了多元的姿态。这样，在剧烈的政治洗牌之后，才不会像胡雪岩那样，靠山左宗棠一倒便一切玩完。

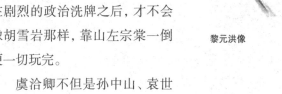

黎元洪像

虞洽卿不但是孙中山、袁世凯、黎元洪、段祺瑞等风云人物的座上客，而且与社会最底层的劳工阶层也保持关系。他们人数众多，情绪最容易被点燃，力量不可小觑。他的"短档朋友"总能在关键时刻被派上用场，而且往往出奇致胜。他与中共早期高层人物也有过接触，甚至连鲁迅都与其有过瓜葛。

20世纪初的上海滩，鱼龙混杂，黑帮势大。著名的黑帮头子黄金荣是虞洽卿的宁波同乡，虞曾四处奔走为黄解除危难；而流氓大亨杜月笙则帮助虞平息过挤兑风潮，见面时还尊称他一声"洽老"。但虞洽卿始终与黄、杜的黑帮组织保持距离。他是一个"在商言商"的商人，他要保持自己的独立人格。

国民党元老张静江

1896 年虞洽卿以四万两银子捐了一个四品候补道台，后来还曾得光绪皇帝赏戴二品红顶。他深知"百足之虫，死而不僵"的道理，只要清廷的政权存在一天，就与他的荣辱息息相关。他与皇亲爱新觉罗·载洵以及清廷的重臣端方、张之洞、李鸿章等都私交甚笃。

虞洽卿对"革命党"人投的赌注最大，与国民党的元老张静江称兄道弟，还特别看好并关照张静江的结拜兄弟蒋志清，蒋比虞小 20 岁，同为宁波同乡，两人一见如故，惺惺相惜，虞还曾将他介绍给黄金荣，黄为他堵上了因投机而巨亏的窟窿，还出钱让他到广东去投

奔孙中山。此人日后更名为蒋中正，字介石。虞洽卿的后半生与其多有缠绕和纠葛，是他坚定的支持者。

虞洽卿自称远离政治，以"一品百姓"自居。他从容地行走于洋人、官员、革命家、劳工、黑社会和资本家之间，见官员时西装革履，见洋人时是一袭中式长衫，见工商同人和帮会兄弟时则因时因地因对象因场合而有所不同。精明的头脑和过人的交际能力，使其八面来风，左右逢源，不但华洋官场需借重他来调解事端，上海各界亦依赖其声望和本事参与各项重大事件，因而时人称他为"老娘舅"。"老娘舅"是沪上俚语，专指那些有威望、善于斡旋并调解纠纷的能人。这位上海滩的掘金王在政治和市俗的客串中，既为人摆平种种棘手的问题和风波，也在其中谋取了巨大的声名和金钱。他从来不做亏本的买卖。

20 世纪初叶的中国，清政府风雨飘摇，军阀混战，社会动荡不安，上海由于华洋杂处，各种势力犬牙交错，更是法治涣散，局势混乱。作为应对措施，各界头面

人物纷纷兴办起自己的半武装组织"体操团队",用以自卫。1905年底,虞洽卿成立了上海华商体操会,自任会长。会址设在南京路高阳里。一百多人的队伍从无到有、由小到大,在维持治安、国民革命军光复上海的战斗中均发挥了一定作用。这是中国商人第一支准武装力量,为维护自身利益,他们总能因时因势而动并行之有效。

1906年,时年39岁的虞洽卿与端方等五大臣赴日本考察。邻邦先进的工业文明激发了他创办实业、振兴中国的想法。回国后决定首先筹办银行,1908年我国第一家私人银行"上海四明商业银行"在上海宣布成立。后在宁波、汉口、香港等多处设立了支行或办事处。四明银行的建立和发展遭到了其他银行的排挤和倾轧,在银行里虞洽卿虽是副职,关键时刻却能挺身而出,动员宁波同乡会的商界人士,帮助他们渡过了难关。宁波帮商人的团结精神从此扬名沪上,著名的晋帮、潮帮等商人对其刮目相看。

1908年,虞洽卿在上海集资创建了宁绍轮船公司,朱葆三为董事长,虞洽卿

端方像

为总经理。公司买船行驶于上海和宁波之间。宁绍公司为民营,它在打破了洋人轮船公司独霸航运业的同时,也遭到了他们的强烈打压。在激烈的竞争中,虞洽卿再次得到了宁波同乡会同仁的鼎力支持,才算挺了过来。

1909年,为振兴商业,虞洽卿上书清廷筹办"南洋劝业会"。1910年1月25日,经虞洽卿多方周旋和不懈努力,中国最早、规模最大的全国性博览会如期在南京开幕。展会分设工艺、农业、美术、卫生、武备、机械、通运、水族等馆舍,还附设了马戏场、运动园、娱乐商城等娱乐性场馆。展会历时半年,盛况空前,来自全国各地和南洋地区的观摩、交

流者多达20万,对中外物资交流和活跃市场发挥了积极的促进作用。

虞洽卿曾说过他不愿做官,"做官如同做戏,我做生意还来不及,还做啥戏!"然而,他却深知"做生意"是离不开政治的。他全力以赴支持辛亥革命,曾腾出房子供同盟会秘密活动,保护过国民党人陈其美等,捐款捐物支援刚刚建立的民国政府。他自告奋勇、孤身深入虎穴,冒险到苏州策反巡抚程德全,凭其如簧之巧舌,终于说动巡抚,苏州和平光复。

虞洽卿在辛亥革命前支持过袁世凯,但当袁称帝后,他则支持"二次革命"坚决反袁。有论者认为,这是政治上变色龙的典型表现;也有人指出,这是他在大是大非面前的政治抉择。我们无从窥视历史人物当时的真实想法,但在客观上这是进步之举,当无疑义。

在所有的实业中,虞洽卿最为看好、成就最大的是航运业。1913年他在家乡三北开展修路、办学和建医院等公益活动的同时,修建了海堤和码头,买了三艘小火轮,创建了三北轮船公司,开始了他的长江航运。1914年他因购买甬兴轮与宁绍公司发生矛盾,于是退出宁绍,全力以赴经营自己独资的公司。随着事业的发展,他将三北公司的总部迁到了上海,贷款购进了千吨级海轮,开始了远洋航运。由于经营得法,加上"一战"爆发,外轮大部回国,水脚费大涨,三北的实力日增,规模也不断扩大,至1935年,三北已拥有65艘轮船和9万吨的运力,占全国航运总份额的13%,虞洽卿从此成为中国最早的船王之一。

虞洽卿的轮船以向外国收购旧船、然后略加修理、重新喷漆即投入运营为主,虽存有安全隐患,但他从不以为

末代巡抚程德全

中国第一家交易所——上海证券物品交易所

意。在收购过程中，他是借钱过河、借钱赚钱，他通过连环贷款的方式弄了不少钱，也负了很多债。为了周转，他整天活在举新债还旧债的循环之中，一度拥有过一个颇为不雅的绰号——欠债大王。

1914年岁末，孙中山来沪会见虞洽卿，商定筹建交易所，用赚来的钱支援革命。1920年2月1日，中国第一家交易所——上海证券物品交易所成立，选出17名理事，虞洽卿为理事长。交易所开张后生意兴隆，日子红火，虞卿更是大赚其钱。然而对经济外行的人却适得其反，如国民党的几位大佬戴季陶、陈果夫、蒋介石三人却亏得血本无归还欠了交易所六十多万元。虞洽卿爱财也会散财，他为戴等三人全部埋了单，从而他在国民党高层的人际关系得以进一步深化。

上海总商会是由官方发起、官商合办的机构，地位显赫，影响很大。首任会长是时任邮电大臣的盛宣怀。1924年第五届总商会改选时，风头正健的两位候选人争得头破血流，虞洽卿巧妙地利用他们的矛盾，扳倒宋汉章，打倒傅筱庵，如愿以偿地顺利当选，成为上海响当当的商界领袖。矫情的是，选举投票前虞洽卿精心谋划、巧妙布局，一切妥贴后却北上天津。当选举结果公布时，他还假惺惺地发回电报坚辞会长，在会董们的苦苦恳请下，才同意"勉为其难"。虞洽卿在政商舞台上的表演，堪称一流。

上海乃中国经济中心，膏腴之地必为兵家所争。1920年代中期，上海军阀势力最强的是直系的孙传芳和皖系的卢永祥以及淞沪护军使何丰林。1924年，两

虞洽卿和他的上海滩伙伴们。后排左起：杜月笙、黄金荣、王晓籁、虞洽卿、张啸林

派军阀互相对峙、虎视眈眈，随时可能擦枪走火，使上海陷于兵乱之中。市民恐慌，租界亦多次抗议。

为维护市面稳定，保护工商利益，虞洽卿以上海总商会的名义，打出"军方不得侵扰"的旗帜，并提出"撤使、撤兵、迁厂"三项主张，受到上海各界的一致拥护。"撤使"是指撤销军事机构的"护军使"和"镇守使"，"撤兵"是指撤出军队，"迁厂"是指迁出江南造船厂等兵工厂。

在执行"三项主张"的过程中，虞洽卿南有蒋介石的国民革命势力，北有段祺瑞北京执政府的"正统"势力，双重靠山的庇护使他底气充沛，魄力颇大。他曾率领自己的"体操会"队员登临孙传芳的军火船，令其不得停靠上海港。双方兵刃相向，形势危在旦夕，幸得"段政府"及时发来电报，事情才算缓解下来。从此孙传芳将虞视为死敌。虞洽卿利用自己的身份和影响力，在乱世中居然稳定了局面，为上海经济的繁荣和发展做出了一定的贡献。

1925年北京政府来电，任命虞洽卿为淞沪商埠会办（约等于上海市副市长），不久又被选为全国商会候补会长。虞洽卿的声望和地位抵达了峰值。

1925 年，上海爆发了轰动海内外的"五卅惨案"。尽管虞洽卿在各种风波中滚打斡旋如鱼得水，然而这一次面对新兴的无产阶级，他却感到陌生而恐惧，产生了巨大的无力感。然而，身处风暴眼，他很快镇定下来，认清了形势并且顺势而为，他不但提出了严惩凶手、抚恤死伤者和工商局道歉的主张和要求，而且与上海总商会积极募捐，前后募到洋元 236 万元、白银 433 万两，为罢工工人的生活提供了基本的保障，以实际行动声援了这场反帝爱国的群众运动。

1927 年，国民党发动了血腥的"四一二"事变。虞洽卿公开发表声明，支持国民党"清党"，积极参与事变，派出他的武装商团收缴工人纠察队的武装，还为此次行动支付了二百万元经费。此前的三月，他在上海龙华拜见了蒋介石，将自己的十万元作为"慰劳费"送给了蒋。他虽然没有在事变中直接参与对共产党人的屠杀，但在事变中发挥了重要的推手作用，为此，国民党上海市党部在庆祝宴会上，感谢清党的"五大功臣"，首推虞洽卿，其他依次为黄金荣、杜月笙、张啸林和杨虎。

"事变"后，虞洽卿等上海工商巨头继续资助蒋介石的反共反人民政策，筹集了大量资金，用作蒋介石的军费开销。蒋介石为了感谢，拟任命他为国民政府财务次长。他认为乱世中这个位置并非"肥缺"，便以"在商者言商，一品百姓不愿弃商从政"为由，婉言谢绝。

探讨虞洽卿和上海的大商人在历史转折处的政治选择，是个沉重而复杂的话题。商人为了赚钱，要求有一个稳定的政治和社会环境，对于军阀之间争权夺势的杀伐厌恶至极，对于没完没了的"革命"也由失望而绝望，对于劳工阶级争取自身权益和登上历史舞台的诉求和斗争，更是感到恐怖。虞洽卿和上海的大商人最先接触并感受到世界上先进的经济体制，和这个体制赖以生存和

黄金荣

发展的政治模式。他们渴望民主和商业自由,追求现代化。在历史的迷雾中,他们对蒋介石的"反对赤化"和国民政府的"共和"招牌,充满了希望和幻想。于是他们卖身投靠于新的军事强人,在铁血统治的白色恐怖中,他们参与了采用暴力与血腥的方式来解决劳资关系。资产决定立场,立场决定选择,选择决定行为。历史的规律是残酷的有时沾满了血污。

虞洽卿带勋章像

然而,商人投靠政治后,必然会丧失自主权,而被政治所奴役。1927年中国的商人在背叛了新兴无产阶级的同时,也背叛了自己。他们必将为此付出沉重的代价。由他们资助而建立起来的政权,对他们只有无尽无休的掠夺和肆意的压榨。深谙恐怖艺术的蒋介石更像个无底洞,谁不出钱就要受到威胁,就连虞洽卿的银行也受到了侵扰,而轮船则被无限期征用。悲剧的发生,反映了中国民族资产阶级的短视、摇摆和不成熟。

"四一二事变"后,蒋介石攫取了更大的权力,地位空前巩固。他毫不犹豫地撕毁诺言,拒不归还事变中所借商人的巨量钱物。商人们由失望而愤懑,他们不甘心被骗受缚,1927年11月,虞洽卿在上海报纸上以上海总商会的名义发表了一篇措辞严厉的公告,第二年他率上海商界一百多名代表赴南京请愿,提出了"颁布新法,监督财政,裁减兵额,关税自主,劳资合作"的严正要求。这是中国商人对威权政治的一次强硬行动,也是他们独立人格的第一次觉醒,中外舆情普遍震惊并予关注。

狡猾的蒋介石施用"软刀子"杀人的策略,对请愿团日日宴请,好言抚慰,请愿团只好无功而返。然而,蒋介石对虞洽卿却网开一面,不但陆续归还了他的钱物,还特批三北公司向社会发行债券,他募得了九千四百余万元的巨款补偿。他的三北公司在大多航运公司陆续倒闭的颓势中,得以一枝独秀,再次兴旺起来,到抗战前夕,他的航运业已与重庆的民生、天津的政纪两大公司鼎足而立,成为中国最大的航运公司之一。只有长袖善舞者,才能大收"革命"的红利,而其他商人则只能成为权力的殉葬品。

晚年光景:从"孤岛"的抗争到"大后方"的生意

上海租界工部局为表彰虞洽卿的杰出贡献,决定将宁波同乡会所在地、现在上海南京路附近的西藏中路命名为虞洽卿路。1936年10月1日召开了命名典礼,彩旗高悬,鼓乐喧天,万人空巷,来宾不下千人,观众则达30万之多。虞洽卿乘坐礼车,检阅万国商团中华队的仪仗表演,接受众人的崇敬和羡慕。70岁的他登上了人生的顶峰,虽已进入晚年,但仍"老骥伏枥,壮心未已",继续在抗战和发展实业的路上不停地奔跑。

1937年卢沟桥打响了全民抗战的第一枪,国民政府为阻止日军沿长江西上,确保西南大后方的安全,决定征用轮船沉入长江,封江锁港。虞洽卿的三北公司积极行动,将三万吨位的船只沉于江阴,封锁长江。破釜沉舟的抗日壮举,义薄云天,彰显了一个爱国企业家在民族生死存亡关

1945年,上海南京路与虞洽卿路街角,大楼外墙上挂着蒋介石画像

头的牺牲和担当。

虞洽卿曾三次造访日本，日本工商业的先进模式和技术给他留下了深刻的印象，但对日本军国主义穷兵黩武的侵略行径却非常愤慨。早在1915年，为反对日本的"二十一条"，他就在上海成立了爱国组织，维护民族工业；他还在上海闹市登台演说，号召市民抵制日货，使用国货。1931年7月2日，日本军方在朝鲜煽动反华排华浪潮，他率先在上海组织反日援侨委员会，公开发表痛斥日本军国主义暴行的演说。同月14日，他宣布与日本工商界断交，以实际行动维护国家利益和民族尊严。他在逝世前的弥留之际仍不忘抗战，嘱咐家人捐献了千两黄金，用以支援前线。抗日爱国的精神和实际行动贯穿了他的一生。

1937年11月12日，中国军队撤出上海，大上海沦陷。在日军耀武扬威、为所欲为的恶劣环境中，虞洽卿发起成立了上海难民救济会，自任会长，募钱捐款，为大量因战争而流离失所、缺吃少穿的难民安顿住所、提供生活保障，发放救济物资，受到上海各界的普遍赞扬。有人指出，虞洽卿在这慈善义举中居然也中饱私囊，大发其财，但并无确切史料支撑这一观点。

航运业是虞洽卿一生的商业情结。三北公司的轮船在抗战初期即被征用，为了恢复航运，他亲到香港汇丰银行借到五万英镑，买了挪威华伦商行的三艘海轮，行驶于香港和南洋之间，但业务不温不火。

接着，他与意大利领事合作，成立了中意轮船公司，轮船悬挂意大利国旗。由于意大利是日本的同盟国，日本海军对此公司的船只不加检查，他就命此公司的船只运输战时紧俏物资，获利甚丰。

宁绍轮船公司于1909年由四明银行买办虞洽卿召集成立

由于难民大量涌入上海，中国的轮船在内河和海上航行不安全，上海市场上的大米等粮食奇缺，就连租界都朝不保夕。虞洽卿瞄准了这一难得的机会，调动自己的船只从产粮国的越南西贡和缅甸仰光，将大米运到上海以高价批发给供应商牟取暴利，被人称为"米蛀虫"。他的运费更是高得惊人，据说每个月他就可赚

三北公司"龙兴"轮在重庆上客

到百万美金。他见生意利大,不顾工程师的反对,断然决定将轮船加长,增加运量的同时当然利润也大增,吊诡的是竟然安全无事。战乱期间,上海的房价低廉,于是他用赚来的钱广置房地产。对利润的疯狂追逐,虞洽卿绝不含糊,更不会手软。

1939 年 4 月,日军将其在上海的伪政权更名为上海特别市政府,为更好地控制这座城市,他们企图拉拢名望和影响都很大的商界领袖虞洽卿出任要职,遭到了虞的严词拒绝。与虞同为上海闻人的大商人傅筱庵,自甘堕落,出任了上海特别市市长。1940 年 10 月 9 日晚,国民党军统特务潜入傅宅,将这个大汉奸当场刺死。

上海的局势变得更加复杂而险恶,日本人和汪伪政权加紧了对虞洽卿的引诱和威逼,臭名昭著的"76"号汪伪特务头子吴世保找到虞,警告说如再不与日本人合作,将遭绑票。在这"乌云压城城欲摧"的日子里,虞洽卿接到了由宁波专员转来的一封电报,他的女婿、大律师江一平在电报上说:"上海沦陷后,委座惦念,屡

日军轰炸上海

次问及先生何日启程,走哪条路线,请先生告之,以便派人照料。"

1941年春,75岁高龄的虞洽卿告别了他奋斗和生活了六十多年的上海,通过国民党特工的安排和保护,绕道香港来到山城重庆。

随着太平洋战争的深入,日本海军对海上的封锁更加严苛,航运此时不但赚不到钱,而且危机四伏,已进入穷途末路,于是虞洽卿将目光转向了陆路运输。1941年夏,他与王晓籁、朱联馥组成三民运输公司;其后他到昆明与云南省政府主席龙云接洽,和西南财阀缪云台合资开办了三北运输公司,购买了300辆美国道奇牌汽车,开始了他轰轰烈烈的陆路运输。

此时日军正在侵入缅甸,在缅甸经商的印度商人急于脱手货物,而这些汽车零配件、五金器材和各种日用品,正是中国大后方所奇缺,虞洽卿以低于平时三四成的价格大量买进,因他手持蒋介石的特别通行证,因而那些紧俏物资得以夜以继日、源源不断地从仰光运到重庆、昆明等地,在一定程度上缓解了大后方民众生活的急需,虞当然也从中获取利益。然而,为了获利,他施用囤积居奇等手段,牟取暴利,实现了其资产的爆发式增长,此间他为自己聚集的财富高达三亿多。商人逐利乃其本性,本无可厚非,但不择手段、取之无道,赚黑心钱,甚至大发"国难财",则必将受到良知和历史的公正审判。

1945年春,德、日法西斯败局已定,虞洽卿正待抗战胜利后回沪重整旧业、大展拳脚之时,4月21日,他突然接到蒋介石颁发的委任状,委任他为云南省副省长兼昆明市市长。他兴奋至极,当即定好五天后飞往昆明的机票。次日即4月22日晚,张静江、杜月笙和钱新之等名流为他举行饯行宴会。然而,他的急性淋巴腺炎突然发作,送往医院后于4月26日不幸逝世,终年78岁。此时距离日本无条件投降还不到四个月,他没有等到那一天。

虞洽卿死后,重庆举行了隆重的追悼仪式,国民政府赠送了刻有"输财报国"的巨型匾额,国民党中常会命国史馆为其立传,蒋介石亲赴灵堂吊唁,并书千余言的挽文:"创兴实业,开发交通;辛亥淞沪光复,劳军筹饷,弗避艰危;于历次革命运动中,援后支前,耆期爱国,曾不后人。"评价之高,史所罕见。

1945年1月24日,上海总商会、总工会、宁波同乡会等二十余团体发起对虞洽卿的追悼活动,奉迎他的灵柩由渝返沪,同年11月由专轮送往三北,葬于他的家乡伏龙山上。

虞洽卿病亡时,双眼圆睁,久不瞑目,他的三儿子顺恩替他合上了双眼。有人说,他没有看到抗战的最后胜利,心有不甘;也有人说,在老父尸骨未寒之际,他的三个儿子即已反目,开始争夺他丰厚的遗产,他是心急如焚。其实,世人所有的喧嚣和争斗,他是再也看不到、听不到了。

龙山虞洽卿旧宅"输财报国"匾额

后 记

在虞洽卿的一生中,同时运作着经济、政治和社会的多种资本,也获得多种回报。在动荡莫测的大变局中,他既是一个为资产阶级奔走效命的买办,也是一个反对外国对中国进行政治和经济侵略、具有民族气节的爱国企业家;既是革命的推手,也是革命的敌人;既手眼通天,在民间、官场和洋场均能如鱼得水、纵横捭阖,也有光鲜背后的孤独、软弱、无奈和痛苦;既是一个时代文明的探索者,也是既得利益者;既创造、攫取了财富和声名,也留下了乱世奸商的骂名。

多维度、真实并有个性地呈现这位中国近现代工商巨擘的生命轮廓,对于理解我们当下工商界的转型之痛、创业之艰和成功背后的喟然长叹,可以提供一个独特的视角。

与张謇理想主义明亮悠远而坚定的目光、卢作孚焦虑而悲悯圣徒般的目光相比,虞洽卿的目光则显得机敏、锐利而世俗,还有窥时顺势、膜拜金钱和权势的浑浊。这样的目光我们并不陌生,甚至随处可见。

昨天是今天的镜子,今天是昨天的延续。说不定在某一个华灯初上、天地朦胧的时候,在某一条大街的拐角处,就可以看到一个老人踟蹰徘徊的背影。这时我就想喊一声:"喂,老虞,虞洽卿!"为什么要喊?不知道。就是想这么喊上一声。

虞洽卿墓

简照南、简玉阶兄弟像

与"魔鬼"下棋

——简照南、简玉阶兄弟和他们的南洋兄弟烟草公司

据考古学研究，早在公元前 1800 至 2000 年间就有人类吸烟的记载。最早享用烟草的是美洲的印地安人，16 世纪开始传入欧洲。那时烟草以咀嚼、嗅闻、烟斗以及雪茄等方式被使用。19 世纪中后期，由于制造香烟的机器被发明，人类历史上用以商业贩售的香烟在世界各地流行起来。

1881 年，美国工程师詹姆斯·邦萨克发明了连续生产型卷烟机，带来了烟草工业的空前繁荣。1902 年 9 月 29 日，英国的帝国烟草公司与美国的美国烟草公司联合创办了世界烟草业的巨无霸——英美烟草公司，总部设在伦敦，世界各地均设分支机构，产制运销网络密布全球。他们非常重视中国这个拥有 3.4 亿人口

上海南洋兄弟烟草公司旧址

的巨大市场，不可一世地开始了强劲的征服。1902年他们在上海的陆家嘴建厂，而后迅速又在汉口、沈阳、哈尔滨等地设厂，在华北平原种植了数万英亩的美种烟叶，二百多万农民以此为业。他们的销售系统如同血管一样遍布华夏大地的每一个角落。每年从中国卷走的真金白银更是一个天文数字。中国人自己的烟草工厂是盛宣怀于1904年创办的三星烟厂，不幸的是很快便被英美烟草并吞吃掉了，连骨头都不吐。

1905年，简照南、简玉阶兄弟创建了南洋兄弟烟草公司，在政权更迭、战火纷飞的乱世中，它凭什么向全球的烟草巨头叫板、抗衡和对垒博弈？它是如何白手起家发展到中国最大、历史最久的烟草企业的？简氏兄弟拥有怎样的企业家精神和商业智慧？

少小离家　磨练在东瀛

简照南原名耀登，字肇章，号照南，1870年（清同治九年）出生于广州府南海县（今佛山市禅诚区澜石镇）。其父简汉达，从事建筑行业，务实能干，善良敦厚；其母潘氏温和刚强，勤劳持家。简照南自幼聪明伶俐，刻苦好学，父母亦希望他将来考取功名，在仕途上出人头地。

孰料正当这个小家处在希望之时，简父却因病撒手人寰，扔下了妻子和五个年幼的孩子。潘氏悲痛欲绝，几次哭昏并要以死殉夫，幸被舅姑们及时劝止。一寡系五孤，家境急转直下。潘氏从悲痛中顽强地走出来，依靠做泥茶煲艰难度日。

这一年简照南13岁。家里已经一贫如洗，哪里还能供他上学？辍学之后本想在家乡学徒，然而当地的陶业受行会控制，明文规定学徒必须缴纳数目不菲的"入行费"，每餐以粥糊口的简家只有放弃。简照南是长子，苦难的生活使他自觉地分担起生存的重压，负责照顾两个弟弟和妹妹。白天他还要上山挖菜拾柴，晚间在灯下重温旧日功课，发愤读书。

简照南之母潘氏

不久传来消息说，简照南的叔叔简铭石在香港做买卖发了财。简照南恳请母亲准其投奔叔叔，用以分担家计。潘氏因其年幼不忍不舍，后见其心志坚定，哭劝已无济于事，只好同意他只身前往香港。这一年简照南 17 岁。

简铭石小名汝牛，原在家乡与乃兄一道从事建筑业，人称"泥水牛"。在修建一家祠堂时遭遇台风，屋架倒塌，砖瓦毁坏，因债务缠身不得已出走香港，开始给人帮忙打工，几年拼搏后有了积蓄，开设了巨隆号瓷器店。简照南到香港后跟随他学做生意，打理店务。

简照南勤勉踏实，工作认真负责，常常夜以继日；每事慎始慎终，务求做得最好。他还自习会计书算，积年累月大有进益。叔父见他业务已然精熟，可以独挡一面，便派他到日本收取账款。经过几年的磨练，他的商业才干、经验和自信也在不断增长，且已略有积蓄，于是提出自立商号。叔父对他的雄心壮志颇为欣赏并资以钱财，助其创业。

简照南在日本的神户开设了东盛泰批发商号，经营海货、药品、瓷器和布匹等

广东南洋兄弟烟草公司老烟卡

简氏别墅

进出口业务,由于海产品和药品利润高,很快他便赚到了人生的第一桶金。随后他又扩大业务,将日本的瓷器和陶器出口到东南亚诸国,发展亦很顺利。1893年他回到家乡,把18岁的弟弟简玉阶带到日本,在他的指导下抄写电文和记账。简玉阶生于1877年(清光绪三年),比其胞兄小7岁。从此兄弟二人开始了波澜壮阔的商业人生之旅,书写了近代中国叱咤风云的商业传奇。

因1894年中日爆发了甲午战争,简照南兄弟回到香港开设了怡兴泰商号,经营土洋杂货,来往于日本、香港和暹罗之间。业务主要由简玉阶主持。

日本明治维新后,从一个资源匮乏、人口短缺的岛国一跃而成为世界列强之一,使中国的年轻人深受刺激,不少有志青年浮槎东渡,到这个弹丸小国的邻居学习新思维和新知识,以图救国图存。简照南在时代的大潮里辨识方向,寻找新的商机,1902年第二次来到日本,创建了顺泰轮船公司。开始租船行驶于越南、缅甸等地,后购置了"广州丸"号巨轮一艘,往来于日本、暹罗、安南甚至欧美各国各大码头。由于清政府腐败无能,中国公民不能获得公海航行执照,简照南于同年加入了日本国籍,取名松本照南,向日本政府注册,领取了航行执照。这一行为使他在日后的商业竞争中付出了巨大的代价,成为对方对其攻击的"硬伤"。

海上做生意,使年轻的简照南见识了世界风云,胸怀日益开阔,心智得以迅速提升。不料"广州丸"沉没,因无力购置新船,更因一个宏伟的计划在他心中已由蕴酿而成熟,他决定改行不再从事贸易而进入烟草实业。

两创"南洋" 浦江起宏图

简照南目睹英美烟草公司在中国的巨额利润,每年"攫我千万钱以去"的现状,甚感痛心,决定兴办烟厂,堵塞漏洞,挽回利权,实现"实业救国"的理想。旅日期间,他曾数次参观神户织川井烟厂,结识了一位技师朋友,在其帮助下,他潜心研究制烟工艺,颇得要领,他曾自嘲地对朋友说:"我从日本偷来了烟草技术。"他不打无准备之战。

经过一段时间的筹备,1905年简氏兄弟出资仅有的四万元,又得他们叔父和友人帮助,合股共得10万元,在香港注册创办了"广东南洋烟草公司"。之所以取名南洋,是为了表示与设在天津的北洋烟草公司南北呼应,同兴国货,一致对外,共挽国家利权。

简氏族人多从事建筑(泥水)业,简照南便邀集乡亲们来港建厂,不少人后来加入了"南洋"。"南洋"创建伊始十分简陋,规模也很小,只装备有一台烤炉、一间烘房、一台发电机、两台磨刀机和四台从日本购买的蝴蝶牌旧货卷烟机。筚路蓝缕,创业维艰。

简照南从日本请来11名技

广东南洋兄弟烟草公司老烟罐

南洋烟草公司生产车间

师,培训了 16 名中国男工使用机器、100 名女工处理包装。1906 年烟厂投入生产,每天开工 10 小时,生产香烟约 30 万支。因配料不当,技术不精,产品状态欠佳。后来不断改进,逐渐摸索出了一套生产经验,加上在产品名称上选用了具有中国特色、群众喜闻乐见如双喜、白鹤、白金龙等含有吉祥意味的名字做商标,迎合了国人心理,销路渐次转旺,打开了局面,在东亚和东南亚拥有一定的市场份额。

在东亚特别是东南亚站稳脚跟后,简氏兄弟筹划将业务扩展到中国,选择广州作为突破口。早已垄断中国市场的英美烟草公司曾成功地将中国的烟草业扼杀于襁褓之中,面对新的竞争对手,他们怒不可遏,虎视眈眈,磨刀霍霍,必欲灭之而后快。于是,一场中国近代商业史上著名的商战拉开了帷幕。

英美烟草采取的手段十分恶劣,既有阴沟里下三烂的流氓伎俩,也有明火执仗的强盗行径。

英美烟草派员收购"南洋"香烟,偷偷地放在阴湿之处使其霉变,然后投放市场向消费者抛售,极大地败坏了南洋烟草的声誉。他们还以南洋的"白鹤"牌香烟的包装图案和包装颜色与其"玫瑰"牌相似,诬为"影射",向港英当局提起诉讼,要求惩治"破坏专利权的南洋公司"。毫无公义可言的香港巡理府蛮横地没收了南洋烟草价值两千多元的成品,在港府前当众焚烧,简氏兄弟的南洋烟草受到了名誉和经济的双重打击。英美烟草公司除散发传单外还派出雇员到香港、九龙等地的烟摊,要求不准出售南洋香烟,并威胁说如有违忤必将"拿官究办"。烟贩们惧惮洋人的淫威,南洋香烟几从市场绝迹。

在英美烟草的死缠烂打之下,南洋烟草损失巨大,营业一蹶不振,开工仅仅13个月,负债竟高达十万余元。简氏兄弟被迫关闭了怡兴泰商号,集中资金全力擘画南洋事务,力求挽回颓局,但还是无济于事,至1908年5月,南洋烟草亏损已达二十余万元,不得不宣布破产拍卖。

简照南是一位越挫越勇、坚韧不拔的企业家。由于英美烟草在中国市场的横行霸道和中国政府的软弱无能,继盛宣怀的"三星"之后上海、北京和天津的本土烟厂均已先后倒闭,这次南洋烟草的失败更加证明了,中国人在中国办烟草企业只有死路一条。然而,简照南没有被吓倒,也没有被打倒,而是明知山有虎,偏向虎山行,凭着他自幼受苦而磨练的顽强毅力和永不服输的拼搏精神、凭着炎黄子

南洋烟草公司生产车间

南洋烟草公司纪念烟盒

孙为民族争气的勇敢担当,他决心重整旗鼓,鼎力再起。

1909 年 2 月,简氏兄弟在其叔父简铭石的全力支持下,在香港注册公司,为无限公司,因简氏兄弟占股 94% 以上,故公司易名为"广东南洋兄弟烟草公司",简照南为总司理,简玉阶为副司理。

此时南洋烟草仍有十余万元外债,压力沉重,为广开财路,简照南让简玉阶利用原来香港"怡兴泰"商号的关系,到马来亚一带重新开业,除经营土洋杂货外,兼带推销南洋香烟。简玉阶经营有方,开张即赢利,此后又在泰国开设了怡生公司,贩卖瓷器,效益亦可观,一二年后便还清了"南洋"的外债。令人揪心的是,"南洋"重新开张后进展不顺,1910 年又亏损了愈万元。如果是一般商人,此时也许就弃实业而重操贸易了,然而在冰火两重天的选择面前,简照南兴办烟厂的决心毫不动摇,显示了"识见既定,迈往之气不因此而阻"的坚定信念和豪迈气概。

简照南深知要想赢得市场，其前提和钢性要求是必须品质上乘，为此他煞下心来狠抓产品质量。"南洋"每出一批新烟，他都要深入市场，倾听消费者的反应。他派出得力员工到国内各省和南洋各地，调查"南洋"香烟的销售动态，搜集改进意见，凡可行者立即采用。他还关注同行的产品，深入研究，取长补短，海纳百川。通过改良制造工艺、产品结构等一系列措施，质量节节攀升，经营亦大有起色。

简照南是近代商业史上著名的营销高手。为了占有市场，他采用了三个行之有效的策略。其一是低价战略，同样品质的香烟"南洋"出品要比"英美"出品的价格低三成左右。价格战是中外商战的共同利器，简照南为了将其运用到极致，亟力降低成本，尽可能地让利于消费者。

其二是大打"爱国牌"。1911年辛亥革命的成功，极大地鼓舞了海外华侨的爱国热情，他抓住这一大好时机，在南洋一带拓展业务，推销产品，仅印尼一地每月就能销售飞马牌香烟1000箱左右。他在广告策划上具有罕见的天分，借助天

英美烟草公司旧址

时地利人和,使"南洋"绝处逢生。辛亥革命后在民族复兴的热潮中,他不失时机地提出了"中国人应吸中国烟"这一响亮而具磁性的口号,产品顿时畅销。1912年"南洋"获利4万元,1913年增至10万元,1914年更增至16万元,业务蒸蒸日上。他决定结束马来亚土洋杂货的贸易商务,召简玉阶回港全力搞好"南洋"。

其三是积极参与慈善捐助活动。广东地区每年都有水灾,简照南总是适时地组织十艘救济轮船,上面插满了"南洋兄弟烟草公司救济"的巨幅彩旗,很扎眼地停泊在广州海滨大道的一座戏园前,观者如堵,广有影响。

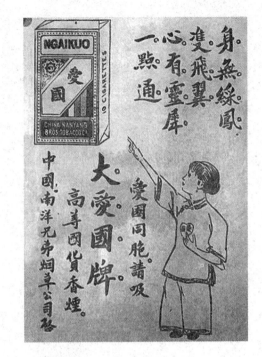

爱国香烟广告

简照南有时也会针锋相对地使用剑走偏锋的"烂招"。利用民间迷信来破解竞争对手,他暗中出钱让人到一些葬礼去免费发放"英美"的香烟,还特别收买抬棺人叼着香烟出殡,让人们产生"英美"香烟会带来秽气和不吉利的印象。

简照南的营销大战效果显著,"南洋"香烟的市场占有率不断扩大,营业额也日益增长。1914年爆发的"一战",使"英美"的原料和生产也大受影响。简照南顺势而上,积极扩大业务,将利润的全部投入再生产。1915年"南洋"生产香烟600万支,品牌多达11种,其中飞船、飞马、双喜等更是名闻遐迩的品牌,年营业额高达230万元。"南洋"步入了不断发展的黄金时期。

在广东地区扎牢根基后,简氏兄弟大踏步北上,1917年投资100万元在上海建厂,几年以后宏伟的厂房出现在黄浦江畔,当时上海的报纸曾这样报道:"该厂地址位于百老汇路之北端,占地之广,建筑之伟,盖无待言。……出品机凡七十余架,每机每分钟能制成烟卷三百余支。合七十余机每日以十小时计,可出一千余万至二千万支,成货之多,亦云巨矣。"

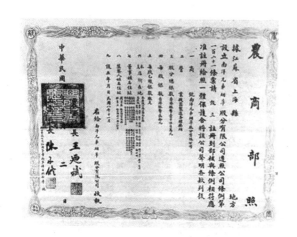

南洋兄弟烟草公司注册证

简照南不但长于营销，在工厂管理和技术创新上也是内行。他十分重视遴选推销人才，而且不拘一格，甚至在"英美"供过职的"能手"，他也聘为己用。沪厂雇工超过千人，这在当时中国可谓大型企业，管理井井有条，充满朝气。他将原在香港注册为无限公司的"广东南洋兄弟烟草公司"再度向北洋政府注册并改为"广东南洋兄弟烟草有限公司"。同时将上海厂作为总厂，香港厂为分厂。"南洋"的出品自此猛增，销路极旺，1918年营业额高达1400万元，盈利二百多万元。

"南洋"的蒸蒸日上、蓬勃发展，使"英美"痛苦地意识到，他们遇到了真正的对手。

命悬一线　"合并"中抗争

南洋烟草一步一个脚印地发展壮大起来，粉碎了英美烟草将其扼杀于摇篮之中的妄想。然而，英美烟草并不甘心，对"南洋"的觊觎从未停止过。他们煞费苦心地变换手段，企图以"合并"的旗号实现"并吞"的野心。这种阴谋活动至少有过三次。

第一次发生在1914年。英美烟草派买办商人邬挺生与简照南洽谈，声称可以用100万元收购"南洋"（此时"南洋"的资产约50万元），并威胁说如不同意，将有严重后果。简照南将计就计，回答说收购"南洋"可以，但起码要300万元。英美烟草担心对方拿到这笔巨款后另起炉灶，仍然成为他们的心腹大患，于是会谈不欢而散，收购宣告搁浅。

英美烟草由失落而恼羞成怒，采取各种卑劣的手段打压"南洋"，企图使其屈服。他们财大气粗，在不惜削价竞销的同时，还根据各地的实际情况推出新品牌香烟,以图出奇制胜,如在东北他们新出"白刀"抵制"南洋"的"飞船",在广东推出"大山""大头针"对付"南洋"的"地球"。更可怕的是,他们收买"南洋"的香烟库管员,让其将"南洋"的香烟搁至霉变再行出售,用以糟蹋"南洋"的商誉。这场没有硝烟的战争甚至打到妓院里,他们每晚派员到妓院去,阻止烟贩出售南洋香烟,还将印有"南洋"商标的月份牌撕毁或拿走。种种流氓无赖手段无所不用其极,让人防不胜防。

面对"英美"咄咄逼人的攻势,简照南针锋相对,寸土必争。他提出"攻城不如攻心"的斗争策略,在继续大打"爱国牌"、以"中国人请吸中国烟"为宣传口号争取民众的同时,他将目光投向政府高层和舆论界,参加在北京举行的国货展览会,将南洋香烟赠送给总统和各部部长、报馆记者和出版文化界人士。广结人缘,笼络人心,注重口碑的力量,"南洋"在舆论上热热闹闹,风景这边独好。他还大搞有奖销售,在其新品三喜牌香烟的烟盒中藏有奖券,大者金表,小者亦为精美图画。针对"英美"的价格战,他将飞船牌香烟降价销售一个月。这些措施成效显现,大获成功。"英美"收购并吞"南洋"的如意算盘打了水漂。

南洋兄弟烟草公司伍角赠券

英美烟草第二次合并与南洋兄弟反合并的斗争更加激烈，短兵相接，刺刀见红，惊心动魄。此番由英美烟草在中国的负责人汤姆士亲自出面，他向简照南提出了一个非常诱人的合并方案：企业的形式和名称都不改变，保留现有管理人员，总司理和副司理仍由简氏兄弟担任，并许以赠送兄弟俩个人200万元现金而且不入账。英美烟草增资1000万元，占有60%的股份，南洋烟草的机器、厂房等不动产折价转移到新公司。不难发现，此方案的要害是控股权。裹着糖衣的炮弹极具魅惑力的同时，也极具杀伤力。南洋兄弟内部由此引发了一场激烈的纷争。

简照南在与英美烟草的市场竞争中虽然从不服输，然而长期的斗争又使他忧心忡忡，他在给弟弟的信中坦言："中国大局纷扰，商人吃亏……南北水火，看未易了，将必有大乱发生，则商业前途不堪设想。"他认为，处于乱世的"南洋"如果没有强大的靠山，很难独存，因而他一直是合并的推动者。他曾试图与北洋政府合作，采取"官督商办"的模式获得权力的荫庇和支撑。几次接触之后，却由失

民国时期的汽车香烟广告

中国南洋兄弟烟草股份有限公司大楼

望而绝望。面对英美烟草伸过来的橄榄枝，他动心了。他深知就实力而言，"南洋"无法与"英美"抗争到底，合并利大于弊，既可以学到"英美"的先进技术和管理，又可以获得税收上的优惠（北洋政府规定国产烟草的税收远高于外企），同时还可以减少因竞争而打价格战的压力，从而增加利润。而"南洋"取得的些许业绩"不过恃一点人心耳"，从长远来看，"人心不可恃矣"。再三权衡后，他明确表示，合并是一个明智的选择。

简照南的态度引起了简氏家族几乎全数的反对，与他一同风风雨雨共同创业的胞弟简玉阶是最坚定的反对者。简玉阶认为纵然合并有利可图也绝不可行，因为它是不道德的，"违背了爱国原则"。他组织家族会议并做出决定，如果简照南一意孤行，将把他开除家族。这是最严厉也是最耻辱的惩罚。他在写给简照南的信中说道："昔之东吴，不甘屈事曹操，卒获三分天下。且我营业之增进，多借国货二字为号召，故得社会人心之助力，致有今日。盖吾国实业之薄弱，今日稍能与外人竞争、为全国人民注目者，以本公司为最。若一旦屈降外人，纵不为社会唾骂，亦令提倡国货者灰心，而我公司营业必从此失败矣。……若不屈降'空山'，合'政府'及国人之力与之对抗，未必一定失败。且我并非不堪一战，即如何剧烈，亦可支持五、七年。俗语云：猛虎不及地头虫（蛇），他日各省能如广东之局面，则利权之大，势力之广，可以左右国中。"简玉阶的信，直抒胸臆，说理透彻，义正词严，鼓舞斗志，铿锵有力。

简照南反复向胞弟和家人陈述自己的看法和苦心，在他看来，鸦片战争以来的屈辱史，扭曲了家人对生意的看法，如果过度依赖或滥用民族情感，必将给南洋兄弟带来毁灭性的影响。然而，简玉阶和家人不为所动。后来的事态发展证实，简照南的预言不幸一语成谶。后来的史家在评价这一段历史时，多有扬弟贬兄之语，然而，笔者想，有人设身处地地理解过简照南在与"英美"和其他利益集团博弈过程中的利弊权衡和痛苦挣扎吗？有人理解过他要寻求"靠山"和"合并"时的

南洋兄弟烟草公司促销货架

理性诉求和情感的无奈吗？有人理解过他的主张被否决后的辛酸孤独的滋味吗？

这场合并风波从 1917 年 3 月谈到 11 月，终于流产。此间和之前之后简氏兄弟在来往的书信中，经常提到"空山"一词。例如 1917 年 10 月 28 日，简照南给简玉阶的信中就写道："……加以'空山'广告密布街衢，运动鼓吹，不遗余力……。"很明显，空山指的是竞争对手英美烟草公司。唐代诗人王维的一首五言绝句中有"空山不见人"的名句。为什么"空山"会无人，答案也很简单，因为有鬼。简氏兄弟与英美烟草的博弈漫长、激烈而跌宕起伏，如同高手对垒，进退之中杀气腾腾，攻防里面斗智斗勇，成为中国近代商业史上著名的商战案例。

英美烟草对"南洋"的打压进一步升级，他们利用五四爱国运动的机会，再次恶狠狠地扑向简照南，予其致命的一击。卖国政府与日本签订的"二十一条"极大地激发了中国人民的民族情绪，反日的浪潮席卷神州大地。英美烟草指控南洋兄弟烟草公司有日货背景，假冒国货，简照南的国籍也是日本。迷雾之中，"南洋"被动，简照南则陷入了丑闻的漩涡。

南洋公司迅即发起反击。1919 年 5 月 14 日发表了《敬告国人》文告，阐明公司两次在农商部注册，股东亦非简照南一人，注册章程有"股东以中国人为限"的规定，简照南也未脱离中国国籍。"南洋"的"文告"暴露了"英美"企图搞垮"南洋"的阴谋，群情愤慨，舆论哗然。中华国货维持会派员调查后在《新闻报》发文，证明南洋兄弟确系华人之产，以释众疑。海外华侨和国内商号也纷纷站出来声援"南洋"。

简照南因日本国籍而引发的非难可谓冰冻三尺非一日之寒。早在 1917 年 7月 17 日，新入选的国会议员何勖业和另一位国会议员、山西军界代表周维藩就在某种利益的唆使下，要求政府解除南洋兄弟的登记执照。1919 年 5 月流氓商人和职业说客黄楚久接受了英美烟草 40 万元的贿赂，他花了 20 万元买通上下，要求取消南洋兄弟的营业执照。

1919 年 8 月 9 日，北洋政府农商部宣布吊销南洋兄弟烟草有限责任公司的执照，将其视为日本企业。

南洋兄弟被打入了谷底，处于冰点。

为了平息风波、保住企业，简照南曾在报纸上发表声明放弃日本国籍，还邀请广东的十多家社会团体到工厂参观，但还是很难平息民众和舆论的质疑。通过这次生死攸关的斗争，简照南认识到，在长期利益的较量中，只有依靠国民、争取海内外同胞的支持，才能把握胜券。于是他做出了一个大胆的决定：向社会公开招股。1919 年 10 月，他向社会宣布："照南昆仲鉴于外侮之频仍，以为一家公司惧难持久，不如公诸国人，俾同胞咸获投资，合群策群力共策进行。"新公司发行 1500 万元股票，分 75 万股，每股 20 元，只对中国人发行。此举大受国人欢迎，纷纷认购，张謇、虞洽卿、朱葆三等知名企业家亦踊跃购买。简氏兄弟的股份从 94% 稀释到 60%。

此间声援简照南和抗议北洋政府的浪潮汹涌澎湃，爱国华侨更是义愤填膺，他们指出，政府从未禁止双重国籍，对简照南的打击就是对海外华人的公开歧视。简照南向国人公开招股也使命悬一线的南洋兄弟有效地化解了危机。1920 年 1 月 13 日，内务部恢复了简照南的中国国籍，并命农商部恢

黄楚久像

复南洋兄弟的营业执照。在此后的
三年里，南洋兄弟的事业步入了成
长的巅峰期。

第三次合并发生在 1920 年。
英美烟草提出了十分优厚的条件，
"南洋"的总资产只有"英美"的四
分之一，但在合并后的公司中却可
拥有三分之一的股份。简照南虽因
合并事宜而遍体鳞伤、名誉扫地，
且遭到家族的一致抵制，但他的初
衷并没有改变。他顶着压力、"冒
天下之大不韪"，专门飞抵美国，与
英美烟草公司的创始人兼总裁詹姆
斯·杜克面对面地谈判。合并的各
项准备工作均已就绪后，简照南没
有料到，家族的反应仍如从前一样

美国烟草大王詹姆斯·杜克

激烈，理由也仍为"违背爱国原则""先敌后降，为社会所唾弃"。不久简照南病逝，
合并事宜从此再无人提起。

再创辉煌　责任有担当

在封建专制体制和外商强大资本的双重挤压和夹击中，南洋兄弟历经磨难仍
能艰难崛起，并在 20 世纪 20 年代初叶再创辉煌，与其带头人简照南出色的商业
才干密不可分。

简照南未能说服家族与英美烟草合并，却有效地促成了"南洋"管理体制的
变革。1920 年初"南洋"放弃了家族管理模式，启用非家族成员进入董事会，参与
公司的重大决策。去家族化，这在当时是一个了不起的进步，在体制的架构上确
保了公司的的健康、可持续发展。高端管理人才的匮乏是事业发展的瓶颈，为此
简照南采取了灵活多变的用人策略，使"南洋"占上了人才高地。陈秉谦原是英
美烟草的买办，能说一口流利的英语，不但对"英美"的底细了如指掌，而且熟悉

西方的企业财务管理,对中外金融机构也有广泛的人脉。简照南将他"挖"到"南洋"后委以重任,负责公司的财务运作。他不但于1919年成功地发行了"南洋"股票,而且帮助简照南开办了南洋兄弟银行、保险公司、汇兑机构,为"南洋"的发展提供了有效的资本支持,使公司的财务保持良性运转。他被吸收为南洋兄弟烟草公司的非简氏家族董事,同时兼任公司的副总经理。陈秉谦介绍自己的晚辈、美国麻省理工学院工商管理毕业生陈其均,简照南用人唯贤,不拘一格,全权委任他负责建造"南洋"的上海厂房,厂房竣工后被媒体赞誉为"现代的楷模"。陈其均在工厂的管理上推行计件工资等新式办法,遭到工人和公司元老的抵制,简照南全力支持,极大地释放了员工潜能,提高了生产力的效率。邬挺生原是"英美"的买办,也是简照南的死对头,因其在营销方面经验丰富、渠道管理上更是高人一筹,因而简照南在得知他因故离开"英美"后,不计前嫌,热情延聘,他亦投桃报李,不辱使命,不但稳住了"南洋"的华南市场,而且进入了长期被英美烟草控制的华北和长江中下游市场,工作开展得风生水起,兴旺发达。在美国烟叶采购的最高岗位,简照南聘用的是美国人格雷夫利,用人不疑,不分中外,不计亲疏,信任有加,放手工作。

简照南从营销的实践中认识到,质量才是产品的核心竞争力,而质量管理并非仅仅是工艺过程的严谨,而是需要全产业链的综合考量。为此,他从产品的上游——原材料烟叶抓起。1913年他从美国进口一批烟叶种子,在河南许昌、安徽凤阳、山东潍县等适宜烟叶生长的地域试种,取得成功后在当地新建或扩建了多处焙烟厂,确保较高品质原料的供应。与此同时,他锐意技术革新,淘汰了建厂时购买的日本蝶式卷烟机,不惜重金引进美国新式卷烟机,产品的面貌一新,质量得以提升,生产效率亦呈上升趋势。为了提高包装印刷和所需锡纸的质量,他相继自办了印刷厂和

邬挺生

锡纸厂,效果明显。这种全方位的管理策略,确保了产品的质量,降低了生产成本,"南洋"香烟的性价比有了更大的优势,在市场持续走俏。

简照南是一位乐善好施、热心公益的企业家。他认为"南洋"的事业得益于人民群众的支持,因而回馈人民和社会就是他应尽的责任和义务。他曾说:"金钱者,多取为厉,须能聚能散,自社会取之,为社会用之。"1925年家乡广东发生特大洪水,他全力以赴购粮赈灾,用运烟的船只和新购小火轮将安南大米送到受灾群众手中,受惠灾民大为感激。1920年北方各省发生旱灾,南洋兄弟捐助了10万元赈灾,捐款遍及鲁、豫、湘、鄂、秦、陇、苏、浙、滇、黔等省。他的义举,受到了各界的普遍称赞,也增加了企业的社会影响,助推了产品的销售。

广州军政府大元帅孙中山身着戎装像

简照南自幼因家贫辍学,深知失学的痛苦和国家兴盛须靠人才和知识,因此十分重视育人建校并多次慷慨解囊。1920年捐助南开大学一万元,捐助复旦大学五万元,1923年捐助暨南大学一万元。他还资助了15名留学美国的中国学生,耗资一二十万元。此外,他还捐助海外华侨中小学、族学、女学、职工子弟学校、孤儿教养院、贫民教养院、残疾人收养院以及社会团体等等。善事多多,不胜枚举。

简照南经历了清王朝同治、光绪和宣统三个朝代,其专制、腐朽和无能使他倍感失望、痛彻心扉。因而对孙中山领导的辛亥革命十分向往,孙中山提出的"振兴实业"的号召也契合他实业救国的理想,1909至1910年间,孙中山来往于南洋各埠向华侨募捐,虽然"南洋"当时并不富裕,仍然捐了一笔巨款,支援革命。1921年孙中山在广州当选非常大总统时卫队人选不足,简照南即在"南洋"的员工中精挑细选了十人，南下广州，参加总统卫队，投身革命。其中的潘天是他夫人潘杏浓的族人。他与孙中山个人私交甚笃，孙中山专门为他亲笔手书"博爱"条幅，他珍藏于上海住宅的书房里。

从 1920 年开始，在简照南的带领下，"南洋"的管理日渐专业化，变得越来越像西方的大企业，职工人数逾万，年均利润达 400 万元，进入了发展的巅峰期。1919 年简照南被推为永远总经理，简玉阶被推为永远

美国康奈尔大学历史系主任高家龙

协理。随着事业的兴旺发达，简照南在实业界的声望也与日俱增，先后兼任广东实业团副团长、上海总商会董事和上海华商联合会会董等职务。他还与人联合创办了上海东亚银行并任副董事长。

对南洋兄弟最有研究的美国康奈尔大学历史系主任高家龙在《中国的大企业（1890——1913）》一书中认为，简照南是少见的、拥有企业家精神的"熊彼特式的企业家"。

萧瑟叶落　成败费思量

1923 年 10 月 28 日，就在"南洋"最辉煌的时候，简照南因操劳过度、积劳成疾，胆疾并发在上海病逝，时年仅 53 岁，壮年时便结束了为中国近代民族工业奠基和发展而奋斗的一生。亲朋友好和侨胞的唁电雪片般飞到上海，对这位中国实业界

南京市民为声援五卅惨案游行示威

泰斗的过世，表示深深的痛惜和悼念。

简照南逝世后，南洋兄弟的经营日渐下滑，成为由盛而衰的转折点。1924年的利润断崖式陡降到47.9万元，只有上年的12%。简玉阶接任公司总经理后，削减了自己的年薪和活动经费，以表示自己对南洋兄弟的贡献不如其兄长。简玉阶性格比较懦弱，家族生意的弊端逐渐显露出来，家族成员无视其权威，任性胡为。他在经营上也出现失误，公司前景一片暗淡。

幸好出现了转机，1925年因"五卅"惨案爆发，全国民众掀起了新的反帝高潮，一时间洋货受到排斥，国货备受青睐。南洋兄弟再次受惠于民族情感的膨胀，产品供不应求，连库存都销售一空，营业额急速蹿升，迎来了扬眉吐气的日子。1925年6月28日，南洋兄弟在准备扩充股份、添设分厂的董事会上，简玉阶兴奋地说："自五卅案发生后，国人提倡用国货，热度日高，我公司近来销场过大，供不应求，各局索货万分急迫。各处正当团体以我无货应市，责备不堪。此等情形殊不可以寻常理想测之。我厂制造力量，日夜加工，仅供销所需四分之一，而每月营业已在四五百万元之多。"8月20日董事会决定在上海浦东和湖北汉口等地开办新厂，添置机器，招募工人，扩大生产规模；同时在天津、青岛等地设立分公司，增设销售网点，生产和销售大联珠、双喜、爱国、白金龙、红金龙等三四十种牌子的香烟。1925 年公司赢利 120 万元，1926 年再增到 230 万元。

然而，好景不过是昙花一现，1927 年南洋兄弟的业绩再次下滑，速度之快令人心惊胆颤，短短一二年的时间即由赢利而亏损，至 1929 年巨亏达到了 545 万元，公司岌岌可危。

究其原因，外在因素主要是，1927 年南京国民政府成立后，将烟草税收大幅上调至 50%，英美烟草十分强硬地拒绝这一税收政策；国内的烟草业却受到了毁灭性的打击，超 50% 的烟草工厂应声倒闭，作为国烟最大的企业，"南洋"所受到的冲击也是空前的。英美烟草又趁机大幅降价，抢夺市场，倍感雪上加霜之痛的"南洋"无力还手，徒唤奈何。"南洋"成功的优势是借助于民族主义情绪，然而这一优势不可持久，更不可过度消费或变成一种惯性依赖。英美烟草经历了十多年与"南洋"的较量后为了抵消这种不利因素，改变经营策略和公司形象，淡化外企色彩，建立"永泰和烟公司"，包销畅销的红锡包香烟，抢占了市场，而"南洋"的反应迟钝，任由其在市场上横冲直撞。国内的烟草公司也不断兴起，这些同质的竞争对手，分摊了"南洋"的市场份额。

使南洋兄弟发生危机的是内因。"南洋"失去了简照南这一灵魂式的人物后，

五卅惨案 游行示威

简玉阶被"五卅"后短暂的繁荣冲昏头脑，增加了大量的固定资产，如投资与主业无关或关联不大的房地产，兼并上海康元五彩花铁印刷制罐厂、联合影业股份有限公司及中国油灯公司等，不断增加投入和过度扩充造成了巨大的财务压力，有些工厂在爱国主义热潮变冷后由于经营乏力，便相继倒闭了。"南洋"的内部管理混乱，大权掌握在家族亲属而非能人之手，简照南的长子简玉华未经仔细论证，被美国商人利诱，就签了一张2000万元购买美国烟叶的合约，几乎把公司拖垮。简玉阶本人并不贪腐，但他无力制止家人的贪腐。他的小弟简英甫主管公司的财务，养了十多个姨太太，每逢出行，乘坐的是只供高级专员和富翁用的"花车"，挥霍无度，造成账本亏空，只得由简玉阶设法填补窟窿。

面临企业资金困难、倒闭在即的危局，为了生存，简玉阶积极寻找对策，1930年1月他向董事会提出了彻底改革的建议，在实践上也做出了认真的努力。如进一步健全企业管理机制，建立岗位责任制，采取计件工资和月薪相结合的方式，提高工人的生产积极性；淘汰旧式机器，更新生产设备，改进产品质量，增加产品竞争力；扩大销售网点，加大广告力度，采用赠品、赠券和奖励等多种促销手段吸引顾客。功夫不负苦心人，公司的营销出现回暖。双喜、飞马、白金龙、红金龙、大长城和大喜等香烟仍受顾客欢迎。1932和1933年连续两年赢利，但再也不复当年之勇，年度利润60万元，仅为简照南时代的一个零头。

1928年12月简玉阶兼任国民政府两粤赈灾委员会委员、1929年兼任行政院赈灾委

宋子文像

员会委员。

1930年代,日军占领东三省并向华北进军,日本烟草趁机入侵立即覆盖了东三省和华北市场,南洋兄弟的业务遭到排斥和重创,国民党"四大家族"之一的宋子文看到有机可乘,愿出略高于市场的价收购"南洋"三分之一的股权,但被简玉阶拒绝了。到了1936年南洋兄弟的利润降至30万元,公司的财务陷于泥淖之中,独木已经难支。在凶险的生存压力下,简玉阶向政府求援,要求将"南洋"变为"国有企业"。为了躲避官方和黑恶势力的勒索,他聘请杜月笙和宋子文之弟宋子良为董事。到了1937年"南洋"的形势日益恶化,资金周转不灵,处于崩溃边缘,他不得已找宋子文借钱求援,宋子文乘机掠走了企业半数股权,成为南洋兄弟烟草公司的董事长,简玉阶转任董事和设计委员,降为"南洋"的第四股东。自1905年南洋兄弟创立后,简氏家族第一次失去对公司的控制。

宋子文入主南洋兄弟时的身份是公私要职一身兼,动用的是广东银行的资金,因而此举被普遍认为是"官僚资本主义对民族工业的掠夺和控制",是其"贪腐"的证据。然而,2014年12月2日在广州市大元帅纪念馆主办的"缘起缘落——宋子文与广东"国际研讨会上,有学者一反传统观点,认为"1935年爆发的经济危机,使大批民营银行、钱庄、工商企业破产倒闭,宋子文入股国内知名民营企业,以资产重组的方式挽救,是以国家利益为出发点的。因为南洋兄弟烟草公司是当时规模最大的民营卷烟企业,与英美烟草公司在中国市场竞争激烈。如果南洋公司因经营不善而倒掉,中国烟草市场将会被洋烟所垄断。再者,这样的收购方式完全是遵循市场规则进行,南洋公司不同意,宋子文也没有强行收购。至今也找不到宋子文个人持有南洋公司股份的证据。尽管宋子文挽救民族企业的方式存在很大的争议,但是不可否认的是,如果没有宋子文当时的出手相救,南洋兄弟烟草公司将难以逃脱破产的命运,它所创立的至今依然辉煌的双喜品牌,也许已烟消云散、不复存在了。"

卢沟桥事变后,日军的铁蹄疯狂南下,南洋兄弟的上海工厂被日机轰炸,香港和内地厂务或被日军所控制或为官僚资本所操纵,公司资产四分五裂,生产陷于时断时续的窘境之中。

1941年太平洋战争爆发后英美烟草撤离中国,1945年"二战"结束后又迅速重新杀回中国市场。南洋兄弟在官僚资本集团的控制下,设备残旧,机构臃肿,流动资金不足,管理混乱,多方掣肘,简玉阶虽然竭尽全力,却还是回天乏力,年产量不及英美烟草的十分之一，丧失了与其较量的能力。纵然如此，简玉阶还是带领南洋兄弟熬过了最困难的一段时光，迎来了全国解放。

1949年5月，上海解放。9月，简玉阶作为全国工商界代表，出席了第一届中国人民政治协商会议。1951年2月，南洋兄弟实行公私合营，简玉阶出任副董事长，简照南之子简日林被聘为总经理，生产渐有起色。简玉阶先后出任中央人民政府经济委员会委员、广东省人民政府委员、中南军政委员会委员，并被选为第一届全国人大代表。1957年10月病逝于上海

南洋兄弟开创了中国烟草工业的先河，为现代中国的烟草工业布局打下了基础，奠定了今天的广州、武汉和上海卷烟厂在中国烟草工业中的显赫地位，1996年南洋兄弟烟草股份有限责任公司又在香港重新注册，四大卷烟厂生产的"双喜"和"红双喜"作为著名的品牌，穿过了百年的历史烟云，仍然是海内外市场的佼佼者，广受消费者青睐，可是谁还记得其创始人简照南、简玉阶兄弟呢？

1949年5月，南洋广州制造厂成立

荣德生像

1946 年的绑架

—— 荣德生兄弟的财富人生

2014 年 4 月 29 日，王石应邀与创新工场的九位 "80 后" 企业家对话，会场最安静的时刻，是王石在讲述荣德生的故事时。荣德生是民国早期的企业家，也是本文所要讲述的主人公。王石说："中国现代企业家的水平，不包括你们 80 后，但包括我、柳传志、张瑞敏这些人，还低于民国初年工商界的水平，我认为不如荣德生他们。"

王石列举了三个理由。其一，荣家用自己家族的钱在无锡修建了 "梅园"，这是企业家送给这个城市和市民的礼物，中国现在的企业家还没有谁能做到这一点，"社会担当不如"。其二，荣家靠面粉起家，最初进口的是法国的磨面机，荣家

荣宗敬、荣德生、荣毅仁、荣智健（左起）

是将技术、设备、管理和人才同步引进的，"比我们1980年代的企业家厉害多了"；其三，荣德生当时给政府提交过一个地域经济发展的意见书，就是改革开放后的"苏锡常"（苏州、无锡、常州）啊！如果不是抗日战争，那就提前50年开发了，"我一看，就冒汗，没有他的气度和眼光。"

王石的话引起了与会者的强烈共鸣，会场上"这一刻，是全场最迷人的时刻"。事后业内人士充满激情地评价说，"一个生于1950年代的中国企业家，向一群生于1980年代的创业者讲述他景仰的前辈企业家。这是中国企业家精神第一次借助于言传身教的方式在流传：一个受人敬仰的前辈在向一群无所顾忌的晚辈讲述他们已经不知道的历史。"

家族：在辉煌中黯淡

无锡荣家，在中国近代民族资本家的家族中，可谓首屈一指。荣家的商业骄子们在商场上纵横驰骋，独领风骚，"面粉大王""棉纱大王""中国的洛克菲勒"等各种顶级称号和眩目光环，百年来一直围绕着荣氏家族闪耀，使其享誉海内外。毛泽东曾评价说："中国在世界上真正称得上财团的，就只有他们一家。"

　　挣钱不是本事，持续挣钱才是本事。荣家在商业上的成功，光耀百年，令人羡慕仰视；荣家在政治上所达到的高度，更是笑傲江湖。国家级领导人的身份，所有的商人都梦寐以求却又只能停留在梦幻中，然而荣家却摘到了这顶桂冠、圆了天下企业家的旷世梦想。

　　荣氏家族的祖籍山东汶上，系孔子 72 门徒之一荣子祺之后裔。荣氏的先祖荣清曾为官宦，后却一直以耕读为生，明洪武末年，荣清率子孙举家迁徙到无锡西郊，依山分居，形成上荣、中荣和下荣三个自然村落。下荣，便是今之著名的荣巷。

　　历经数百年风雨，到荣宗敬、荣德生之祖父荣锡畴（1823——1863 年）时，下荣荣家已沦为贫寒之家。时逢太平天国起事，无锡几遭战乱，整个荣巷被战火焚毁，荣锡畴全家大都于兵祸中丧生，几乎是"灭门"，唯有二儿子荣熙泰因在上海铁肆做学徒才幸免于难。十年后，荣熙泰娶当地石巷村石氏为妻，育有两子两女。

　　荣宗敬、荣德生的祖父荣锡畴当家时，经常驾着小船在太湖及与其相连的河道上往来，做点长途贩运的小本生意。赚钱辛苦，所获微薄，留给荣宗敬、荣德生

荣德生办公室

荣德生雕像

的父亲荣熙泰的财产，也不过是几间旧屋和一艘小船，但那些自发的、原始的商业活动，却为荣氏子孙注入了最初的商业细胞，成为流淌于家族血脉中的DNA。

荣家从贫寒的"草根"蝶变为富可敌国的荣氏家族，全靠荣宗敬和荣德生兄弟，他们白手起家，励精图治，在商场上打拼，凭着忠信诚笃、节俭勤勉，和对财富的敏锐嗅觉与执著渴求，以及百折不挠的韧劲和勇气，虽然历经坎坷却能快速崛起，打造了一个跨世纪的商业王朝，书写了无与伦比的财富传奇。他们是荣氏家族的第一代，创业的一代，也是最辉煌的一代。

儒家思想一直在荣氏家族中绵延传承，荣宗敬和荣德生将其视为安身立命的根本，也是其商业成功的秘诀。

无论是做人还是经商，他们都尊崇儒家文化中的"仁义礼智信""己所不欲，勿施于人"的思想内涵。"五四"以前，中国"西风"劲吹，"拿来主义"被顶礼膜拜，孔子和儒家被视为腐朽象征和打倒对象，荣氏能够在逆势中坚守儒家文化中的精粹并用其指导自身的商业活动，实属难能可贵。

王石曾在悼念荣毅仁的文章中写道："荣家遵循的是最简单的商业原则：诚信。这不完全是西方的'舶来品'。"

1932——1933年，席卷全球的经济危机爆发，我国的工商业也受到了前所未有的冲击。加上政局动荡，军阀混战，国民政府的苛捐杂税多如牛毛，百姓购买力严重下降，市场委靡，列强企业又大举进犯，瓜分市场，致使荣氏企业连年亏损，1935 年 4 月，荣氏申新各厂负债总额已超资产总额，资不抵债，荣氏兄弟处境惨淡，精神凄惶，"无日不在愁云惨雾之中"。那么，他们是如何渡过难关的？凭什么转败为胜？荣德生感慨良多地总结说："……后之办事者，必以诚心为心，富贵岂难事哉！"

原来秘密就在"诚心为心"这简洁而深刻的四个字里。对诚信的孜孜以求和永远的坚守，是荣氏兄弟一生商业活动的灵魂。在申新三厂筹办过程中，荣德生对栈房司磅说："到年底结账，如果栈房比账上多了东西，我要停止你的生意。司磅一定要公平，是多少磅多少，不能少磅多进。少磅多进是偷窃行为。你能偷人家的，也就能偷我的。"这样生动的商业案例，成就了一个企业、一个家族，感动了一个时代、影响了几个时代。

荣德生曾手书对联悬挂于家中："意诚言必中，心正思无邪"。梅园的"诵豳堂"现在仍然悬挂着荣德生所写、清代儒将左宗棠所题的对联："发上等愿，结中等缘，享下等福；择高处立，就平处坐，向宽处行"。朴素简洁却博大精深的文字，已化为无数人的知音，在人生的路上不断闪回，受到后世的青睐，李嘉诚案头的"座右铭"就是这段话。其中内蕴的人生哲思，已从商业伦理放大为普世价值。暮鼓晨钟，警示后人。

荣氏家族的第二代传人有荣鸿元、荣鸿三、荣鸿庆、荣尔仁、荣毅仁和荣鸿仁。代表人物是荣毅仁。

荣氏家族的第二代大都接受过良好的教育。荣毅仁 1937 年毕业于上海圣约翰大学历史系，早年随父荣德生学习经营企业，新中国成立后，历任荣氏多家企业董事长或总经理。抗美援朝时他捐献了七架半飞机和大量衣物。1956 年

荣毅仁丧礼

荣毅仁、杨鉴清夫妇与儿子荣智健在寓所庭院里

他把自己的商业帝国无偿交给国家，当时的国务院副总理、上海市的首任市长陈毅助选他为上海市副市长，称其"既爱国，又有本领"，是"红色资本家"。1983年起他担任六、七届全国人大副委员长，1993年至1998年任中华人民共和国副主席。这位中外瞩目、被西方传媒形容为"身材高大、满头银发、气宇轩昂"的大国领导人，把荣氏家族在政治上的辉煌推向了极致。

1986年，邓小平提议，趁荣毅仁70岁生日和金婚之际，由中共中央统战部和中信集团党组邀请，组织荣氏亲属回国观光，来自世界各地的二百多位荣氏家族成员欢聚在人民大会堂，受到了邓小平、彭真等党和国家领导人的亲切接见。邓小平说："荣氏家族对发展我国的民族工业做出了很大贡献，是有功的。""大团圆"后，荣家后人陆续回国投资，续写荣氏家族的辉煌。

荣氏第三代的代表人物是荣毅仁的独生儿子荣智健。荣智健1942年出生于上海，毕业于天津大学电机工程系，1978年南下香港创业，1986年加盟其父荣毅仁创办的中信香港公司。华丽的舞台为其发展提供了非凡的空间。21世纪初叶他曾两次蝉联中国内地首富宝座。他的"滑铁卢"发生在2008年10月21日，他担任董事会主席的中信泰富炒汇巨亏，其身价一天缩水33亿港元，天下哗然。中信泰富的母公司中信集团认为这是荣智健等高层的严重疏忽，2009年4月8日荣智健辞任公司董事及主席。2014年9月11日，香港证监会以中信泰富隐瞒重大亏损真相、给四千五百多名股民造成了19亿元的损失为由，对荣智健及公司五名高管提起法律诉讼。

荣智健人生的黯然谢幕使兴旺显赫了几代的荣氏家族辉煌不再，走进了历史的深处。它那滞缓而趔趄的脚步、衰老而佝偻的背影，使人想起了"富不过三代"的"魔咒"。俗话说，种瓜得瓜、种蒺藜得刺。荣智健与其祖父荣德生等第一代创业者的思维方式和生活习惯大不一样，结局的迥不相同，也就不足为怪了。荣智健不但个性张扬、生活奢靡，而且将荣氏家族的从商家训"固守稳健、谨慎行事、决不投机"抛之脑后，终于将事业带入了恶意炒汇的歧途。成功或失败都不是偶然的，都可在冰冷的商业逻辑里找到答案。

荣氏的第三代属"智"字辈。荣智宽、荣智美、荣智权、荣智慧均为荣智健的堂兄妹，现分别在巴西、德国、美国和中国香港的公司里担任重要职务，从事金融、工矿企业、进出口贸易等活动。

荣氏家族第四代的代表人物是荣智健的堂侄女荣文蔚，荣智健的独生女儿荣明芳则属于第五代。她们大多在香港或海外从事商业活动。她们已逐渐被迷恋成功、喜欢热闹的媒体和公众所淡忘，变成了陌生人。

兄弟：在创业中崛起

荣宗敬（1873——1938 年，原名荣宗锦，晚号锦园），七岁入私塾读书，头脑灵活，生性好动，敢作敢为；弟弟荣德生（1875——1952 年，原名荣宗铨，后自号乐农），小兄两岁，胆小木讷，拘谨内向，三岁才会说话，九岁方入私塾，被街坊戏称为"二木头"。及长，荣宗敬长得浓眉大眼，英气逼人，喜穿洋装，头打发蜡，做事雷厉风行、敢打敢冲；弟弟荣德生则面圆耳长，慈眉善目，终年青衫长褂，头顶瓜皮小帽，做事慎思笃行，安分守己，水到渠成。

这是一对奇特的组合。性格互补，同兴共赢。

十来岁兄弟俩便离开家乡，到上海、广州等地学徒谋生。虽几经周折和挫伤，但从商之志不坠。1896 年，兄弟俩与父亲荣熙泰集资 3000 两银子，在

荣宗敬在无锡锦园

上海赁屋开了一间钱庄，可惜不到半年，父亲病逝。此时兄23岁，弟21岁，承担起钱庄的全部担子。

荣氏兄弟善于抓住商机，利用洋厘行市的涨落，钱庄逐渐获利。他们还将可用之资金用于收蚕，由于经营稳妥，讲究信誉，两年后盈利近万两白银。他们赚到了财富人生的第一桶金。知识不是财富，能力才是。

荣氏兄弟步入商界的时候，官商盛宣怀正在平步青云、呼风唤雨，同样是官商的周学熙正在开平矿务局担任总办，而年近花甲的民营企业家张謇则正在愁云惨雾中应对即将易手的大生纱厂。后来的一代商界大亨们如范旭东、刘鸿生和卢作孚等此时还处于青涩的少年时光。荣氏兄弟在中国近代企业家谱系中处于承上启下的一代，他们学习先贤，开启来者。

与大多数"小富即安"的商人不同，荣氏兄弟赚钱之后不分红利而是用于再投资。这也许是成功的企业家从一开始就具备的自觉的雄心和不竭的热情。

投资需要眼光，眼光需要对形势高屋建瓴的把握和对未来高瞻远瞩的预判。1899年荣德生到广东帮助姑夫管账，粤人的敢于开拓、善于经营使他大受启发；同时他也发现，面粉是百姓生活必须品，大有利润，当时还免税，即使处于战乱，亦应有销路。第二年荣德生回到上海后，便主张创建面粉厂，哥哥热烈地响应了弟弟的这一倡议。

1901年荣氏的保兴面粉厂在无锡开土动工，引起了全城的空前轰动，而来自封建意识和腐朽官府的什么"破坏风水""有伤文风"之类的非难、苛责和破坏也就如影随形、接踵而至。然而，荣氏兄弟信心坚定，排除万难，努力拼搏，保兴面粉厂最终于次年建成。他们买了四台法国石磨、三道麦筛和二道粉筛，全厂雇用工人三十多

无锡保兴面粉厂

福新面粉厂旧址

名, 一昼夜生产面粉 300 包。虽然规模不大, 却是荣氏家族崛起的关键一步, 也是其巨大财富的发祥福地。

由于南方人以食米为主, 更有"机器生产的面粉没有营养, 吃了会不消化"之类的谣言, 面粉的销路并不好。而以食面为主的北方, 兄弟俩从未跨过江, 市场完全没有打开。"保兴"苦撑一年后, 大股东见无利可图撤资走了。荣氏兄弟不改初衷, 而且逆风而行, 四处筹款, 增资发展, 并将扩大后的面粉厂改名为茂新, 荣德生为经理, 荣宗敬担任批发经理。

苍天不负有心人。荣氏兄弟终于请到了销售面粉的能人王禹卿, 专门去开辟北方市场, 效果明显。时逢 1904 年东北爆发日俄战争, 面粉需求猛增, 价格上涨, 生意的彻底转机不期而至。茂新面粉厂终于站稳脚跟, 兄弟俩的商业活动随之进入发展的快车道, 企业蒸蒸日上。

这时候, 荣氏兄弟兵分两路, 荣宗敬在上海, 负责销售和企业扩张, 荣德生则留在无锡, 力主经营管理。

以冒险为乐事的荣宗敬大刀阔斧, 为荣氏的迅速崛起立下了汗马功劳。1912年他在上海新闸桥开出了荣氏的第二家面粉厂, 取名福新。他在股东大会上提出三年不分红利，所有的钱全都拿出来"滚雪球"。他在上海滩放言："只要有人愿意把厂子卖出来，我就敢买！"1913年他兼并了一家面临崩溃的面粉厂，改名为福新四厂。1917年他远赴汉口，创建了福新五厂。荣德生在无锡收买了惠元面粉厂，改为茂新二厂。荣氏兄弟采用新建、租办和收购等手段，从1912年到1917年一口气开了九家工厂，全国的市场占有率为31.4%，成为名副其实的"面粉大王"。荣氏兄弟的声名日隆，轰响于中国商界。

在资本的腾挪运转上，荣氏兄弟总是尽一切办法扩大再生产。他们靠自身的良好信誉，大量抛售远期栈单，调动资金用于开厂和购置设备。在向洋行订购机器时也是充分利用分期付款的时间差，随时、不断地扩大企业的产能。

荣德生在经营上具有特殊的天赋。在新麦收割时荣德生就抢先大量买下，保障生产原料的可靠供给，维持企业长期不间断的生产。他强调改进技术，引进先进设备，1904年在日俄战争时期正是面粉销售的旺季，他果断决策借款购买了六部英国钢磨，投产后日产从300包增至800包。1910年他为茂新装置了性能更加优良的12部美国钢磨，面粉年生产能力高达89万包。荣德生的高明和出众

汉口福新第五面粉厂

上海面粉交易所经纪人公会全体合影

在于，他在引进设备的同时也将先进的技术、人才和管理"打包"引进，效果倍增。改革开放以来，有些企业花费巨资从海外购买设备因不会使用而长年搁置，最后变成一堆废铁。王石赞赏荣德生在这方面的超前，是有现实针对性的。

荣德生出色的管理才干，为企业的健康和快速发展发挥了重要作用。他始终将人视为生产力的第一要素，凡事从"人"出发，贯彻以诚待人、以德服人的思想。在具体实施中，他坚持"恩威并施"，用以充分调动人的积极性。他要求员工必须恪守《工务规则》，如员工必须戒毒、戒赌、戒酗酒、戒斗殴、戒调戏妇女，一旦违规，立即解雇，绝不通融。在推行"威"的同时，他又广施"恩"德。如开办不收费的职工子弟小学、以工人识字为主的晨校和夜校；除花柳病外一律免费医疗；员工每人每月放假三天，假期里免费放电影、演戏；特别超前的是，他还实行了员工带薪休假制度，服务满一年即可带薪休假二周，服务满十年者则带薪休假三周。如此等等行之有效的举措，使荣氏的财富坐拥半个中国。

荣德生始终认为产品质量是企业生存和发展的根本。从原料选购、原麦搭配到每一个生产环节，他都层层把关，还在面粉中使用了漂白剂，保证产品做到质优、色白、味纯、秤足。他学习外国厂商，重视打造品牌，创出了"兵船"商标，在南洋创业会上，成为中国面粉的名牌，在上海面粉交易所被评为"标准粉"，广受欢迎。为了迎合消费者的心理，他采用上等布做面粉口袋，外形包装上也胜人一筹。在销售上，荣氏的面粉袋里随机选放铜元，作为"彩头"来吸引顾客，调动他们的侥幸心理，销路不断扩大。

荣氏兄弟本着"发展实业，应从吃穿两门入手"的思想，继面粉企业旗开得胜，又开始进军纺织业。从 1907 年开始，他们先后创办了振兴纱厂、中新纺织公司等轻工企业，开局良好，很快赢利。

五四运动爆发后，抵制日货的群众运动如火如荼，荣氏兄弟抓住机遇，发表提倡国货宣言，在学生和工人的推动下参加罢市，荣家的企业在运动中顺风顺水。到 1931 年底，荣氏的纺织系统发展到了九家工厂，拥有纱锭 46 万枚，成为中国最大的棉纺织业集团，其品牌产品"人钟牌"棉纱，在上海棉纱交易所被评为"标准纱"。荣氏兄弟继"面粉大王"后又获"棉纱大王"的称号。

"兄弟阋于墙"的悲剧，令人肝肠寸断却又史不绝书、不断上演。荣宗敬和荣德生也有矛盾和分歧，但终生合作默契，成就斐然。除了骨肉血缘的先天关系外，他们在根本问题上或者说在价值观上的相同或相似，铸造了兄弟之间不可撼动的亲密关系。例如，荣宗敬是个人人皆知的激进派，其实，荣德生骨子里也是个"扩张"迷恋者，他曾说过："对外竞争，非扩大不能立足。在别人看来，贪心不足，力小图大，风险堪虞，实皆不明余志也。"他们不同的只是在扩张时间的把握、方式的选择、后续安全的保证等技术细节上，考量不尽一样而已。兄弟俩的生死情谊，在携手创业、共同奋斗的过程中，书写了一个又一个感人至深的传奇。1907 年，荣宗敬在上海做金融投机失手，造成巨额损失，在这关键时刻，身在无锡的荣德生放下一切，带着家中所有证明资产的单据，急如星火地赶赴上海，把哥哥从万丈深渊的边上拉了回来。袍泽之情，为世人传诵。

上海福新面粉二厂车间大楼

1922 年外国资本卷土重来，民族工商业面临巨大的生存压力。为了在竞争中取胜，荣德生在企业管理方面进行了整顿和改革。他在申新三厂聘用专家和技术人员替代原来的工头来管理生产。同时制定了一系列厂规和条例，诸多而严苛的规矩提高了效率、降低了成本，使企业在与外商的竞争中处于优势地位，但加重了工人的劳动强度，因而引起了强烈的反弹。荣德生后来还在申新三厂大力推行"劳工自治"，强制工人在工厂住宿，并在厂内设立"同人储蓄部"，用以提高生产率，加重了对工人自由度和经济利益的双重盘剥。

汉口福新五厂创立的"牡丹牌"面粉商标

马克思曾一针见血地指出："资本来到这个世界，从头到脚，每一个毛孔都滴着血和肮脏的东西。"资本家包括推动了历史进步的资本家在内，他们在疯狂追逐利润的过程中，没有谁的手是干净的。

在 1925 年爆发的五卅运动中，荣氏兄弟对日益高涨的工人运动非常恐惧，上海工人第三次武装起义成功后，荣宗敬要求桂系军阀白崇禧解除工人武装，荣德生则阻挠申新三厂工人迎接北伐军进入上海。荣氏兄弟这些政治上的失误，即使缘于历史的局限，也是不能讳言的。真相比什么都重要。

荣宗敬思想解放，元气充沛，干出了几件令人目瞪口呆、给中国商界长脸的事情。1917 年他出资 40 万元买下了上海一家由日本人经营的纱厂。中国企业有气魄和实力收购不可一世的日企，为时人所津津乐道。1921 年 8 月 4 日他在上海首创期货交易所，与日本人相抗衡，夺回了面粉和纱布期货价格的主导权，为此他被称为"中国期货的祖师爷"。1925 年，他在上海的金融市场上纵横捭阖，净赚了 400 万日元，使几大日本银团损失惨重，舆论称之为"金融抗日"。

然而，荣宗敬晚节不保，在重大历史关头，他为一时一己私利所蔽，犯下了追悔莫及的历史性错误。日军占据上海期间，他为了荣氏企业的自保，一度参加了由日军策划成立的汉奸组织"上海市民协会"，成为他一生难以洗刷的政治污点。1938年1月，为了躲避舆论的炙烤，也为了逃脱日本人的进一步胁迫，荣宗敬逃亡到香港，2月10日因脑溢血症复发而去世，时年65岁。他的去世，引起了社会各界的关注，媒体纷纷发表悼念文章，国民政府也发布了悼念令，褒扬他"兴办实业"的功劳和奉献精神。

从此，荣德生独立带领一个商业帝国，在动荡而复杂的时局中，继续披荆斩棘、艰难前行。

风骨：在逆风中挺立

1937年7月7日，卢沟桥事变，日寇大举进犯中国，荣氏无锡的申新三厂迁厂遇挫，资产被日寇洗劫一空。淞沪战争爆发后，上海火车站附近的新仁堆被日军炮火击中，荣氏所存面粉、小麦全部被焚毁。尔后，茂新一厂被日军焚烧，二厂则被日军强行占用。申新一、五、六、七、八厂均遭日军轰炸，其中的申新八厂的装备最为优良，可与日纱厂抗衡，遭轰炸后，日军趁机将126台英制精纺机砸碎。整个抗日战争中，荣氏企业三分之二被毁，损失惨重。

面对强盗的野蛮行径，荣氏兄弟悲痛万分，但并未被强敌吓倒，他们以饱满的政治热情和对民族危亡的责任感，投身于抗日救国的热潮之中。他们将几万包面

福新面粉三厂办公楼

粉和数千担小麦,
以记账的方式送
给第三集团军作
为军粮。在上海
他们捐出了五万
袋面粉和大量慰
劳品。荣德生在
无锡的抗敌后援
会以"乐农氏"的
名义首先捐出了

上海茂福申新总公司办公大楼

一万包面粉,后又捐出二万包,其中一万包专门用来救济灾民。

除了捐款捐物,荣德生还下令,荣氏旗下的公益铁工厂,暂停生产纺织和面粉机器设备,转而专门制作地雷、手榴弹等兵器,供抗日前线使用。荣德生的抗日爱国行为在工商界和社会引起了强烈的反响,榜样的力量无声胜有声,推动了南方群众的全民抗日热潮。

1935 年 5 月,荣德生由汉口来到上海。他深居简出,不事工作,每天以收购古字画打发时光,等待时局发生变化。然而乌云压城城欲摧,战争仍处于敌强我弱的态势,日本人到处耀武扬威。1941 年,觊觎荣氏纱厂久矣的日商,派出了南京汪伪政权实业部的要员来沪与荣德生交涉,要求将荣氏的申新纺纱一厂和八厂卖给日本纱厂,荣德生义正词严地予以回绝。

日本人仍不死心,汪伪外交部部长褚民谊亲自由宁来沪,邀请荣德生在国际饭店面谈。荣德生干脆拒见褚民谊,仅派其子荣尔仁代往,说明其父的立场没有改变,绝不可能出卖工厂和人格。大汉奸褚民谊厚颜无耻地劝说:"中国的半壁江山都输给了日本人,两个小小的纺纱厂又算什么?"见对方不为所动,又变脸威胁道:"不要敬酒不吃吃罚酒!"荣德生闻听后大义凛然地说道:"我宁可玉碎,不为瓦全!"

荣德生在穷凶极恶的侵略者及其走狗面前的铮铮铁骨,表现了一个中国企业家在国难当头的民族气节,时人和后人皆深以为敬。

1945 年 8 月 15 日,日本无条件投降,71 岁的荣德生迫不及待地与老妻一起走上街头,加入欢乐的人群。荣德生在其自传《乐农氏自定行年纪事续编》中激

上海优秀历史建筑——高安路 18 弄 20 号原荣德生故居

动地写道："人山人海,欣喜若狂"。

　　正当荣德生摩拳擦掌、准备重新大干一场的时候,由于国民政府已腐败到了无可救药,法治混乱,匪盗猖獗,名满海内外的大企业家荣德生竟然成了一场绑架案的受害者。

　　1946 年 4 月 25 日上午 9 时 45 分,荣德生和儿子等三人乘坐小轿车,由上海市高安路 210 弄 20 号的家中驶出,刚刚拐上马路,突然遭到三名持枪男子的拦截。他们出示了"第三方面军司令部"的红色逮捕证,将荣德生强行拽下,塞进了早就停在一旁的"沪警 15044"号黑牌车,绝尘而去。

　　光天化日之下,朗朗乾坤之中,匪徒竟敢"冒充军方",拿中国顶级工商大佬的性命做赌注,实在是太不可思议了!绑架案立刻传遍了上海滩,朝野为之震惊,舆论一片哗然,蒋介石"震怒万分,令速竣办",撤换了上海市市长和警察局局长,加强了侦破的力度。

荣德生被绑架后,音讯杳然,静得诡异。正在荣家每日如坐针毡时,电话终于响了。匪徒开口索要 100 万美金!匪徒极其狡猾,每次电话均不超过三分钟,而且每打一次必定要换一个地方。警方为之大伤脑筋,却又毫无办法。经过拉锯式的讨价还价,终以 50 万美金成交。当时荣家的资金大都用于恢复企业和扩建新厂上,一下子拿出这么一大笔现金确非易事,又担心绑匪撕票,于是四处奔波,紧张筹措,终于凑齐了赎金。

5 月 27 日下午,绑匪居然一个人开着汽车来到指定地点,不慌不忙地取走了两皮箱美金。次日晚 10 时左右,一辆三轮车将荣德生送到了他的女婿唐熊元家。一代商界英豪荣德生被困匪巢 34 天后,终于重见天日。

这桩抗战胜利后全国最大的绑架案逮捕了 15 人,枪毙了 8 人,但案件的真相却玄关重重,疑窦丛生。历史的疑团,有的可能拨云见日,水落石出;有的则可能永远沉没于黑暗之中。荣德生在《乐农氏 1946 行年纪事》中写道:"……余为心存厚道见,不肯发人阴私。鸣呼,天下无公道久矣!"无法言传的悲痛和真实的绝望,弥漫于字里行间。

案件引人深思的是,破案后受害人荣德生的一系列遭遇。

案件告破后,荣家的 50 万美金警方只归还了 13 万,其余则作为破案经费和奖金被扣留了。此

《乐农自订行年纪事》

外，警方还不断地索要"酬谢"，不但要去了归还的 13 万美金，还要求另外加码。据说军统的王新衡一人便拿走了 15 万美金，外加一栋小洋楼。荣德生的儿子荣尔仁气愤地说："绑匪只要 50 万美金，现在'破案'了，却用去了 60 万还不够用！真不如不破案的好。"

事情还远未结束。荣德生在绑架案中露了家底，引起各方的妒嫉和红眼，特别是各地官员依靠手中的权力，纷纷趁火打劫，要荣德生把领回的"巨款"捐献出来或对什么什么给了"救济"或"资助"。无锡县长、江苏省国民党党部等"乡梓"不肯放过他；上海也有过之而无不及，要求荣德生捐款的机关团体竟高达五十多家！不少个人也一再纠缠，荣德生家无宁日，不堪其烦。

荣氏绑架案折射了权力的无耻、国民的劣根性和人性的贪婪，更重要的是，它折射了中国民族资产阶级从它的童年时期开始，就一直在权力和习惯势力等错综复杂的夹缝中挣扎，常常遭遇各种难以逆料和难以想象的勒索和迫害，生长艰辛。企业家推动时代的进步，给社会创造财富，为百姓带来福祉，他们贡献很大，要求的回报却很简单：励行法治的社会和公平竞争的环境。

荣宗敬全家福照片

荣德生开设的申新纺织公司

绑架案不到三年，荣家又遭遇了一起大案——"荣鸿元私套外汇案"。荣鸿元是荣宗敬的长子，1948 年因对蒋氏的经济政策不满，未能按他们的要求交出外汇，被判处有期徒刑六个月，交了 100 万美金才保释出狱。荣鸿元自此情绪低落，不久便将资金转往香港，后来在巴西从商，成为当地华商领袖。荣德生在《乐农氏1948 行年纪事》中，将深入骨髓的痛，化成简洁的文字："侄之不慎，法之不法，可悲亦复可恨！天下之乱，从此始矣！"

新中国成立前夕，中国民族工商界的人士，又一次站在了时代的十字路口上，为道路的选择而深陷焦虑。最后，上海和江浙一带的"十大资本家"中有九家选择了离开，或者远赴欧美，或者随蒋氏浮槎海岛。

荣德生不为潮流所裹挟，他和四子荣毅仁、七子荣鸿仁一起留在了一个新生然而也是陌生的体制中。生性淡泊的荣德生早年就自号"乐农"，他热爱家乡，尤爱无锡乡间田园瓦舍的生活，对所有的喧嚣和繁华都不感兴趣，面对劝说他尽早离开的亲朋们明确表态："我非但决不离沪，且决不离乡，希望大家也勿离国他往。"申新纺织三厂的经理、荣德生的五女婿唐熊元私自拆下机器，准备运往台湾。荣德生发现后赶忙制止，并下令发往台、港的物资一律运回上海，他对众人说："生平并未为非做恶,焉用匆匆逃离?"

梅花:在冰雪中怒放

荣德生晚年曾回忆说,父亲常常教诲荣氏兄弟:"一家有余顾一族,一族有余顾一村"。朴素的话语,蕴含着人要有担当和社会责任的思想内涵。两兄弟将父亲的瞩托贯彻到了人生的始终。

荣德生坚持实业救国和教育救国,他说:"不忍坐视国家经济沦溺绝境,应尽吾一分忠诚之心,做一分忠诚之事业。"关于实业扩张,在他的一次生日庆典时吐露了心声:"……一人进厂,则全家无可冻馁。一地有厂,则各业皆能兴旺。他日时若健,此志不改。"大情怀,大悲悯,大格局。

荣德生贵为中国首富,但从不自我骄矜,反而极其低调,一次荣氏家族举办祠堂会,族长请他坐首位,他坚辞说:"钱不等于地位,我应当坐哪个位置就坐哪个。

1912 年 3 月,袁世凯就任临时大总统后与外国公使合影

你虽然没有我有钱，但'人穷不让辈'，我没资格坐这个位置。"谦虚的精神、从容的气度，总是朴素而日常的。

1912 年清廷灭亡，民国肇始，百废待兴。临时大总统袁世凯商议新政，邀工商界代表进京共襄国是。荣德生受邀欣然前往，对兴办实业和棉铁政策十分关注，会后回到无锡，心胸开朗，写了一本《无锡的将来》的册页。这是近代中国最早的城市规划意见书。

梅园刻石旧影

荣德生对"无锡的未来"提出了七点规划,其中有拆掉城墙在其遗址上修建宽阔的马路,用以改变旧城交通不畅之虞;建一座大型电厂,不但可使全市市民进入电气时代,亦可使企业免去各自发电的劳烦,从而降低成本,助推实业;在龙山一带修建居民住宅区、在太湖之滨修建别墅群,商场、公园和高塔要布局其间,美化市容,如此等等。

文人和商人的不同在于,文人的想法大都挂在嘴上、停于纸上,而商人的规划则要落实在行动上。就在这一年里,荣德生与其兄荣宗敬在无锡市西郊建了一座园林,背靠龙山,面临太湖,占地八十多亩,植梅数千株,历经修葺,现已成为久享盛誉的江南第一赏梅胜地。园内建有洗心泉、念劬塔、开元寺、诵幽堂、小金谷等数十个景点。园区立有大石,上刻"梅园"二字,为荣德生 1916 年亲笔题写,石旁的紫藤亦为他亲手所植,已有百年历史。这就是"企业家送给一个城市和市民的礼物",虽经风风雨雨、岁月沧桑,梅园依然紫气东来、青春焕发。

1925 年和 20 年后的 1946 年,已经成为商界巨擘的荣德生两次规划自己的

1956年，毛泽东在荣毅仁陪同下参观上海申新纺织厂

家乡。他提出了以无锡为中心的太湖实业港规划，即利用太湖水利交通的优势，将无锡、常州和苏州等城市联在一起，依托上海的港口和市场，大力发展纺织等轻工业，形成人口达数百万的城市群、建设一个以轻纺工业为主体的城市带。这一宏伟的规划当时未能得到实施，却在改革开放后的今天成了现实版的"苏锡常"。荣德生的远见和胸襟，令王石感到惭愧，"出汗"。中国企业家精神的薪火相传，正是王石等有识之士的深情呼唤。

抗日战争中，荣德生的部分企业曾转到西南，他借此机会考察了西南和西北各地，建议政府对西部进行大规模的开发。在甘肃和青海大力发展矿产业和畜牧业、种植业，为东南沿海的工业提供原材料，同时修建东西铁路大动脉，连接并打造产业链，这就是著名的"大农计划"。西部大开发，荣德生再一次地走在了时代的前列。

无锡是荣德生的家，无锡也许也不是他的家，他的家在更为辽阔的地方。

优秀的企业家一定同时也是心忧天下的慈善家。荣德生热心公益，造福乡梓，捐款资助疏浚梁溪河，兴建太湖水利工程，修建公路四十多公里。他更热衷的是造桥,他曾告诉家人:"在江南水乡,修桥比铺路更重要,没有桥,村民出门是寸步难行。"

在无锡老人口中,流传着荣德生造桥88座的口碑。2001 年,有关部门依据《无锡市志》等相关史料和民间调查,发现荣氏家族有登记的在无锡和常州等地的造桥是 102 座,仍在使用的有四十多座。荣德生于民国十七年(1928 年)曾发起、组织了一个"锡常千桥会",集资建桥,造福当时,泽被后世。

1934 年适逢荣德生 60 大寿,他捐出了亲友馈赠的寿礼六万余元,加上另外筹集的资金,历时 173 天,修建了一座纪念桥,他亲笔手书"宝界桥,甲午仲秋,乐农"九个大字,镌刻于桥梁东西两侧。星斗其文,赤子之心。1994 年,该桥已使用了 60 年,虽然仍坚固如初,但已不能满足现实之交通需要。已成香港达人的荣德生之孙、荣毅仁之子荣智健捐了 3000 万港币,在老桥之旁续建了一座新宝界桥,成为传诵至今的无锡佳话。

荣氏家族热心教育更是举国闻名,传诵至今。

早在1904年,荣氏兄弟的事业刚刚起步时,就已经办起了家族私塾。1906年,

无锡宝界桥

荣家将私塾扩建成公益小学,建设了新校舍,除荣家外其他孩子也可上学读书。

1915年,荣氏共建公益小学四所,竞业女子小学三所。

1919年,荣氏资助建立公益中学,实为职业技能学校,分为工业和商业两个专业,前后办学十余年,培养了大批技术人才,我国著名经济学家孙冶方、著名物理学家钱伟长均在此校读书。

1947年,荣氏出资在无锡兴办了江南大学。该校现为教育部直属的"211"和"985"名校,被誉为"轻工高等教育明珠"。江南大学是荣德生财富人生道路上的一座丰碑。

荣德生不但喜欢读书、喜欢教育,而且喜欢搜罗善本珍藏。1916年他在无锡设立大公图书馆,所藏逐年丰富,虽经战火部分损毁,但图书数量和珍本善本仍为江南藏书之翘楚。1952年前,他郑重委托其子荣毅仁,将全部藏书53263册捐献给国家。据统计,目前无锡图书馆现藏古籍约30万册,其中40%为荣德生所赠;2008年3月,国务院公布的第一批《国家珍贵古籍名录》中,无锡图书馆藏善本入选48部,其中45部为荣德生所赠。

新中国成立后,荣德生担任中国人民政治协商会议第一届全国委员会委员、华东军政委员和苏南行政公署副主任等职。1952年7月,荣德生因病在无锡逝世,享年77岁。

如今,斯人已去,梅园尚在。梅花年年凌霜冒雪傲然怒放,然而世间已无"一生低首拜梅花"的荣德生。

荣德生墓

笔者30年前造访无锡时曾到过梅园,不过,往事如烟,印象早已模糊了。最近浏览中国近代商业史,只为与遗忘相抵抗,我们忘记了多少不该忘记的人和事啊!记住梅园,就是记住荣德生,就是记住一个人经过奋斗所能达到的高度与境界;就是记住中国近代商业的光荣、失败与传奇。

记住荣德生,像王石那样记住荣德生吧。

陈嘉庚像

"华侨旗帜,民族光辉"

—— 说不尽的陈嘉庚

2015年9月2日,在中国人民庆祝抗日战争胜利暨世界反法西斯胜利70周年之际,在北京人民大会堂,为了表彰陈嘉庚的历史功勋,习近平主席将一枚抗战胜利70周年纪念章授予陈嘉庚的长孙陈立人先生,情深意切地说:中国有今天,这位华侨付出了很多。这是习主席第二次为陈嘉庚"点赞"。2014年在庆祝陈嘉庚诞辰140周年时,习主席就曾写信给集美校友总会,称赞陈嘉庚是侨界的一代领袖和楷模。

1945年抗战胜利时,历经风险的陈嘉庚从避祸的印尼爪哇岛返回新加坡,海内外华夏子孙奔走相告、额手称庆,不但在新加坡隆重庆祝;消息传到国内,竟成

毛泽东、朱德等与陈嘉庚（前排右二）合影

一重大喜庆新闻，当年 11 月 18 日，重庆也举行了"陈嘉庚安全庆祝大会"，郭沫若、邵力子、黄炎培、陶行知等社会名流与会，远在延安的毛泽东派人送来亲笔题写八个大字的条幅。

因为战乱，这幅墨宝没有保存下来。1984 年春，邓小平视察厦门特区，在时任福建省委书记项南的陪同下，参观了集美陈嘉庚纪念馆，回京后挥毫题写了毛泽东 39 年前对陈嘉庚的高度评价："华侨旗帜，民族光辉"。

陈嘉庚一生经历了晚清、民国和新中国三个历史时期，此间发生了两次全球性经济危机和两次世界大战，先后与孙中山、蒋介石、毛泽东建立过良好的个人关系，但他始终葆有独立之人格。他的商业帝国早在 20 世纪 20 年代即已轰然坍塌，从此他连资本家都算不上了。然而，他的社会地位和个人声誉却在商业上的失败后不断上升并且达到顶点，成为华人世界公认的华侨领袖，受到海内外广大人民的无比崇敬，创造了一个伟大的奇迹。

抽象的罗列背后，蕴藏着多少惊心动魄、意味无穷的故事和传说？

陈嘉庚，说不尽的陈嘉庚。

替父还债，勇气与诚信结硕果

1874年10月21日，陈嘉庚出生于福建省同安县仁德里集美村（今厦门市集美区）。这一年，是大清同治三年。陈嘉庚未满百天，同治帝驾崩，年仅四岁的光绪登极为帝，大权落入慈禧太后之手，大清王朝从此步入了风雨飘摇的动荡岁月。

同安当时是泉州府所辖七县之一，因战乱不断，很多人远走南洋讨生活，这里便成了著名的侨乡。陈嘉庚的父亲陈杞柏，青年时即随兄长到新加坡谋生，其所经营的顺安米号获利颇丰，同时与人合作开设菠萝罐头厂，亦有斩获。陈杞柏在集美乡间娶妻孙氏，生下了陈嘉庚和陈敬贤兄弟；在南洋先后又娶过两房太太，很少回到故乡。陈嘉庚由母亲在集美乡下独自养大。

波涛汹涌的大海造就了闽南一带老百姓刚烈不羁的性格。1864年清军攻打同安，受到了郑成功麾下军民的拼死抵抗，激战了七天七夜，兵败惨遭屠城，血流成河。集美至今仍留有"国姓寨""国姓井"等遗址。英雄的血脉灌注在小嘉庚的血管里，英雄的故事在小嘉庚的心里打下了深刻的烙印。向往英雄、报效国家的思想与陈嘉庚的生命一同成长壮大，而清政府的腐败无能，更使他渴望早日成为有用之才，救国图强。

1880年夏天，陈嘉庚就读的私塾塾师病逝，辍学在家时接到父亲的来信，要他来新加坡见见世面。于是16岁的陈嘉庚离开慈母和家乡，孤身飘洋过海来到南洋，在父亲的米店里当学徒。他一口闽南话，根本不会说英语，然而他克服了种种困难，刻苦学习，不为都

陈嘉庚像

市的繁华所诱惑，老老实实地在店里干活，很快便适应了环境，熟悉了业务，帮助父亲打理店务，成为父亲的得力助手。

陈杞柏虽然是个干练的商人，但在个人情感上更加宠爱庶子，和长子陈嘉庚没有什么感情。陈嘉庚毫无怨言，反而更加谨言慎行，老成持重，一心扑在生意上。出色的商业才干逐渐显露，米店的生意随之节节攀升，业务规模亦得扩大。但父亲因年迈还是将公司的权力交给了庶子，他只以职业经理人自奉，隐忍以处，洁身自好，勤勉工作。

1900年冬，陈嘉庚从南洋回家安葬母亲。临行前，他将自己经管的账目全部移交，由于经营得法，米店当时拥有35万元资产。母亲孙氏生前乐善好施，笃信佛教，除自己的两个孩子，还先后收养了六个无家可归的孤儿。她曾拿出自己的全部积蓄400银元，平息了一场因建屋而引起的族间械斗。陈嘉庚自小与母亲相依为命，感情深厚，决定在集美为母亲守孝三年。

厦门是鸦片战争后被列为五口通商之一的港口城市，口岸的开放，引来无数的投资商，几年功夫已经呈现出一派繁荣景象。陈嘉庚看到了其中的商机，征得父亲的同意后，以4500元的有限资金，购买了海口所填地块，建造了57座店屋。此间他不但殚精竭虑为建屋而夜以继日地忙碌，还与一日本支持的台商打了一年多的官司，成功地维护了自己的合法权益。店屋造好后，为了表示对父亲的尊重和家庭的和睦，将店屋的产权登记在父亲在南洋续娶的妻子苏氏所带来的庶子名下。

陈嘉庚从集美回到阔别三年的星岛后，他万万没有料到，顺安号米店门庭冷落，一片萧条。原来苏氏依仗得宠，趁陈嘉庚不在

陈嘉庚之父陈杞柏

之机任性胡为，赌博成性，随意借支，侵吞营业款、挪用周转资金达10万元之巨；其子更是孟浪而为，花天酒地，尽情挥霍。为了维持米店的生存，他们到处举债，还向印度商人借了不少高利贷，每天都有债主堵门讨债，顺安号焦头烂额，无力招架，陷于穷途末路。陈嘉庚连夜翻看账本，终于惊讶地发现，将顺安号米店的欠款与可变卖的动产、不动产相抵后，负债已高达25万元之多，处于崩溃的边缘。

按照新加坡的法律，儿子不必偿还父亲的债务；况且陈嘉庚完全可以一走了之，与这个烂摊子永远告别。然而，看到年已垂

菠萝种植园

暮的父亲坐拥愁城、唉声叹气且又拿不出任何办法的凄凉窘境，陈嘉庚忧心如捣。他深受儒家文化的熏陶，深知"父债子还"是一种传统、德性、担当，更是一种必须坚守的信念。当然，这样做需要"明知山有虎，偏向虎山行"的勇气。青年陈嘉庚的职场历练时间并不算长，但他已经具有了永不服输的企业家精神，不忍心看着父亲几十年经商的心血毁于一旦，于是宣布"立志不计久暂，力能做到者，决代还清以免遗憾也"。他勇敢而坚定地挑起了这副沉重的担子，不管困难多大、时间多长，一定要还清全部债务，帮助父亲和这个支离破碎的家庭走出绝境。

独自创业的路程荆棘丛生、泥泞坎坷。陈嘉庚身无分文，白手起家，必须选择一个投资少、周转周期短、前景可期的经济实体。经过周密的考察和仔细的权衡，因菠萝罐头在欧美畅销，产业的要求也符合自己的实际，于是决定创建一座菠萝罐头厂。

1904年，陈嘉庚利用千辛万苦筹集到的7000元，在距新加坡城区10英里的三巴旺买了一块荒地，建造了一所简易的菠萝罐头厂。一切因陋就简，机器设备

也都是别人用过的二手货，制作菠萝罐头的原材料如白铁、白糖等则尽量向商家赊取。四月新鲜的菠萝一上市，他的工厂便适时开工了。他希望自己的企业能够焕然一新、充满活力，工厂取名为"新利川"。为了在竞争中拔得头筹，产品的商标定名为"苏丹"，意思是菠萝罐头中的王者。

菠萝罐头

　　陈嘉庚善于经营，长于创新而又稳扎稳打，"新利川"开局良好，运作顺畅。在经营中他主要采取了三个行之有效的措施：其一，由于菠萝罐头厂门槛低、效益好，因而在新加坡就有二十多家厂商，竞争十分激烈。产品主要用于出口，不但要求质量上乘，而且要求包装美观，多数厂家觉得繁琐复杂，费时费力太麻烦，因而懒于改进。陈嘉庚则乘虚而上，登门拜访那些经营菠萝罐头的洋行，征求意见并按客户要求完美地落实，洋行为他的虚心和真诚所感动，订单大增，特别是那些对包装、形状等有特殊要求的订单，几乎全部收入他的囊中，销路大开。其二，他对工厂的管理要求严格、严密，一刻也不放松，每天都要深入车间，仔细察看每一个生产环节，紧盯质量，确保客户满意。他发现整个行业多不注意成本核算，他规定当日购进的菠萝当日必须完成加工，尽量减少剖工的损耗。其三，面对自己资金紧张的现状，他想办法快速周转，高效运营。白铁、白糖等生产原料从进货到付款一般可有四五十天的期限，而产品一旦交到洋行手中便可拿到货款。同行大都采用季度结算制，即一个季度才与洋行结算一次。他抓住这一时间差，进货时总是在允许的期限内尽量后延付款，而出货则每天都与洋行以现金结算。这样，他的现金链运转就十分流畅。"新利川"迅速地在二十多家菠萝罐头厂中脱颖而出，获利颇丰。

灵敏的商业嗅觉使陈嘉庚认识到，菠萝罐头将在欧美持续畅销，而主要原料菠萝的供应则将日益趋紧，价格也将随之上涨，于是他果断出手，在"新利川"附近买了一块三千多亩的空地，用来种植菠萝，取名为"福山园"。这块每亩才一元钱的土地，日后为他带来了巨大的商业利润。

从绝境中拼杀出来的陈嘉庚没有停下前进的步伐，他兼营了父亲与人合伙的月新菠萝罐头厂之后，又在父亲顺安号的附近创办了谦益米店，经营来自暹罗（泰国）、安南（越南）等地的大米粮食，也兼作罐头厂的营业机关。他的事业风生水起，红红火火。

1907年，陈嘉庚连本带利地还清了父亲所有的债务，不但在新加坡和南洋各地产生了良好的口碑和影响，而且为他的实业带来了品牌价值。当时也曾有人说他"傻"，但他说："中国人取信于世界，决不能把脸丢在外国人面前！我们中国人一向言必信，行必果。"此后，人们十分相信他的商业道德和信誉，都愿意与他做生意。"一诺千金"的诚信商誉为他日后的商业之路奠定了坚实的基础。

陈嘉庚创业的成功，首先是因为，他在困难和挑战面前那种敢打敢冲的勇气。遇事前怕狼后怕虎、萎靡不前，不要说时时都要经受风险考验的创业，即便是正常的企业经营也将一事无成。重要的是，陈嘉庚的勇气来源于中华传统文化中的自我牺牲和勇于担当的精神，以及商业竞争中的历练和自信。

其次，陈嘉庚替父还债而创业成功，彰显了他从初涉商界便坚守了一生的从商原则：诚信。按他的解释，"诚"的核心内容是热爱祖国、服务社会。他多年身居异国他乡，饱尝了西方列强对华人的歧视和排斥，他渴望祖国尽快强大起来，立志"实业救国"、民族振兴。在这种价值观的支配下，他一生都在为祖国的救亡运动和进步事业而不遗余力，贡献

菠萝采收

新加坡华裔富商李光前

至伟。作为一个优秀的企业家，他还把自己对国家和社会的"诚"与职工对企业的"诚"联系起来，从而增强企业的向心力和凝聚力。

"信"是陈嘉庚经营企业的道德观。他所说的"信"，是指商业运作中的信用、信任和信誉。"替父还债"不但是他一生的亮点，也是中国商业史上的经典案例，彰显了中华民族重信守诺的传统美德。在企业经营的过程中，"信"体现在对客户的尊重，不但要把有质量保证的产品销售给客户，而且要文明礼貌地服务于客户，与客户相互尊重和信任，取信于客户。在企业内部，则要不折不扣地履行企业对员工的责任和义务，说到做到；对企业管理层和骨干更要信用有加，善于用人，以长取人，不求完人，他所培养和重任的李光前、陈公使、刘永水等人后来都成了海外著名的企业家、南洋社会的商界领袖。

陈嘉庚没有沉醉在初战告捷的喜悦中，远大的目光和开阔的胸怀，使他认识到仅有菠萝罐头厂和米业经营是远远不够的。在日新月异的新技术和现代技术迅猛发展的时代，他要寻找新的商机，追求宏伟的前景，创造伟大的奇迹。

橡胶大王，果断和坚毅成大业

19世纪中后期，英国人威克姆冒着生命危险从巴西的亚马逊热带丛林中采集了野生的橡胶种子，开启了人工种植橡胶林的先河。马来半岛和南洋一带的气候和土壤与巴西接近，橡胶种植很快传到这里，1897年新加坡华人黄德勒发明了连续割胶法，人类开始将橡胶制品大面积地应用于工业生产和日常生活。

陈嘉庚从报刊上知道了橡胶，他的好友林文庆博士详细地向他介绍了橡胶工业的发展前景，他敏锐的意识到一个新商机的帷幕已经拉开，他看到了辽阔无边的商业蓝海。一个偶然的机会，他了解到一个橡胶商人正在高价出卖自己的橡胶园，他毫不犹豫地买进了18万颗橡胶种子，种植在福山园的菠萝地里。其后他卖掉福山园，将获得的25万元买了两块更大的山地，先种上菠萝后又套种上橡胶树，在等待橡胶树长大的过程中，可以收获菠萝，为自己的菠萝罐头厂源源不断地提供原料。

1907至1908年全球性的经济危机虽然重创了欧美的经济，但对陈嘉庚的实业影响不大，至1913年，他的菠萝罐头的产量已经占据了新加坡半数以上的市场份额，一跃而居首位，成为业内真正的"苏丹"。此时他已拥有两个橡胶园、四个菠萝罐头厂、一家米厂和一处米店，固定资产高达四五十万元，为商界所瞩目。

然而天有不测风云，正当陈嘉庚大展宏图之际，1914年第一次世界大战爆发了。德国的军舰在公海上攻击商船，原已紧张的东南亚通往欧美的商船几乎全部停顿，陈嘉庚积存的几万箱菠萝罐头和一万多包熟米无法运出，造成大量积压，导致资金流转困难，企业陷入了空前的窘境，他在后来

陈嘉庚好友林文庆博士

写的回忆录中说:"银根困苦不可言喻。市账虽可停还,任其催逼,而各厂费及工人生活,则不能置之度外,艰难维持,度日如年。"

1914年冬,欧洲战事稍缓,海上通路渐开,陈嘉庚屯积的货物得以售出。因交战的列强各国征用了大部分民用的远洋货船,海上运力吃紧,陈嘉庚认识到应该抓住这个难得的机会,于是决定经营航运业,实现自己早就蕴藏在心中的航海梦。

整个"一战"期间,除开始遭受冲击外,由于陈嘉庚审时度势、及时调整经营策略,他不仅安然无恙,还靠贩米、航运和出售菠萝罐头厂积存的铁皮和其他经营获取了丰厚的利润,扣除各种费用后实得430万元,从而跻身于新加坡富豪之列,成为名播遐迩的企业家。

拥有了一笔可观的资金和仍在攀升的名望之后,陈嘉庚将有什么新的商业擘画?

1916年,远见卓识的商业头脑使陈嘉嘉庚有了划时代的举措。"一战"的硝

陈嘉庚回忆录——《南侨回忆录》

橡胶园

烟弥漫在欧洲，列强们忙于互相厮杀，美国却乘机高速崛起，经济迅猛腾飞，方兴未艾的汽车业以惊人的力量刺激了橡胶制品的大量需求，带动了马来亚橡胶业的强劲发展，一举成为世界性的"橡胶王国"。陈嘉庚果断地缩小了经营多年的菠萝罐头的生产规模，大面积地扩大橡胶的种植，而此前的橡胶种植也终于等到了回报，他被公认为"马来亚橡胶王国四大功臣"之一而载入史册。

1922年至1923年间，全球再次爆发经济危机，诸业萧条，橡胶价格亦应声而降并持续低迷，一些实力不强的橡胶种植园和橡胶制品厂纷纷停产、倒闭、出售产业。陈嘉庚断定橡胶业是新世纪的朝阳产业，要想赚钱必须坚信自己对未来的预期并拥有足够的耐心。经过仔细考察，他逆势而为，再次果断出手，一口气买下了九家橡胶厂。这些工厂分布在新加坡、马来亚各地，他大胆投资为其扩建厂房、添置设备。他还在马来亚和印尼开设分店、分行或办事机构，扩大产品销路和原料来源，减少中间环节对利润的消耗。在全球经济的愁云惨雾中，他虎气十足，身体里仿佛装了一个马达，在橡胶业这片新兴的原野上奋勇疾行。

陈嘉庚的橡胶业是由小到大、由低级向高级循序渐进发展的，颇有层次感。

他从种植橡胶树苗开始扩展到购买橡胶园，1918年创建谦益橡胶厂，专制胶片，实现了从单一的农业垦殖到工业制造的第一次飞跃。接着，他与美国橡胶协会搭上关系，在美国进行广告等宣传，将谦益的产品直接销往美国，集农、工、贸全产业链经营于一身，开启了在英国统治新加坡百年来华侨不通过洋行与外国厂商直接贸易的先河，从而实现了他的第二次飞跃。1919年后，随着橡胶制品的广泛应用，英国的投资者来到了东南亚抢占市场，马来亚和新加坡的华侨和当地的商人也陆续兴办橡胶厂，竞争变得激烈起来，企业如不及时升级将失去原有优势，于是他扩充了谦益厂的规模，除生产胶鞋、橡胶玩具、胶管和自行车、马车的轮胎外，又开始生产汽车轮胎，由于技术不过关，产品粗糙、质量低劣，无法打开市场特别是美国市场。但他并不灰心气馁，而是反复研究改进，1929年他的儿子陈厥祥学成回到公司，终于生产出包括汽车轮胎在内的各种坚固耐用的轮胎，声名大振，利润丰厚，实现了第三次飞跃。

1925年，随着全球经济的复苏，特别是美国汽车业的崛起，橡胶价格一路攀升，从年初的每担三十多元，涨到年底的200元，陈嘉庚的橡胶事业步入了发展

二十世纪美国汽车业崛起

的鼎盛时期，他的 10 家橡胶厂风风火火，蒸蒸日上，成为东南亚地区最具实力的综合性橡胶制造工厂，巅峰时开办的工厂多达三十余家，拥有商店一百多家，橡胶园（包括菠萝园）一千五百多亩，雇用员工 3.2 万人，公司总资本 1500 万元，"橡胶大王"的桂冠实至而名归地收入他的囊中。

英国殖民大臣访问马来亚时参观了陈嘉庚的公司，在随后写给英国政府的报告中，对他的企业给予了高度评价："陈嘉庚先生在新加坡的工厂，是亚洲最令人瞩目的大企业之一。这位雄心万丈的企业家的工厂规模庞大，产品多元化，而这些全都是凭他的个人努力创造出来，并赋予中国式之管理模式……"

新加坡鱼尾狮雕塑

陈嘉庚首创橡胶制品的大规模生产，促进了华人世界的民族工业发展；他不但创造了惊人的财富，还培养了为数众多的企业家、企业精英和技术人才。他的成功首先得益于在企业竞争中的果断——决策及时，行动迅速，掌握充分的主动权。无论是创业时兴办菠萝罐头厂、"一战"时实现航海梦想，还是成就其一生大业的橡胶经营，他总是在审时度势后果断而为，绝不瞻前顾后，拖泥带水。他说："动作迟缓，事事输人，商战中必为败兵。"

企业竞争风云变幻，不可能一帆风顺，挫折和失败与胜利和成功总是相生相随，纠集缠绕。陈嘉庚的商业征程历尽坎坷风险，他却始终刚毅不屈、百折不挠。他说："人能经得起挫折，受得起打击，吃得起苦头，才是好汉。"他认为"世人无难事，唯有毅与责任"。这就是他所倡导的企业经营过程中必需具备的"毅"的精神。无论是替父还债、艰苦创业时的白手起家，还是"一战"爆发时因航线中断无法运出

1929 年美国纽约股市暴跌,人们聚集在街头阅读股市缩水 11% 的新闻

产品而"度日如年"时,他都能以顽强的毅力和超人的胆魄战胜了困难而成为强者。

果断与坚毅,是陈嘉庚在商场博弈过程中的宝贵品格和制胜利器。

1929 年 10 月,纽约股票惨跌,美国经济陷入空前的混乱,并很快波及世界各地,资本主义世界的经济危机犹如山洪爆发,仅有四年好光景的陈氏"橡胶王国"如一叶扁舟随之倾覆。美国是新加坡和马来亚橡胶的主要买家,需求的萎缩导致市场的崩塌,影响所及,不要说轮胎等大宗物品价格猛跌而且严重滞销,就连陈嘉庚橡胶制品厂的民用胶鞋,过去每双二元钱还是抢手货,这时只卖二角钱还鲜有问津者。公司的原料和产品大量积压,营业一蹶不振,损失惨重。

恐慌蔓延,人心惶惶,陈氏集团遍设各地的分厂、分行和分店不时发生经理卷款潜逃事件。雪上加霜的是,1930 年 4 月 29 日凌晨 2 时许,位于新加坡三巴哇街 37 号的陈氏橡胶制造厂发生火灾,轮胎部、玩具部、粘胶部、杂料部、鞋面部等顿时化作焦土,损失约 40 万元。由于资本主义经济危机越演越烈,致使所有不动产急剧贬值,胶园停割,工人失业,百业萧条,工厂产品堆积如山,跌价不下百万余元。1931 年 8 月 6 日，陈嘉庚欠银行债款接近 400 万元，在以汇丰银行为首的八家债权银行压力下，陈氏集团的工厂不得不关停并转，分敲零卖。陈嘉庚心如刀绞、痛苦万分，却难觅良方，无可奈何。1934 年 2 月 19 日，因公司亏失净尽，清还已不可能，陈嘉庚宣布结束营业，解体收盘。

导致陈氏集团倒闭的原因虽然很多，但最直接的原因是向银行贷款太多，陈氏集团收盘时债务高达 1290 万元。水能载舟，亦能覆舟。遭受债权银行的步步紧逼，终于酿成严重后果，陈氏集团被资本的洪水淹没了。陈嘉庚经营败局的间接原因、也是最根本的原因有两条：其一是他刻意扩张的激进战略，当时的舆论对他就有"孟浪"之讥。其二，他虽然学习和吸收西方的经营管理方法，但仍然是一个典型的华人家族企业，他一人大权独揽，其弟陈敬贤虽是他的得力助手，但还是事事需要向他请示。所有权和经营权不分，家族成员在企业内部滥用权力，拉帮结伙，争权夺利，企业各职能部门失去控制，终于使辛辛苦苦打下来的江山土崩瓦解。

1929 年从纽约开始，全国各地银行出现恐慌。图为排队的人在等待提取到他们的存款

倾资兴学，大爱与大德的光辉

陈嘉庚认为，"金钱如肥料，播撒才有用"。正因为此，他对公益事业始终充满了热情，尤重教育。他毕生所赚的钱全部贡献给了教育，独步中外商业史。他之所以被视为中国企业家的楷模和海外华人的偶像，就是因为六十年来他从未间断过助学的热情。他的企业在殖民主义者的打压和经济危机中不得不以失败而告终，而他创立的学校却屹立不倒，薪火相传，弦歌不断。

早在1893年陈嘉庚回乡新婚燕尔，看到自己的胞弟无所事事，整天赤裸着身体到处疯跑玩耍，于是压抑不住因恨铁不成钢而油然升腾的气愤，把弟弟绑在树上一顿痛打。之后他痛定思痛，首次发愿"立志一生所获财利，概办教育，为社会服务"。他拿出自己的全部积蓄2000大洋，复办了已停学两年多的私塾，并将其易名为"惕斋"，语出《易经》，含有警惕、谨慎、激励之意。

陈嘉庚在海外打拼多年，获得商业成功的同时，也努力地学习和吸收先进的西方文明，深知兴办教育是民族振兴的根本之路，"国家之富强，全在乎国民。国

陈嘉庚先生创办的第一所学校——集美小学

民之发展，全在乎教育。教育是立国之本。"从这时开始至他去世为止，念兹在兹的是兴国才能兴家，兴学即是兴国。

陈嘉庚的家乡集美村和同安县偏僻落后，民风剽悍，好勇斗狠，无人对教育感兴趣，县立小学办学十年居然没有一届毕业生，其腐败和无能令人震惊。这样，兴办教育、开启民智，陈嘉庚便首先从家乡开始。

1912 年陈嘉庚说服家乡的几位族长，关闭私塾，开始为集美学村垒砖起瓦，创办了集美初、高两级小学。1913 年正式开学授课，所有适龄儿童均可入学并免收学

陈嘉庚胞弟陈敬贤

杂费。这所学校穿越了百年的历史烟云，至今仍在。

随着新加坡企业的蒸蒸日上，陈嘉庚不断加大对教育的投入。从 1912 到 1918 的五六年时间，他与胞弟陈敬贤在集美继一所小学后又创办了一所中学和一所师范学校。中学生只交伙食费，免交学费和住宿费；师范生不但各项费用全免，还有供给蚊帐等特殊优待。

陈嘉庚对海洋感情深厚，深知航海对发展经济和增强国力的巨大作用，本着"开拓海洋，挽回海权"的办学宗旨，1920 年他创办了集美水产航海学校。该校在厦门制造了一艘渔船，又从法国购买了一艘先进的捕鱼船，供教学和实习使用。如今著名的集美大学仍以航海和水产为主要专业和办学特色。

到 1927 年，陈嘉庚与陈敬贤兄弟在集美先后创建了男子小学、女子小学、中学、师范、幼儿师范、水产航运、商业、农业等专科学校。校内建起了电灯厂、医院、科学馆、图书馆、体育场，昔日荒凉的渔村变成了举世闻名的集美学村。

陈嘉庚早年只断断续续地读过七年多私塾，然而他一生酷爱学习，手不释卷，不但长于写作，著述甚丰，而且工于书法，独成一家。虽然没有关于教育的专门论

集美学校标志性建筑——钟楼

著，却通过各种途径特别是实践，表达和体现了他独特、系统而完整的教育理念。他是中国近现代伟大的教育家。

首先，陈嘉庚在不同场合多次表达他兴办教育的动机和宗旨，为了强国而"尽国民一分子之天职"，他殚精竭虑、不计个人荣辱得失地为此而奋斗了一生。其次，他深具战略眼光，他所创办的学校不但各方面都走在了时代的前列，而且布局严谨，自成体系。仅就集美学村而言，不但建有初、中、高等学校，而且建有当时急需的各种门类的职业学校。学村设施先进而完备，仅科学馆就有科学试验仪器二万多件，动植物标本三万多种，国内罕见。第三，在招生对象中，他反对重男轻女的固化思维，大力倡办女子学校，开风气之先。他憎恶嫌贫爱富的传统偏见，强调优待贫寒子弟，奖励其中的优秀者，使其得以深造。

第四，在教育方针上，他主张学生全面发展，"德智体三育并重"。这在今天已成共识，但在百年前则是十分先进的教育思想。第五，他主张"没有好的教师，就没有好的学校"。明确教师在学校中的主导地位，集美学校的师资队伍堪称全国一流，吴文祺、许钦文、王鲁彦、汪静之等中国现代文学史上的著名作家都曾在此任教。职业学校中的专业教师则送到日本去培训和深造，然后再回来任教，确保教学质量。他还认为"一校之长"的选用至关重要，必须具有爱国之心，而且德才兼备。第六，他是一位富有社会责任感的教育家，为了实现实业救国、科学救国的理想，为了中国工商业的文明跟上世界发达国家的步伐，必须培养和造就一大批专门的生产技术人才，因而他亟力倡导职业技术教育，注重理论联系实际，在实践中发挥才干。最后，他重视普及教育，曾经制订同安县"十年普及教育计划"，提高全民特别是青少年的文化素质。为此，他特别重视师范教育，认为"师范是教育的基本"。他不但在中国创办了多种多所师范学校，还在新加坡创办了南洋师范学校，为海内外的华人世界造就了大批热爱教育、品学兼优的师范生，教泽广被，薪火相传，影响深远。

陈嘉庚创办或资助了闽南20个县市110多所学校，并在侨居地新加坡倡办和赞助了道南小学、爱同小学、崇福小学、南侨中学、南侨师范、水产航海等许多学校，总数180所左右，用于兴学的资金超过一亿元，等于他一生的全部家财，人们亲切地称他为"校主"。

在陈嘉庚所创建的诸多学校中，影响最大的当然还是厦门大学。这所天风和海涛之间全国最美学府的一砖一石、一草一木，都倾注着他的心血。如今，厦大不

厦门大学

仅是美丽厦门的"地标"，而且是中国教育的"地标"，见证了一个伟大生命所创造的人间奇迹。

早在1919年陈嘉庚还在四处收购橡胶园时，他就以气壮山河的气概为厦大的建筑奠基，其"通告"宣称："民心不死，国脉尚存，以四万万之民族，决无甘居人下之理，今日不达，尚有子孙，为精卫之填海，愚公之移山，终有贯彻目的之一日。"

创办一所一流大学，是陈嘉庚多年的夙愿。但要实现这一梦想，仅凭一己之力是十分困难的。他在南洋商界开始募捐，然而应者寥寥，一位闽籍富商宁可死后被英国殖民当局征收四千万遗产税也不肯捐助一分钱。陈嘉庚不怕困难，嚼钢咬铁，越挫越勇。他独自捐款400万元，其中开办费100万元，其余300万元分12年付清。他当时的全部资产也就是400万元，说是"倾家办学"，毫不夸张。

厦大的校长人选历尽风波周折，始则聘请名重一时的汪精卫，继则聘请社会名流、教育部参事邓萃英，然而两人均迷恋官扬，陈嘉庚断然解聘了他们。之后他求助于远在新加坡的老友林文庆博士，林不负他的重托厚望，呕心沥血地做了16年厦大校长，终将厦大推向了中国一流高等学府，现为教育部直属"985"重点大学。鲁迅、林语堂、顾颉刚等著名学者当年均在此任教，留下了不少动人的佳话。

汪精卫

1929年席卷全球的经济危机，重创了陈嘉庚的企业集团，但他仍按时支付集美和厦大的办学经费。他的长子陈济民劝他减少助学资金以求自保，他慨然说道："我吃稀饭，佐以花生米，就能过日，何必为此担心？"很多好友都力劝他暂停助学，等渡过难关后再行复办。银行和投资机构也表示愿意为他贷款，前提是停止助学，保证资金用于企业经营。

对这些出于善意的建议，陈嘉

庚毫不犹豫地拒绝了。在后来的回忆录中他写道："有人劝余停止校费，以维持营业，余不忍放弃业务，毅力支持，盖两校如关门，自己误青年之罪小，影响社会之罪大。""一经停课关门，则恢复难望。"他卖掉了许多产业，继续维持两校的巨额费用。极困难时，他将三幢大厦抵押给银行借款，做出了"出卖大厦，接济厦大"的

延平楼（原为集美小学校舍）

惊人决定。黄炎培在评价他时称其"毁家兴学"，当然，这个"家"并非他的个人小家，而是他企业的大家。

1931年，汇丰等八大债权银行对陈嘉庚集团进行并购改组，英国董事对此深表惋惜，陈嘉庚则坚定地说："宁可收盘，绝不停办学校！"企业陆续关门也没有动摇他办学的决心，仍然千方百计地募集资金，苦苦支撑。直到1936年5月抗战爆发前夕，他实在无力维持厦大的庞大开支，只好恳请国民政府将厦大收归国有。只要厦大得以存续，他愿将厦大所有产业无条件奉送，并自请辞去董事职位。他还在给国民政府的信中十分自责地说："每念竭力兴学，斯尽国民天职，不图经济竭蹶，为善不终，贻累政府，抱歉无似。"两个月后，国民政府批复同意厦大改由"国立"。而他在家乡创办的集美学村各校，则在日夜不息的海涛声中一直坚持下来。

陈嘉庚办教育不是一时心血来潮，更不是沽名钓誉，而是出于"爱"——爱祖国，爱人民，尤爱祖国和人民的未来——青少年。"爱"是一种选项，是给自己预定了一个方向，规划了一条道路。"爱"是强大的信念，会产生无穷无尽的力量，鼓励并支持一个人为它而流血奋斗并且无怨无悔。陈嘉庚为厦大制定的校训是"自强不息，止于至善"，"止于至善"典出《礼记·大学》，"止"，意为达到。有了陈嘉庚的这种"爱"，就可以抵达最崇高、最圣洁的境界。

陈嘉庚的"爱"，随着时间的推移和累积而变得日益醇厚和深沉，因为它是只讲奉献不计回报、以牺牲自我来实现的。陈嘉庚为集美和厦大兴建了数十座雄伟的高楼大厦，自己的住宅却是一所简朴的二层小楼，既矮且暗，办事不便他却怡然自得。他曾是百万富翁，个人生活却相当节俭，自奉菲薄。从照片上看，他的床、

集美学校 50 周年校庆运动大会开幕式

写字台、沙发、蚊帐等等都很陈旧；据回忆录所记，他为自己规定的伙食标准每天只有五角钱，番薯粥、花生米、豆干、腐乳就是他的"美味"。他身体力行的座右铭是："应该用的钱，千万百万也不要吝惜；不应该用的钱，一分钱也不要浪费。"他本人出门时口袋里的钱从来没有超过 5 元。因为"个人少费一文，即为吾家多储一文，亦即为吾国多储一文，积少成多，以之兴学"。公而忘私是所有美德中最重要、也是最难做到的。

大爱无疆，点滴藏海，止于至善。大德如山，高山仰止，景行行止。

投身政治，光明与黑暗的较量

有人说，政治是肮脏的。商人要在商言商，远离政治。然而，这是可能的吗？你不找政治，政治却会如影随形地跟着你，并且强悍地左右着你的荣辱沉浮。问题的关键是你如何分析考量和正确抉择。

陈嘉庚 1910 年春即毫不犹豫地参加了孙中山领导的同盟会，唤醒侨胞，兴我中华。1928 年"济南惨案"发生后，他组织南洋华侨掀起了声势浩大的声援运动，同时发起全面抵制日货运动。在腐朽的封建专制和新兴的民主革命之间、在民族尊严和帝国主义强权之间，他的态度和立场是鲜明、积极而坚定的。

抗日战争爆发后，陈嘉庚立即投身于这场关系到民族存亡的斗争洪流。1938年 10 月，他被推选为"南洋华侨筹赈祖国难民总会"主席，带头捐款捐物，精心筹划组织，三年多的时间共捐款 15 亿元，还有大量寒衣、药品、卡车等物资，同时在新加坡和重庆投资建立制药厂，有力地支援了中国人民的抗日斗争。1939 年他应国内之请，在南洋各地招募了三千二百余名汽车司机和修理工，在新开辟的滇缅公路上抢运抗战急需的战略物资，为中国的全面抗战发挥了重要作用。

陈嘉庚在加入同盟会时即与汪精卫相识，非常倾心于他的学识才华，私交甚好。然而国难当头时汪精卫却主张对日和谈。陈嘉庚不为私情所挂碍，在国民参议会第二次大会上，他以国民参议员的身份，大义凛然地提出了"敌未出国前言和即为汉奸"的提案，并获通过。1938年11月2日重庆《中央日报》，公布了这个坚决反对汉奸国贼、妥协分子投降卖国的著名提案，震惊中外，影响深远，不但成就了他的不朽，也成了彼时的民族最强音。著名政治活动家、出版家和学者邹韬奋赞誉说：这是"古今中外最伟大的一个提案"。汪精卫辗转河内叛逃后，陈嘉庚发出通告，历数汪贼叛国的六大罪状，带头筹款以做缉拿的费用。媒体采访时他说："生是华夏人，死是华夏魂，倘若一息尚存，定为祖国驱逐日寇尽力!"铿锵有力，气壮山河。

1940年前，陈嘉庚一直是个坚定的"拥蒋派"，称"蒋委员长乃中国国内外四万万七千万同胞共同拥戴之唯一领袖"。"西安事变"后的1937年4月9日，他接受《南洋商报》采访时，不但强烈地批评张、杨的"兵谏"行为，而且对国共合作发表了"一边倒"的看法："国共殊无任何联合之足道，唯共产军无条件归中央改编，在中央指挥之下，共成救国之伟业。"他组织的南洋华侨的多次捐款也全部汇交了国民政府。这时他对中国共产党人还缺乏了解，三年后他才对中国的抗战真相有了新的认识，思想上产生了质的飞跃，断言"共产党必胜，国民党必败"。

1940年3月，陈嘉庚率"南洋华侨回国慰劳考察团"慰劳抗日前线的将士和后方的军民。此行促成了他

著名政治活动家、出版家和学者邹韬奋

人生的一个重大转折。

蒋介石非常重视陈嘉庚的来访，不但拨发了八万元的接待费，而且亲自和孔祥熙等国民党达官贵胄多次宴请、热情款待。然而，面对战时"首都"的灯红酒绿、纸醉金迷，奢华贪腐，陈嘉庚极度失望，心情沉重。除同盟会外，他拒绝参加包括执政的国民党在内的任何党派。他不信鬼、不信神，昂然挺立，是永不妥协的批评者。他一面在重庆的报纸上刊登启事，说明"慰劳团一切费用自理，不需消耗政府和民众财力"。一面又对他知之甚少的中共及其领导的抗日军队产生了强烈的好奇心，决定突破蒋介石的阻挠前往延安参观访问。

1940 年 5 月 31 日，陈嘉庚和"慰劳考察团"一行来到延安，受到延安军民各界热烈而隆重的欢迎。陈嘉庚一行人深入延安的学校、机关、工厂、商店和医院，与群众广泛接触，并与华侨青年和集美、厦大奔赴延安的校友交流座谈。边区的官兵一致、艰苦奋斗给他们留下了深刻的印象，而边区人民在物质条件极度匮乏的困难中，仍然积极而坚定地抗日和乐观向上、朝气蓬勃的革命精神则使他们深受感动。与中共领导特别是与毛泽东的多次晤谈，使他极为震撼。毛泽东的平等待人、勤廉朴实、渊博学识和虚怀若谷使他惊讶之余更是无限钦佩。延安之行使他认识到"中国的希望在延安"、断定"唯有住在窑洞里的毛泽东才有希望拯救中国"。历时七天的访问，决定了阵嘉庚未来的政治走向，树立了他人生的一个里程碑。

1942 年年初，英军不战而降，日军占领了新加坡。早就被日寇认定为"南洋抗日之巨头"的陈嘉庚，遭到了日本宪兵队的疯狂搜捕，必欲杀之而后快。幸得友人陈贵贱帮助，陈嘉庚未能来得及与家人告别，也未能带走一件行李，匆促中乘一艘小火轮逃往印度尼西亚的苏门答腊。印尼不久也为日军占领，陈嘉庚

陈嘉庚和"慰劳考察团"一行来到延安

陈嘉庚和毛泽东在延安

在黄季丹等校友的帮助掩护下，更姓改名，多次转移，仍然身陷重围，时时有被捕被杀的危险，历尽了磨难。为了防备一旦落入敌手而敌则必定强迫他当傀儡做汉奸，因而他身上一直藏着一小包氰化钾，随时准备殉国成仁。

陈嘉庚是一个闲不住的人，虽然颠沛流离、险象环生，但只要情况稍有所缓，他便在艰难的避险日子里，保持着过去的生活习惯，黎明即起，读书写作。这时他已年过七十，半个世纪的风风雨雨涌上心头，多少往事历历在目，凭着惊人的记忆力，他开始撰写《南洋回忆录》。1944 年 4 月，近四十万字的书稿终于杀青，为表达自己的欣慰之情，他赋诗一首以记之："爪哇避匿已两年，潜踪难保长秘密。何时不幸被俘虏，抵死无颜诣事敌。回检平生公与私，尚无罪迹污清白。冥冥吉凶如有定，付之天命俱奚益。"

1945 年 8 月，日本无条件投降。10 月 16 日，陈嘉庚返回新加坡。华侨领袖的大难不死、抗日英雄的平安归来，引起了海内外的极大轰动，万众欢腾，奔走相告，各种庆祝活动此起彼伏。陈嘉庚的威望被推向了高峰。

1949 年 5 月，应毛泽东的邀请，陈嘉庚经香港回到祖国，参加中国人民政治协商会议筹备会议。10 日 1 月，他站在天安门城楼上参加了中华人民共和国的开国大典。此后历任中央人民政府委员、中华全国华侨联合会主席、第一届全国

1940 年 7 月陈嘉庚 (左 4) 率南洋华侨回国慰劳团到达重庆，受到各界的欢迎

人大常委、第三届全国政协副主席等职务。

此时的陈嘉庚已进入晚年，然而他的晚年可不是逐渐冷却的晚餐。他厌恶左右逢源、八面玲珑圆滑的处世哲学，他性喜刚直、坦荡耿介、特立独行。作为国家领导人，他不顾八秩高龄，仍然不辞辛劳、风尘仆仆地到地方视察、考察。他曾在政协会上提过禁止给公务员配烟的提案，不料到东北后，一位接待干部却热情地请他吸烟，并称这是为了迎接他而专门准备的高档香烟。他顿时勃然大怒，毫不留情面地拂袖而去。

陈嘉庚坚持独立思考，从不隐瞒观点，如对抗美援朝、批判胡风、大跃进等重大国策，他都本着对民族高度负责的精神痛陈利弊，大胆地提出自己的看法。在1957 年的整风运动中，他在人大常委会上的一次发言，根本不提已经进入高潮的轰轰烈烈、如火如荼的反右派斗争，而是逆势而为，尖锐地批评党员干部的官僚主义、主观主义和骄傲懈怠等不良风气。人们为他捏了一把汗，劝他谨言慎行、注意安全，他则回答说："我一生实事求是，不平则鸣。做人要诚实，政治更应诚实，绝不能指鹿为马讲假话。""真话不一定全讲，假话一定不能讲。"这是他的做人底线。

陈嘉庚的胞弟和最得力的助手陈敬贤跟随他风风雨雨打拚一生，因办学过度操劳而罹患沉疴，孰料在日本养病期间竟然了断红尘，出家学佛。陈嘉庚为此而震惊，多次相劝无效后竟与之决裂。一个人的精神世界复杂、隐秘而脆弱，多么需要尊重和理解啊！兄弟失和的悲剧和从古至今并不鲜见，陈氏兄弟不是因财产而是因人生观、世界观不同而恩断义绝，承载着性格等诸多因素，令人扼腕。

陈嘉庚待人宽待己严，对自己的亲人也是严厉威严。他每天忙于工作，很少与家人团聚，子孙绕膝、其乐融融的家庭氛围不属于陈家。孩子们只有大年初一按例拜年时才能见他一面，结果连他最钟爱的孙女死去几个月他竟然不知。经常的画面是，他一回家，正在谈笑的孩子和家人便匆匆回到自己的房间。他是一个孤僻而严苛的父亲和家长。他一生结过四次婚，总共有 17 个子女，然而他是只身一人回到祖国的，过着甘地般苦行僧的生活，独自承受着内心的孤独和煎熬。

陈嘉庚年轻时曾吸食过鸦片和雪茄，但在 1920 年代就戒掉了，从此点滴不沾。他没有什么个人爱好，他的最大乐趣就是读书和散步，思考成了他的一种特

开国大典

殊享受。在集美和厦大的工地上，人们经常看到一位拄着拐杖的老人孤独散步的背影，形单影只地丈量着人生的脚步。人性尖锐划痕的那份痛和空，谁解其中味？

陈嘉庚生前说过：钱财"全不留给子孙"。他对此的解释是："父之爱子，实出天性，人谁不爱其子，唯别有道德之爱，非多遗金钱方谓之爱。且贤而多财则损其志，愚而多财则益其过，实乃害之，非爱之也。"陈嘉庚生前还说过："财自我辛苦得来，亦当由我慷慨捐出。"逝世前，他将自己一生积蓄的300万元全部捐赠，其中250万元用作集美学校建筑和集美学村的福利基金，50万元则作为北京华侨博物馆建筑费。公而忘私，高风亮节，重信守诺，言行如一，赤条条来，赤条条去。这就是一代伟大企业家的金钱观，百年之后已成绝响。

1961年8月12日，陈嘉庚病逝于北京，享年88岁。8月15日首都各界举行公祭，陈嘉庚治丧委员会由周恩来任主任委员，周恩来、朱德、陈毅、陈叔通等亲自执绋，廖承志致悼词，丧仪极为隆重，名人云集，冠盖京华，备极哀荣。公祭后灵车南运，遗体安葬于福建集美鳌园，他在天风海涛中永远安息了。

大自然的真正伟力不是天塌地陷，而是万物生长。陈嘉庚从生到死，没有挖空心思地去破坏什么、打倒什么、毁灭什么，而是全力以赴地兴建一切、创造一切、成就一切。无论是美丽的菠萝园和橡胶林、绿树红瓦、箫吹弦诵的校园，还是为人类公义、家国大义和生命真义所做的种种，都在深情地讲述着陈嘉庚的故事，然而那是无法穷尽的。

1990年3月11日，国际小行星中心和小行星命名委员会将中国科学院紫金山天文台1964年发现的第2963号小行星命名为"陈嘉庚星"。陈嘉庚与日月同辉，光照大地与山河。

陈嘉庚墓

"棉花大王"穆藕初、"猪鬃大王"古耕虞、"火柴大王"刘鸿生、"金笔女王"汤蒂因

民国商界的"四大天王"

民国企业家这个被遗忘的精英群体，以其灼热的家国情怀和卓越的艰苦奋斗，谱写了悲壮人生的长歌，创造了利国利民的奇迹神话。其中的四位，可谓不同方面的代表。

棉花大王穆藕初，西方科学管理理论的传播者和实践者、近代中国企业管理体制创新的先驱。作为一位难得的学者型企业家，他把整个生命都献给了棉纺事业，贡献至伟，昭示了人生的真谛和要义。

猎鬃大王古耕虞，在你来我往的商战攻防中，以小胜大、以少胜多，在奋斗中抉择、逆境中崛起、风险中获胜，紧张而有序地演出了一幕又一幕生动而震撼人心的活剧，手段独到而新颖，所向披靡，很难发现负值，留下了宝贵的经验，值得借鉴、学习。

火柴大王刘鸿生,善于用人、创造机会、审时度势、长袖善舞,出色的商业才干在他的人生中摇曳生辉。他出身草根,其创业轨迹生动地诠释了个人奋斗的传奇。

在企业家这个强者的世界里,金笔大王汤蒂因是少数成功的巾帼英雄。1955年12月25日下午,毛泽东接见了她并风趣地称她为"金笔汤"。她以美丽、智慧和顽强见证了一个普通女性从白手起家到事业有成所能达到的人生高度。

穆藕初:中国棉花大王

穆藕初一生经历坎坷,富有传奇色彩,学徒打工、留洋深造、兴办工厂、创立银行、著书译书、支教助艺,不但是民族工业家、爱国实业家,也是民族教育家和文化活动家。青年毛泽东称他为受过欧风美雨洗礼的"新兴商人派",逝世时他的灵堂高悬挽幛"衣被后方",深受后人的感念和景仰。

穆藕初1876年出生于上海浦东的一个棉农世家,幼年读完六年私塾后,14岁进入棉花行当学徒,从此与棉花不离不弃地纠缠了一生。

1895年甲午战败,处于内忧外患的时代,19岁的穆藕初经过反复探讨,最后认定"同是国家,同是社会,有实业则强盛,无实业则衰亡"。决心从发展生产力入手,走"实业救国"之路。爱国热情高涨的穆藕初与其胞兄商定,两人"一中一西,或可分道扬镳劝力于社会国家"。

抗战初期穆藕初与幼子家修(右)、长孙千坼(左)合影

为了走出国门,穆藕初在先后担任海关职员和铁道警察等工作的十多年中,依靠超人的毅力,勤奋苦学,1909年夏赴美留学。由于深感中国棉纺业的落后,他选择了当时美国棉业最发达的得

穆藕初创建的豫丰纱厂

克萨斯州，进入农工专修学校学习农科、纺织和企业管理。他在南洋公学时的同学黄炎培的儿子、著名的水利专家黄万里在回忆文章里深情地写道："穆伯伯从怎样种棉花、种好棉花，到棉花怎样纺成纱、织成布，到怎么办工厂，怎样有效地管理工厂，他是有目的、整套、有计划地系统学习。这样有计划的、跨专业、多学科、成套学的留学生，在他之前没有一个。"其后他又到威斯康辛大学等校学习深造，历时八年之久。

　　1914年穆藕初学成回国，次年与其胞兄合作创办了上海德大纱厂，后又相继创办了厚生、豫丰纺织厂。由于穆藕初出身科班，学理深厚，采用先进的管理模式，且又苦干、实干加巧干，他的纱厂迅速崛起、鼎盛一时，在纱厂如林、竞争激烈的中国纺织业里后来居上，一举成名。当时，全国最细的纱一般只达到42支，而穆藕初的纱厂能纺出48支，1916年6月在北京商品陈列所举办的产品质量评比中荣获第一名，他被称为中国棉花大王。

　　世界上没有无缘无故的成功，正如没有无缘无故的失败。穆藕初在美国留学后期，恰值著名的管理学大师泰勒的巨著《科学管理原理》于1911年问世，他如

重庆豫丰纱厂，于 1920 年建成投产

获至宝，如饥似渴地潜心研读。他还专门登门拜访，成为唯一与泰勒见面切磋过的中国人。回国后，他与人合作翻译了这部全球管理学的奠基之作，于 1916 年出版。中文版比欧洲版出得还早。遗憾的是这部伟大著作在出版十年的时间里，只卖出了 800 本，令人唏嘘感叹。

泰勒的《科学管理原理》博大精深，意义深远，具有革命性的里程碑价值。穆藕初在反复研讨、吃透精神原理之后，与中国实际紧密结合，提出了许多新认识和新观点，具有眼光独到、自成体系，可操作、易掌握等特点。他将泰勒的科学管理理论归纳为"节省时间、精神、物质""三要素"，和"无废才、无废材、无废时、无废力"的"四大原则"。他还提出了企业领导人必须掌握的"五个会用"："会用人、会用物、会用时、会用钱、会利用机会"。这些指导性主张，言简意赅、高屋建瓴，就是到了今天，仍然是企业家所应深刻领悟和认真遵循的管理箴言。

理论的要义在于实践。穆藕初结合自己三大纱厂的实际，建立了一整套崭新的企业管理方法。

首先，建立新型的生产组织架构。穆藕初一改华商所普遍采用的文场（财务）、武场（工头）制，企业的全面管理和人事任免统归总经理掌控，下设科室和车间，由工程师和技术人员负责日常管理和运营，较好地解决了生产过程中的无序性和随意性，实现了生产的标准化和规则化。

其次，建立科学的用人制度。废除粗暴落后的工头制，建立人员考核、录用、奖惩、辞退的规章制度，调动了员工的生产积极性和创造性。

再次，建立健全的报表管理制度。穆藕初要求各车间按日填写生产进度和原材料消耗等各种数据的报表，交厂部财务入账。

最后，建立员工培训体系。穆藕初认为，出纱的优劣，三分在机器，七分在人。为此，他举办各类技能培训机构，对工人进行技能训练，并在企业内部首创职业学校，大大提高了劳动生产率和产品质量。

这些企业管理方法在中国为首创，实施后效果显著，极大地提高了企业的竞争力。华商闻风而动，竞相效仿，广泛采用。穆藕初科学管理的实践和传播，卓有成效，功不可没。

穆藕初认为办工厂的人应该树立国家至上的观念，而把私人利益放在后面。1916年他出版了自己的著作《纱厂组织法》，将办纱厂应该注意的一切公之于世，

出席太平洋商务会议的中国代表团合影，左一为穆藕初

毫不保留。厚生纱厂因引进了国际上先进的美式纺织机，工厂还未开机使用，同行们就陆续前来参观，他不但来者不拒，而且详加介绍，从来不留一手。一时间，他的纱厂几乎成了华商的"实习工厂"和"成绩展览会"。厚生纱厂设有棉花测试中心，免费为全国各地送来的棉花性能进行测试。

2000 年 10 月，穆藕初子女在其墓前留影

穆藕初发起成立了"中华植棉改良社"，在苏、豫、冀、鄂等地开辟棉花种植试验场，推广美国的优良棉种，向棉农赠送试种，提供技术咨询。1917 年 8 月出版了他亲自撰写的《植棉改良浅说》，用浅显易懂的文字推广先进的植棉技术，还在上海《申报》刊登广告，欢迎任何人免费索要。

穆藕初的博大胸怀和高风亮节，造福于一个时代，感动了几个时代。

孰料，在中国独特的商业土壤上，20 世纪初叶爆发的席卷世界和中国的经济大萧条，对穆藕初也造成了毁灭性的冲击。1924 年起他的三家纱厂先后陷于困境，德大被荣宗敬收购，厚生因股东争吵而清盘，豫丰因地处军阀混战的主战场被迫抵押给了洋商。焚膏继晷、艰辛创建的伟业却功败垂成，令人扼腕。

1928 年，商场失意的穆藕初经他留美时的同学孔祥熙介绍，担任国民政府工商次长。这位精通美国商业理论和商业模式精髓的学者型企业家，先后主持制定了《工厂法》《工会法》《劳资争议处理法》等法规文书。后世的学者研究了这段历史后，发出惊叹："我们现在正在做或者想要做的，正是穆藕初当年提倡和实行的。"穆藕初走在了时间的前面。

穆藕初经商多年，积累了丰厚的财富，个人生活却十分简朴，常穿旧衣。在德大纱厂刚刚盈利时，他便慷慨地向北京大学捐银五万两，请北大校长蔡元培和蒋梦麟、胡适、马寅初三位学者推荐五名学生去美国留学，条件是必须是真正的人才、学成后能够报效祖国。选派的罗家伦等五人后来均成为学术大家、国家栋梁。

穆藕初是抗日的坚定派，曾亲赴战火纷飞的淞沪前线慰劳抗日将士。抗日时期，他担任农产促进会主任委员，为了改善后方棉布短缺的现状，他发明了"七七棉纺机"，该机只需一人操作，效率却超过传统手摇纺织机数倍，因而在国统区和延安等地广为流行。名为"七七"，意在提醒国人勿忘民族正处于生死存亡之关头。有学者称，此举是"这位全中国最懂得棉花的人，在专业上的最后一次贡献"。

穆藕初相貌俊朗，风流倜傥，爱好昆曲、书法、养鱼和花鸟，是上海工商界出名的才子。他眼见昆曲流于衰落，于是出资襄助，成立了昆剧传习所。弘扬国粹，在昆曲艺术发展史上写下了非凡的一页。

1943 年，穆藕初因罹患肠癌离世，享年 67 岁。

古耕虞：世界猪鬃大王

1905 年古耕虞出生于重庆经营山货的世家，早年就读于圣约翰大学预科，学业优异，英语尤为突出，深得学友拥戴。1923 年进入"状元企业家"张謇创办的南通商学院深造，倾注全力熟读了《富兰克林传》《资本论》等经济类图书，认真研究了《福特管理》，其一体化现代管理理论对他影响尤深。

1925 年，年仅 20 岁的古耕虞继承父业，仅两年便"拥有重庆山货天下之半"，又八年一鼓作气垄断了四川猪鬃出口业，其拳头产品虎牌猪鬃走向世界，驰名欧美。

抗战初期沿海港口相继沦陷，古耕虞通过越南和东南亚国家将猪鬃运到美国；后期则利用滇缅公路和中印航线继续出口猪鬃，换回了宝贵的外汇，卓有成效地支持了中国的抗战，也支持了世界反法西斯的斗争。

抗战胜利后，古耕虞将四川畜业推向全国，垄断了全国猪鬃出口85% 以上。1948 年中国猪鬃出口占世界需求量的98%，被实至名归地称为世界猪鬃大王。

截止 1948 年时结账，古耕虞拥有九百多万美元、二千七百多万美

猪鬃刚韧富有弹性，是工业和军需用刷的主要原料

元银行往来款,此外尚有厂房、办公楼、汽车、大量猪鬃和其他畜产品,是中外瞩目的大富翁。

解放后,为突破西方的经济封锁,使我国猪鬃顺利出口,古耕虞贡献突出。国家曾向他借用外汇,一度曾把在美国的外汇记在他的名下。历任全国人大常委、全国工商联副主席等多种社会职务。2000年4月29日病逝于北京。

古耕虞的一生波澜壮阔,精彩迭出,计挫孔祥熙、智对军阀、受周恩来委托与杜鲁门斗法、向邓小平建言建国方略等等,广为世人传诵。

古耕虞商业活动的最大亮点是持续不断地竞争。在你来我往的商战攻防中,他以小胜大、以少胜多,在奋斗中抉择、逆境中崛起、风险中获胜,紧张而有序地演出了一幕又一幕生动而震撼人心的活剧,手段独到而新颖,所向披靡,很难发现负值,留下了宝贵的经验,值得借鉴、学习。

不起眼的猪鬃,了不起的古耕虞。

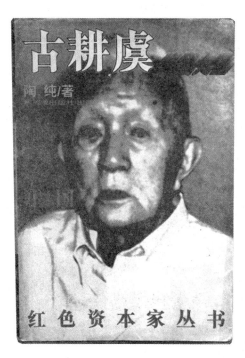

介绍古耕虞的书籍

古耕虞商场竞争的故事,是个跌宕起伏、惊心动魄的传奇,笔者选择三则与读者分享:

其一,"爷爷辈"输给了"娃娃辈"。古耕虞从父亲手中接手的山货行古青记,是个只有三四个员工的小角色,除继续经营父亲的虎牌猪鬃,他看到了一个难得的商机,决定做一把羊皮生意。当时在重庆专事羊皮买卖的裕厚长是个老字号,历史悠久、实力雄厚,向来是行业中的执牛耳者。古耕虞竟敢插手羊皮,挑战其霸主地位,令裕厚长的老掌柜十分气恼,决定教训一下这个不知天高地厚的毛头小子。

裕厚长的老掌柜精心炮制了一个耸人听闻却又颇具迷惑性的

谣言：古家因在上海的纱布生意惨遭失败而濒临破产，债台高筑，将无法为收购的羊皮付款。消息不胫而走，很快便在重庆的山货行中沸沸扬扬。这一招够狠，古耕虞的羊皮收购很快便陷于泥淖之中。

面对强大的对手，只有20岁的古耕虞毫不畏惧，沉着应战。他要父亲从上海速汇来20万两银子，存入重庆的各大钱庄，立即付清所有货款后，聘请颇具权威的复兴钱庄检查并公开他的来往账目，虽然账面资金充裕，他还是要求复兴钱庄为其放款，财底更加厚实。经过这一番紧张而高调

正在捡除猪鬃中杂毛的女工

的资本运作，裕厚长老掌柜的谣言不攻自破，古耕虞的商业地位和良好信誉也得到了提升。

古耕虞已从海外获悉，当年羊皮在欧美市场需求旺盛，因而在站稳脚跟后，立即以较高的价格收购。同行们不明底细因而无不瞠目结舌，以为这是年轻气盛古耕虞的轻率之举。裕厚长的老掌柜则嘲笑古耕虞是在作死：这么多羊皮如果烂在手里，后果只能是灭亡。孰料，半年后国际市场羊皮价格大涨，古耕虞及时脱手，收获颇丰。裕厚长再想以更高的价格收购羊皮，市场上早已空空如也。

古耕虞初出茅庐的第一仗，是冒着倾家荡产的危险进行的。他之所以元气充沛，运筹帷幄，靠的是对商业信息的收集和判断，反映了他的敏锐、睿智和魄力。裕厚长的老掌柜在此役中使用的是造谣、下绊子等下流手段，在商道上早已输得丢盔卸甲。裕厚长的老掌柜与古耕虞相差三代，然而"娃娃辈"却以堂堂正正的商业攻伐完胜了"爷爷辈"。在传统落后、封建保守的商业模式和具有现代气息商业模式的博弈中，胜利当然属于后者，这是历史的规律。

其二，"小鱼"吃掉了"大鱼"。1934年，中国银行总裁张公权的妹夫朱文熊气

猪鬃毛刷制作

势汹汹地来到重庆,斥资500万元成立了合中公司,要在猪鬃生意上大展拳脚,成为行业霸主。重庆的山货行顿觉寒气逼人,压力沉重,人人自危。这时的古耕虞已专做猪鬃生意,其虎牌猪鬃因质量稳定、价格合理,在国际市场上颇享盛名。狂傲跋扈的朱文熊首先拿古耕虞开刀,要求他将古青号收购和加工过的虎牌猪鬃全部卖给他,由他负责出口。大兵压境之下,古青号可谓势如累卵。然而古耕虞并没有被吓倒,他从容而坚定地拒绝了对方蛮横的要求。于是,近代中国一场惨烈的商战拉开了帷幕。

朱文熊凭借雄厚的资金,派出大量员工扫货,大有鲸吞全川猪鬃之势。面对庞然大物凌厉攻势,古耕虞低调应对,表面上镇定如恒,暗地里却在紧张地忙碌。

古耕虞以其一家三代的良好信誉和人脉,巧妙已利用了川人重视乡情的传统,动员猪鬃业主将优质猪鬃以较高的价格卖给自己而将质量较差的悉数卖给合中公司。与此同时,古耕虞不动声色地将重点放在对猪鬃的加工上,这门独特的手艺本是古氏的传家宝,古耕虞却不敢有丝毫的懈怠,用心操作,精益求精,做到无可挑剔。朱文熊对猪鬃业务本是个外行,且又自以为财大气粗、稳操胜券,于是骄纵大意,对平静水面下的激流险滩并没有引起注意。他将收购来的大量猪鬃加工后起名为"飞虎",凌驾于古耕虞的"虎牌"之上,嚣张的气焰,灼热难当。

朱文熊将6000箱飞虎牌猪鬃运到了世界猪鬃交易中心伦敦,开价出售。他毫不知情的是古耕虞本就优质又经刻意加工过的虎牌猪鬃也运到了伦敦,而且开出了低于飞虎牌的售价。一面是气势汹汹的飞虎牌猪鬃,一面是在国际市场上打磨多年的虎牌猪鬃,买方的兴趣大增,围观者众。开箱之后,优劣立判:飞虎牌猪鬃成色不等,杂质甚多;虎牌猪鬃则鲜亮整洁,质量上乘。洋商大哗,纷纷要求朱

20 世纪的伦敦街景

文熊退货还钱,而古耕虞的虎牌猪鬃则被一抢而光,供不应求。

如果退货,朱文熊不但要承担来往运输等昂贵费用,而且这些猪鬃将成为永无出头之日的废品,足以使朱文熊全军覆灭。朱文熊只好找人斡旋,向古耕虞服软求情。经过仲裁等一系列程序,朱文熊承诺永远退出重庆的猪鬃行业,古耕虞以较低却也还算公道的价格,收购了朱文熊的猪鬃,在伦敦当地组织技术工人对飞虎牌猪鬃进行清洗、搭配等深度加工,然后就地销售。

朱文熊以雄厚的背景和强大的实力"君临"重庆之时,山城的山货商人闻风丧胆,临阵股栗,只有年轻的古耕虞迎难而上与其厮杀,在激烈的商战中获得了漂亮的完胜。如果说朱文熊是只嗜血的大白鲨,那么古耕虞就是一条生机勃勃的小鱼。"小鱼"为什么能够吃掉"大鱼"?道理并不玄奥,"小鱼"胜在了从商的良好信誉和对质量的永远坚守。

其三,"国人"逼退"洋人"。20世纪初叶,美国工业的三大支柱是汽车、建筑和钢铁,其中汽车和建筑都离不开鬃刷,使用频率高、使用周期短,因而从中国进口猪鬃成了美国经济的常态。二战后,美国化工托拉斯邦集团对此开始重视,不惜重金研制人造鬃代替天然鬃,从而夺取并垄断美国市场。

古耕虞的虎牌猪鬃主要出口美国,1946年杜邦的人造鬃成功地投放市场,对古耕虞的巨大威胁和杀伤力不言而喻。在乌云压城城欲摧严峻的形势面前,古耕虞没有崩溃、没有绝望,更没有惊慌失措、自乱阵脚,而是冷静的面对,分析双方的优长和短板,积极寻找与巨无霸竞争的突破口,悄悄地开始了一场实力悬殊的商战,其激烈性、艰深性和危险性可想而知。

古耕虞很快就在复杂的局势中化繁为简、捋出了头绪,决定采取两个措施,有效地扳倒对手,化险为夷。

一个是价格措施。古耕虞通过古

杜邦公司在美国特拉华州的总部大楼

天然鬃刷产品

青号在美的子公司，紧紧地盯住杜邦公司人造鬃的生产进度、产品效能和价格情况，从而不断地改进自己的工作、调整天然鬃的定价，使其与对方的人造鬃保持在相等或略低的价位。国内的生产则改革挖潜、降低成本，强化质量，加大竞争的能力。

另一个是舆论措施。古耕虞与美国天然鬃的进口商同业协会取得合作，在唇亡齿寒、共存共荣的共识基础上，采用广告等各种手段，大力宣传天然鬃的优势，同时深入鬃刷使用厂商的工会，动员使用天然鬃刷的老技师现身说法，他们说，无论是建筑物还是军舰、飞机和大炮等军用物资，在粉刷的过程中，使用天然鬃刷更为得心应手，效果也更为理想。

两线同时出击并连续作战，古耕虞渐渐控制了局面，掌握了主动权。不到一年时间，杜邦公司的人造鬃便败下阵来，虽未停产，但产品数量已经压缩，失去了与天然鬃继续恶战的能力。在激烈的竞争中，古耕虞虽未获暴力，但也保持了合理的赢利，重要的是他不但没有退出美国市场，反而稳扎稳打地保持了民国以来几十年雄踞85%美国市场的强劲势头，1950年中国猪鬃对美国的出口达到了峰值。

从初涉商场到功成名就，古耕虞始终高度重视对商业信息的采集、编码和

古耕虞

分析研究，而且亲历亲为。他每天都要接听来自伦敦和纽约代理商打来的电话，及时了解国际市场的行情和变化。他反对坐在办公室里指手画脚，强调大面积和长时间的市场调研，掌握新情况、新动态和新问题，然后综合分析，找出对策，积极应对和科学引导。他说："以市场分析为基础，重视市场信息反馈，进而制定生产和销售决策，并有计划地综合组织企业的整体活动，是任何一个成功企业不可忽视的成功之道。"

在古耕虞异常激烈而又跌宕起伏的商业竞争中，"价格战"是其制胜的"利器"。不过，价格竞争只是他的外在功夫，它的出色发挥，依赖的是商品质量的强力支撑。好的质量不是生产者忽悠出来的，而是使用者由自身体会而口口相传的。他每年都要到美国了解市场业态，倾听用户对产品的意见和建议，然后不断地改进，出色地满足用户的所有合理要求。他说："能不能在竞争中占有绝对优势，取决于商品和同类商品能否在任何时间均是第一，而不是第一流。"

为了保证"价格战"的"可持续"，必须着力降低产品的成本。"无利可图"对于商人只能是自取灭亡的饮鸩上渴。古耕虞降低成本的办法来源于现代商业的管理体系，要点是从原材料的收购开始加工、包装、运输、销售做到产销一体化，减少环节，环环相扣，最大发挥劳动生产力的全部价值。

在惊心动魄"搏杀式"的竞争中，古耕虞几乎都是应战者。"人不犯我，我不犯人"，"人若犯我"就要全力以赴，战而胜之。此外，他还进行了很多充满了温情的"扶持式"竞争，助人如助己，维护行业和商业环境的和谐和稳定。"与人为善"的朴素思想在他的商业行为中始终占有主导地位，与供货商和销售商始终保持良好关系，信守合同，一诺千金，让利于人，胸怀广阔，他说："自己赚钱，首先要让别人赚钱。"正是良好的信誉，使他在成功之路上走得很远、很远。

信息、质量、信誉是古耕虞从商一生的三件法宝。

刘鸿生：中华火柴大王

刘鸿生原籍是浙江省舟山群岛的定海县，1888年生于上海，祖父和父亲均为商人，七岁丧父之后家境遂陷于拮据之困境，端赖母亲勤俭持家，才使聪明好学的刘鸿生得以13岁时入读圣约翰中学，1906年又以优异的成绩考取了圣约翰大学。

青少年时期的刘鸿生因品学兼优，不但可以免交高昂的学费，而且每月还可领到虽然不多却可补贴家用的奖学金。圣约翰大学是所教会学校，刘鸿生读到大二时被美国校长看中，拟送他到美国的神学院，学成后回校担任牧师兼教授英文。这与他实业救国的理想相悖，于是他拒绝了，成了上帝的"叛徒"。圣约翰大学一

刘鸿生（前排左三）和工商界朋友合影

怒之下，将他开除。

命运过早地将刘鸿生抛向了社会。他先后做过职业学校教师、上海英租界会审公廨翻译。他清醒地认识到，这些工作虽可糊口，与发财致富却相去甚远。当时最有权势的是"列强"在中国的企业，可是自己两手空空，世事纷芸、人情炎凉，怎样才能进入这个可以大展拳脚的行业呢？

聪明的刘鸿生很快就从迷茫中找到了门路。宁波商人善于经商，成功者众，而且团结互助、颇讲乡情。刘鸿生经过精心谋划，找到了"甬商"的头面人物周仰山，很快就取得了对方的赏识和信任。1909年在周的帮助下，他进入了开平矿务局上海办事处，当上了"跑街"。成功地借助外力，刘鸿生敲开了通往发财致富的大门。

刘鸿生不但身材高大、英俊儒雅，是典型的"南人北相"；而且英语流利，机敏勤快，很快就打开了局面，推销、催账等"跑街"业务被他做得风生水起，受到英商的认可和各界的好评。他钻研业务，不到半年就历练成了一个销售奇才。随便拿起一块煤，他就可以说出何地出产、成分如何、适于何种企业使用。他用刻苦和努力为自己收获了较好的口碑和声誉。

1911年，刘鸿生升任"买办"，设立账房，赚取佣金。第一次世界大战期间，欧美列强忙着打仗，中国的民族工商业趁机发展，煤炭的需求和销售两旺。刘鸿生抓住这千载难逢的机会，始与上海义泰兴煤号合作，经销开滦煤，分取利润。实力渐增后，他自租船只，由秦皇岛装载开滦煤运到上海销售，每吨可赚4到5两白银，三年后他已赚取了百余万两白银。其后，他在上海建设煤栈，修建码头，并逐渐在长江中下游各埠与人合作广设销售机构，生意和财富滚雪球般迅速增长，直至称霸一方，成为巨富。

刘鸿生从一个被开除学籍的穷学生，到身家百万的富翁，其原始积累不过四五年的时间。

1919年夏，河南和苏北地区洪水泛滥，大批难民涌

鸿生火柴

苏州鸿生火柴厂办公楼原址

入上海、苏州等城市。刘鸿生慷慨解囊,捐出五万元救灾。出众的商业嗅觉,使他意识到机会来了。他决定创办一家火柴厂,既可解决难民的就业难题,又可利用廉价的劳动力降低生产成本。

　　1920年1月,借助"五四"爱国运动提倡国货、抵制外货、民族工业得以发展的东风,刘鸿生在苏州创建了华商鸿生公司。这是他从贸易转向实体经济的起点。然而开始并不顺利,打击不期而至。由于技术上的缺陷,鸿生火柴大都因受潮而无法擦燃,被同行讥讽为"烂糊火柴"。刘鸿生查阅资料,寻找原因,还到国外"取经"探究,高薪聘请专家,化费巨资进口先进设备。经过半年的打拼,攻克了技术难关,产品质量得到了极大的提升。几年后,鸿生火柴因头大、发火快、火苗白和使用安全,成了蜚声海内外的名牌产品。

　　由于当时国运衰弱,市场上的火柴由外商垄断,被称为"洋火"。1929年瑞典火柴打败了日企火柴,不可一世的瑞典火柴面对日渐崛起的鸿生火柴,疯狂地大打价格战,以低于成本的价格大量倾销,企图挤垮鸿生火柴,从而独霸整个市场。

　　刘鸿生不惧强势,沉着应战,提出了"联华制夷"的斗争策略。1929年11月22日到30日,他联合全国52家火柴厂,成立了"全国火柴同业协会",划区销售,减少内耗,同仇敌忾地对抗洋商的经济侵略。1930年夏,鸿生、中华和荧昌三家火柴公司合并并成立大中华火柴公司,集中力量,攥紧拳头,在风云滚滚的中外商

鸿生火柴厂,解放后成为苏州火柴厂

战中奋起抗争。

瑞典火柴通过价格战搞垮对方的如意算盘没有得逞,又提出了拟用 1500 万元的巨款,换取中国火柴专利销售 50 年的主张。刘鸿生代表中国火柴同业协会上书国民政府,义正辞严地要求回绝洋商的野蛮要求。刘鸿生和他的同道经过艰苦的努力,终于挽救了摇摇欲坠的民族火柴工业。

大中华火柴公司的产品越来越好,深受消费者的欢迎,在芝加哥的世界博览会上受到了较高的评价,名播海外。刘鸿生成了名符其实的"火柴大王"。他在写给远在英国读书的儿子的信中说:"你们知道,人们常常称我为'火柴大王',⋯⋯我这种努力并非出自自私,因为我想,只有用这样的组织手段,我们才能真正地发展和保护我们的民族工业。"

刘鸿生一贯主张多元化投资策略,"不能把鸡蛋放在一个篮子里"是他商业思想的核心理念之一。从经营煤炭开始,他先后创建了火柴、水泥、毛纺、搪瓷等七十多家大型实体企业,投资愈七百四十五万余元,此外还创办了银行、保险等金融企业,是当时名播华夏的大资本家,除"火柴大王"外还被称为"煤炭大王"和"水泥大王"。

刘鸿生办企业首重人才。在创建火柴厂时，为突破火柴头容易受潮、使用不安全的技术瓶颈，花费比自己薪酬还高的代价聘请了留美归国的化学博士林天骥。可是林天骥鼓捣了二三个月、花费了大量钱财，却丝毫没有进展。早就冷眼侧目的股东们无法忍受，纷纷要求赶走这个林博士。刘鸿生力排众议，仍然全力以赴地支持林天骥的工作。半年后，林天骥采用高强度胶粘剂终于攻克难关，把中国火柴的质量推向了一流水准。

刘鸿生用人没有成见、不拘一格，而且高瞻远瞩、豁达宽厚。谢德培是上海滩的一个地痞头子，在码头上欺行霸市、为非作歹。刘鸿生企业的原材料和产品都离不开运输，因而与谢多有冲突。公司高管要找警察局来解决问题，刘鸿生不愿激化矛盾，他以柔克刚，善待、厚待谢德培，使其为我所用。他说："人上一百，形形色色……关键是你要善于使用，把各种人放在适当位置，扬其所长，避其所短。"结果是谢德培不但与公司相安无事，而且还为公司做了不少工作，他也从中捞取了一些钱财。刘鸿生心知肚明却淡定如初，他说："水至清则无鱼，如果连这

鸿生火柴厂的写字间

点油水都不让人家捞，人家还肯长期为你卖命吗？有财大家发，为人处世不可斤斤计较。"

1937 年 8 月 13 日，淞沪会战爆发，日军的铁蹄践踏了大半个中国，中华民族到了最危险的时刻。顶着三顶"大王"光环的刘鸿生虽然住在上海的租界，但他的爱国热情依然快速地化作了实际行动。他出任了中国红十字总会副会长、上海市抗日救国物资供应委员会总干事，他还组织了刘氏企业伤员救护队，并动员子女参与淞沪会战的救援工作。

刘鸿生因为断然拒绝了日本人要他担任上海市商会会长的要求，不得不眼睁睁地看着自己含辛茹苦创建的火柴厂、水泥厂、码头等陆续遭受侵占和破坏，他悲愤难抑，但他宁为玉碎、不为瓦全。为了躲避日本人的进一步迫害，1938 年 6 月的一个夜晚，他悄悄地离开了上海。

全面抗战爆发后，远在香港的刘鸿生受蒋介石之殷切邀约来到重庆，主持创建

中国火柴原料厂生产的"狮"牌火柴商标

刘鸿生塑像落成典礼

了中国毛纺织厂、中国火柴原料厂、西北(兰州)毛纺织厂、贵州氯酸钾厂、广西化工厂等,形成了一个较为完整的战时工业体系,有效地支持了抗日战争和大后方的经济建设。在这个过程中,他也饱尝了宋子文、孔祥熙等人的欺侮,上了蒋介石的当。

抗战胜利后,刘鸿生回到上海,重整旗鼓,继续他的企业经营,同时担任国民政府行政院善后救济总署执行长兼上海分署署长。

上海解放前夕,国民党逼迫刘鸿生去台湾,被他拒绝后跑到香港观望时局变化。经周恩来动员,1949年10月他回到上海,先后担任华东军政委员会委员、上海市人民政府委员、中华全国工商联常委、全国政协委员等社会职务,同时积极参与新中国的工业建设。

刘鸿生经常对朋友说:"我这一生,最自豪的就是办企业和教育子女。"他共有13个子女,全都事业有成,无一人骄奢庸碌,其中有几位在他的公司担任要职,全都从基层干起,顺利地实现了接班传承。他的六子刘念悌抗战期间被他送去延安,其虑事之高瞻远瞩可见一斑。他对子女坚持严格要求、苦心培养并以身作则,其成功并非偶然。

汤蒂因

1954 年至 1956 年,刘鸿生所属企业先后公私合营,纳入了社会主义公有经济的体系。

1956 年 10 月 1 日,刘鸿生突发心脏病离世,享年 69 岁。

汤蒂因:上海金笔女王

汤蒂因 1916 年出生于上海一个穷苦的市民家庭。父母给她起名为凤宝,一岁时过继给邻居改名招弟,上学读书时她恳请一位老中医为她更名为汤萼,并解释说:"'萼'是梅花之蒂,希望你受得住苦寒,经得住摔打,就像梅花那样寒冬腊月绽放,显出与众不同的铮铮风骨。"17 岁创业时,她自己据此定名为汤蒂因。从几次易名可以看出,她从小就个性鲜明,凡事要自己做主,主宰命运,绝不妥协。

小学毕业后,汤蒂因虽然学业优秀,但因家中困难,只能供她哥哥继续求学,而她则只能在家学做针线活和家务。她没有因此而向命运屈服,一个偶然的机会,她在上海《新闻报》上看到了一则广告,益新教育用品社招收女店员,条件是必须初中毕业。她决心抓住这个难得的机会,按照广告上提供的地址,给招人单位发去了情词恳切的信函,希望给她哪怕试一下的机会。

益新教育用品社同意她前来面试。面对严肃的考场,她毫不胆怯,也不做作,举止文雅大方。考官问她会不会打算盘,她的回答既干脆又自信:"现在还不会,如果被录取了,阿拉保证一周时间肯定就会!"老板见她面貌姣好,头脑灵活,对答机敏,就从 200 名报名者中将她录用,分配到金笔柜台。这一年,她 14 岁。她没有想到的是,这个分配,竟然使她与金笔终生结缘,并开创了她一生的辉煌事业。

汤蒂因十分珍惜自己的工作,虽然衣着朴素,不烫发、不涂脂抹粉,但早来晚走,手脚勤快,服务热情周到,钻研业务,柜台里的金笔花花绿绿有几十种,她很快就将每种金笔的性能、特点和价格烂熟于心。顾客购买时,她会视其身份和年龄,有针对性地详加介绍,面带微笑地帮助挑选,给出恰如其分的建议。客人往往高兴而来,满意而去。三个月后她在金笔柜台已经崭露头角,招揽了不少回头客,有的虽然什么也不买,只因为要看她一眼,也要来店里逛逛。金笔的销量明显增加,营业额节节攀升,年末时老板将她的工钱由 16 元涨到了 20 元。不久,她又凭着自己的努力和才干,于 1931 年 1 月当上了门市部主任,随即又被提升为权力更大的进货部主任。

　　沉重的担子没有压垮少女稚嫩的肩膀,繁杂的工作也没有使涉事不久的汤蒂因手忙脚乱。她镇定如初,兢兢业业,以身作则,发挥顶梁柱的作用,一心扑在工作上。她带领姐妹们掀起了提高服务质量的热潮,她们把顾客分成了三种类型。第一种是购货目标明确的顾客,当然要热情认真地接待好。第二种是有意购买却又举棋不定,服务人员要为他当好参谋,诚心实意地推荐适于他的商品,百问不烦,百拿不厌,直到他买到称心如意的东西。第三种是只是来店逛逛,什么都问却什么都不买,服务人员更要热情周到,因为他们是潜在客户,说不定哪天就会成为真正的买主。这个总结,虽然浅显易懂,对零售业而言,却也是一种服务创举。

　　除了在金笔柜台服务,汤蒂因还利用一切可利用的时间,熟悉门

美国派克金笔

市部上千种文具的性能和价格,还深入到机关、学校、团体、铁路等大用户,推销产品,送货上门,服务到家。她找朋友帮忙,在橱窗拉起了彩色灯泡,把橱窗里展示的商品映照得鲜亮诱人,吸引了不少行人驻足观赏,扩大了影响。

当时垄断金笔市场的是美国的康克今、华脱门、爱弗士和派克等老牌金笔,日本金笔虽然质量不如美国货但价格便宜,而国产金笔却只有十多年的生产历史,品牌更是少得可怜,无非是关勒名、金星等屈指可数的几个品种,质量也无法与美日产品相比。汤蒂因是个民族意识强烈的人,她将国产金笔制造、特点和销售的信息暗记于心,只要有机会就向顾客推荐。

1932年1月28日深夜,日本海军突然向驻守闸北的19路军发动突然袭击,上海军民奋力抵抗,掀起了抗日救国的热潮。汤蒂因利用进货部主任的便利条件,不但拒进日货,而且建议将柜台上的日货统统下架。老板虽因影响了赚钱而不悦,但迫于形势和汤蒂因的坚持,也只好隐忍默认。

正当汤蒂因干得红红火火时,益新的老板早就垂涎她的美色和才干,终于厚颜无耻地提出要娶她做小老婆。汤蒂因从小就有独立意识,凡事拿得起放得下,决不当花瓶,更不做任何人的附属品。她坚决地回绝了,断然辞职时发出了铿锵有力的誓言:"宁做天上的鸟,不做地上的小!"

17岁的汤蒂因一股豪情从胸中升起,她要开公司、做老板,于是现代物品社在大上海开张了,也就是从这时起,她将名字改为汤蒂因。孰料,益新的老板并未死心,他要想尽一切办法将她的现代物品社搞垮,使她重新回到益新,继续成为他的摇钱树,进而实现他那阴暗而卑劣的愿望。

益新的老板策划了阴险毒辣的一招:掐断汤蒂因的客源和货源。

青年时期的汤蒂因

上海现代物品社昆明分社

他向全国各地用户发出通知,声明说上海最近有一家文具批发店招摇撞骗,请勿上当云云。同时又照会文具供应商不准给汤蒂因提供货源,否则益新将不再从该处进货。

汤蒂因虽然又气又急,但并没有被吓蒙,她生性倔犟,从不屈服,经过一番思考,决定针锋相对迎接挑战。她连夜起草了一份通知寄往全国各地用户,说明现代物品社货真价实、信誉可靠,愿与各地客户互惠互利,长期合作,对那些老用户还可放账,验货满意后再行付款。本来不少客户就是汤的熟人,对她的人品早就了解,加上这封开诚布公、情真意切的信函,不久订单就多了起来。至于进货,一些中小供货商惧于益新的淫威变得谨慎起来,而一些如合记、合众、鼎新等大厂商没有任何顾忌,有生意就做,因而汤蒂因的供货渠道畅通无阻。

汤蒂因见招拆招,益新老板下三烂的绊子没有得逞。闯过了险关的汤蒂因如鱼得水,生意越做越活,商界的朋友越来越多,现代物品社犹如破土而出的秀竹,茁壮成长、翠色喜人。

汤蒂因每天都要早早起来,打扫铺面后就根据订单装车送货,从不延误也从

汤蒂因自传《金笔缘》

未出现过差错。她说生意人的信誉比黄金还珍贵，你今天不守信用，明天就可能被客户抛弃。她寄出的每一笔货物都会有详细的清单和一封感谢信，使客户感到温馨和体贴。

汤蒂因的现代物品社经过三年的苦心经营，职工从 6 人增加到 14 人，铺面也改迁到了繁华的福建中路。为了事业的发展，她决定扩股，筹集了 5000 元资金。实力的增加，使现代物品社的生意蒸蒸日上。

1937 年"八一三"淞沪会战打响，日寇的战火在上海燃烧，汤蒂因的家毁了，生意也陷入困境。1938 年 6 月，她带着两名店员，辗转来到昆明，开了一家上海现代物品社昆明分社。

由于汤蒂因在昆明两眼一抹黑，商店开张后立即受到当地同行的挤兑，门庭冷落，生意清淡。但她并不服输，决定立足昆明，向昆明周边和四川、贵州等地寄函批发货物。好不容易打开局面后，随着日寇战火的蔓延，从上海发往昆明的交通线在日机的轰炸下大多中断，托运的 150 箱货物也被日寇强夺。她再一次遭到沉重的打击。

然而，命运又向汤蒂因展示出最狰狞的一面，与她相交多年、情深谊长的好友和恋人毕子桂因患盲肠炎住院手术，日机轰炸停电而死于非命。这一次，她的事业和爱情双双坠入冰点。多年后，她在回忆录中写道："真正的爱情只有一次！"她终身未婚。不久，她离开了昆明这个伤心地，重返孤岛上海。

1944 年元旦，汤蒂因在上海二次创业，现代物品教育社成立开张。然而，门市部营业额有限，事业难以发展，雄心不减当年的汤蒂因陷入深思。经过观察，她发现，当时有点文化和身份的人，都愿在胸前别一支金笔。对商机的敏感，使她决定自己生产金笔。她将产品命名为绿宝。绿色是挚友毕子桂最爱的颜色，受其影响,她也爱上了这种象征生命和希望的颜色。她的衣着、室内布置及店面装饰,大多采用绿色。上海制笔小厂很多,她选择了一家叫做吉士的自来水笔厂,为她生产绿宝金笔。

深谙经营之道的汤蒂因知道,商品畅销首在扩大影响,使其妇孺皆知、深入人心。她利用报纸、路牌、霓虹灯等广告手段,大造声势。功夫不负有心人,绿宝金笔打开了销路,除了门市出售还兼办外地邮购。

初战告捷没有使她喜形于色,她要乘胜前进,进一步扩大影响和销售。她想到了上海最红的越剧皇后袁雪芬。可是袁雪芬不尚虚荣,长期吃素,从不做广告。她拒绝了汤蒂因委托人的请求。汤蒂因毫不气馁,亲自去找袁雪芬。当得知汤蒂因出身寒苦,没有任何后台,完全凭借自己的胆魄、毅力和智慧,冲破来自方方面面的阻力在上海独闯天下后,袁雪芬被感动了,不仅免费为绿宝金笔做广告,而且留下了一段两人惺惺相惜、互相帮助的动人佳话。

天有不测风云,汤蒂因的供应商吉士自来水笔厂见钱眼热,暴露了人性的黑暗。他们不但私自销售绿宝金笔,而且减少乃至中断对汤蒂因的供货。汤蒂因在商场摸爬滚打多年,见此当机立断,甩开吉士,自筹资金2000元买下一家小笔厂,更名为绿宝金笔厂,独自经营,要在风烟滚滚的商场上过关斩将,夺取胜利。

有了自己的工厂,汤蒂因在兴奋之余,沉下心来虚心学习,多方取经,逐步掌握了金笔厂生产、管理的程序、重点和细节。她坚持每天站两小时柜台,其他时间则在工厂里和工人们一起一身油污一身汗,遇到问题马上解决。她经营企业有两大特点,其一是

新中国时期的汤蒂因

知人善任、用人不疑,手下的骨干有职有权,独挡一面,薪酬待遇当然也不低,她经常说"有钱大家用"。其二是严把质量关,每一道工序都有专人负责,层层把关,似质量如生命。她对原材料进货的挑选更是严格,有一次一家定点厂的笔尖有5%不合格,她发现后大发脾气,要求逐个挑出,决不允许蒙混过关。她的合作者私下里说她"善面和尚严念经",调侃中也流露出钦佩和赞赏。在同美国派克和国产名牌金笔的竞争中,绿宝金笔越战越勇,跃升为国内名牌,人们称她为上海金笔女王。

1949年国民党败走台湾,汤蒂因没有犹豫,她说"阿拉是上海人,哪里也不去"。10月1日国庆前夕,33岁的她自费来到北京,心情激动地感受"换了人间"新中国的朝气和美好前景。

1954年绿宝金笔厂公私合营,1955年与华孚金笔厂合并,汤蒂因被任命为这家大厂的私方经理。华孚金笔厂逐渐发展成为誉满中外的英雄金笔厂,英雄金笔的销售覆盖全中国。1966年开始的"文革",她被打成"反动资本家",遭受了批斗和人格侮辱。

建国后汤蒂因先后当选为全国人大代表、全国政协委员和其他社会职务。晚年热心教育事业,创办了上海工商专业学校、上海工商职工中等专业学校,主持创建了上海工商学院,为工厂和社会各界培养了大批人才。

1988年汤蒂因在上海因患乳房癌逝世,享年72岁。住院期间仍然关心办学事业和民族制笔行业的发展。这位独立而骄傲的商界木兰,虽然到最后都是单身一人,但并不孤独苍凉,因为她留下的事业仍在人间,焕发着勃勃的生机。

英雄金笔厂

范旭东像

激越而浑厚的交响

——记中国化工先导范旭东

序　曲

　　1945 年 10 月 4 日下午 2 时，重庆沙坪坝南园，杰出的化工实业家、我国重化学工业的奠基人、化工科学研究的先驱，被时人和后世称为"中国化工之父"的范旭东溘然离世。临终前，他叮嘱后人要"齐心合力，努力前进"。

　　此时，战争的钢铁巨鸟正在华夏的上空盘旋，重庆陷于痛失一代英才的悲痛之中。正在参加国共和谈的毛泽东亲笔书写了"工业先导，功在中华"的挽联，蒋介石派人送去了"力行致用"的挽幛。周恩来、王若飞以挽联哭他："奋斗垂三十年，独创永利久大,遗恨渤海留残业;和平正开始,方期协力建设,深痛中国失先生。"朱德、彭德怀用挽联评价他:"民族工业悲痛丧失老斗士,经济战线仿佛犹闻海洋歌。"郭沫若的挽联别有深意:"老有所终,壮有所用,幼有所长;天不能死,地不能埋,世不能语。"一位普通工人的悼辞质朴却弥漫着浓郁的情感:"你死了,我们工人永远不会忘记你!"

范旭东艰辛而顽强地搏拚了63个严寒酷暑,用生命谱写了激越而浑厚的乐章,奏响了一曲可歌可泣的交响诗篇。

第一乐章　久大,久大

范旭东是范仲淹的后裔。范旭东1883年10月25日出生于湖南长沙东乡,原名范源让,字明俊,到日本留学后改名范锐,字旭东。祖父曾任直隶省大兴县知县,范旭东六岁丧父,家道遂中落,坠入寒门。母亲谢氏带着他和兄长范源濂,靠浆洗衣服和做针线零活赖以糊口。发愤图强、自强不息的思想根苗,从小就植根于范旭东的生命基因里。

兄长范源濂对范旭东的影响至深,改变了他的人生轨迹。范源濂13岁中秀才,在岳麓书院读书后考入梁启超主讲的时务学堂,与蔡锷同窗。范源濂品学兼优深得梁启超的赏识和关爱,安排他兼理学堂事务,以半工半读的收入赡养老母和培养幼弟读书。

梁启超变法维新时,范源濂积极追随、热情投入。1898年戊戌变法失败,仁人志士四散逃命,范源濂只身亡命日本。两年后范源濂潜回长沙,参加推翻清廷的武装起义,失败后再次逃亡,并将17岁的范旭东带往日本求学。

范仲淹像

从1900年到1911年,从

17 岁到 28 岁范旭东在日本度过了 12 个春秋，学到了渊博的知识，为其一生的奋斗打下了坚实的基础。初到日本时以学习日语和补习功课为主，1905 年考入冈山第六高等学堂学习医学。据说冈山的校长酒井曾对他说"俟君学成，中国早亡矣。"范旭东从小就有强烈的家国情怀、以天下为己任，因此深受刺激，决心改学更有强国之用的学科，1908 年考入京都帝国大学学习应用化学，从而确定了他的终生志向——化学工业。

范旭东目睹了日本变革向上的勃勃生机，想到仅一水之隔却积贫积弱的祖国，发誓以"工业救国"的途径来实现强国的宏伟抱负。他曾在烂漫的樱花季拍摄了一张难忘的照片，写下了铿锵有力的誓言："我愿从今以后，寡言力行，摄像立誓之证。……男儿男儿，其勿忘之！"

范旭东雕像

1911 年中国爆发了辛亥革命，报国心切的范旭东从樱花盛开的岛国回到了翻天覆地的中国，他对母亲、哥哥和时任民国政府财政总长的梁启超反复表达自己的心愿："我要办化学工业，救国！"

然而，贫穷落后的中国尚不具备兴办化学工业的条件，经梁启超的介绍，他来到财政部分析化验银元的质量。民国政府把当时市面铸有"龙洋"图案的银元收回改铸为袁世凯半身像的银元，俗称"袁大头"，作为流通货币使用。当时规定每枚银元的纯银含量为 96%。范旭东不辞辛苦劳累，奔波于北京的北洋、上海的江南和广州等造币工厂，认真负责地努力工作，结果发现所有银元的铸造均因偷工减料、从中贪污而不能达标。他多次上书要求回炉重铸，然而官僚政府已是叶烂根枯，造币工厂更是黑幕重重，他的正当要求根本无人理睬。悲愤之余，两个月后他就拂袖而去、辞职不干了。他说："我一次就饱尝了官场腐败的滋味。这样也好，使我另辟途径，自谋出路。"

耿介书生，"为官"决不姑息腐败。范旭东从此终生不仕，在创建企业时，也主张自力更生、民营为主，走上了一条荆棘丛生、艰辛跋涉的民族商业之旅。

1912年，范旭东赴英、法、比等欧洲国家考察盐政，"列强"态度傲慢，甚至不准进入现场，到英国的卜内门公司参观时，他们嘲弄地说，你们看不懂制碱工艺，看看锅炉房就可以了。虽然饱受歧视和刺激，但西方先进的技术和发达的工业水平，却更加坚定了他"工业救国"的雄心壮志。雪耻，是要有实力的。1914年回国后，他独自一人来到了天津塘沽考察，他要从头做起。

跳入范旭东眼帘的是辽阔无边的荒芜：白花花的盐碱地，不长树木更无花草，只有破败的渔村点缀其间，夹杂着腥咸气味的海风阵阵吹来，益增其萧瑟和凄凉。然而，范旭东却激动不已，他从专业的眼光看到了难得的商机。

当时，中国人的食用盐，是由一个个小作坊通过锅灶煮海水或晾晒海水等土法制作的粗盐，纯度低并含有很多有害物质，黑乎乎的类似于泥巴。而西方国家早已食用白色颗粒状的精盐，并明确规定，氯化钠含量不足85%的盐不能供人食用，他们讥笑中国人是"食土民族"。实际上，制作精盐并不复杂，技术含量和成本都不算高，只是中国多年来动荡不安，军阀们忙着争权夺利，无暇顾及民生，化工的专业人才又极度匮乏，因而精盐市场长期被英、日等商人把持控制，只有少数达官贵人才能吃得起。

范旭东决心改变这种耻辱的现状，创办中国人自己的精盐工厂，让千千万万的中国老百姓

久大精盐厂

久大精盐厂

都能吃上精盐。塘沽不仅富有丰富的盐业资源，而且海陆交通方便，盛产煤炭的唐山也近在咫尺，燃料供给可以得到保障。这是一个天赋的以盐为主要原料的化学工业基地。

为了筹集资金，1914年11月29日，范旭东召开了精盐厂的第一次筹备会议，决定成立股份制公司，由发起人募集资金五万元，范旭东负责招募两万五千元。经过艰苦的努力，筹资总算告成。范旭东希望精盐工厂长久并且大有发展，因此命名为久大精盐厂。盐业界背景深厚的景本白任董事长，范旭东任总经理。

范旭东一步一个脚印地艰难前行。经过反复试验和不断改进研制，久大以海滩晒盐加工卤水，用钢板平底锅升温蒸发结晶，终于生产出了中国制造的第一批精盐，洁净、均匀、卫生，纯度高达90%，品种也很丰富，粒盐、粉盐和砖盐等一应俱全。1915年范旭东亲自为高起点的中国精盐设计了一个五角星商标，起名为海王星。中国近代的化学工业史从此掀开了新的一页。

久大精盐问世后，由于物美价廉、性价比高，深受消费者欢迎。虽然遭到了重重阻挠和各种围剿，但白花花的国产精盐还是源源不断地流向了老百姓的餐桌。1917年销售一万担，1923年增加到了四万担，1936年达到顶峰销售五十多万担。由于让利于分销商，调动了其积极性，随运随销，产销两旺，获利颇丰。久大股东

久大公司股东合影

的回报也超预期,每年的分红均高达本金的二至三成。范旭东赢得了股东的信任,商界的好评亦如影随形,成为民族工商业崭露头角的企业家。

然而,伟大都是熬出来的。

秦汉以来,政府即对盐铁实行严格管制。清朝盐政承袭旧制,食盐销售大权掌握在官府和盐商手里,如果谁胆敢"越界为私",将要处以严刑直至"斩立决"。民国肇始,乱象丛生,全国食盐的产销仍然由官商合伙垄断,控制价格,打击异己,形成了一个庞大的盘根错节的利益集团。

海王星牌精盐的问世颠覆了传统的商业格局,冲击了旧有的利益营垒,他们恨之入骨,磨刀霍霍,必欲置之死地而后快。他们通过其代理人盐务署的署长张弧,操起权力的大棒,不许海王星牌食盐在长江以南销售。范旭东针锋相对,据理上书、义正辞严地要求"取消专商,废除引岸,改良盐政,统一税率"。他的兄长范源濂找到袁世凯身边的"红人"杨度从中斡旋,几番争斗下来,加之形势的变化,终于在长江流域的湘、鄂、皖、赣等地冲破了封锁,开始销售海王星牌精盐,久大的业务得以发展,事业随之蒸蒸日上。

"列强"对中国的经济侵略无孔不入、穷凶极恶，为了保持在中国精盐市场的巨大利益，他们对久大精盐的打击和绞杀更是阴险歹毒、甚嚣尘上。日商在报纸上散布海王星有毒的谣言，英国驻华公使为英商出面，利诱威胁无所不用其极，甚至扬言用军舰封锁天津港，阻止久大运盐船离港。他们还以其雄厚的经济实力与久大大打价格战，企图将年轻的中国盐业扼杀于摇篮之中。范旭东从容应对，不屈不挠，与洋商们斗智斗勇，不但没有被吓倒、打倒，反而在逆境中披荆斩棘，奋勇前行。

封建盐商和英、日盐商对久大的围追堵截虽然穷凶极恶，但大体上还在商战的框架里，属于没有硝烟的战争。而官僚军阀对久大的资产由觊觎到疯狂下手，则是强盗行径了。1925年奉系军阀驻天津司令李景林对范旭东实施了野蛮的绑架，开口索要20万元"军饷"，否则就要"撕票"。生死关头，范旭东临危不惧，大义凛然地严词回绝。李景林还派人到范旭东家中威胁范旭东的太太许馥，强行索要。事情惊动了曾任中华民国临时大总统的黎元洪，黎要求李景林立即放人。后久大公司背着范旭东给李景林送去八万元现款，范旭东才得以脱险归来。

旧时代像惊飞的翅膀划过历史的天空。现在我们走在大街上，随便问一个人，你知道中国人的精盐是怎么来的吗？你知道有一位企业家曾为此而弹精竭虑、历经磨难吗？你知道范旭东吗？答案可能是令人悲摧的。遗忘已经成了我们这个民族思维的惯性。

也许音乐可以将人唤醒。从历史深处缓缓升腾的交响，凝重而悲壮，它以咏叹的慢板讲述着中国民族工业在荒原上白手起家、发展壮大的艰辛、坎坷和光荣……

青年时期的范旭东

第二乐章　永利,永利

　　纯碱,学名碳酸钠,重要的化工原料,用于轻工、建材、冶金、纺织、石油等众多领域,被称为"工业之母"。民用则更为广泛,举凡生产肥皂、纸张、玻璃、印染、食品、药品等都离不开它。纯碱,系之于国计民生。

　　20世纪初叶,纯碱的制作虽然已有四五十年的历史,但其苏维尔制碱技术却一直被西方国家所垄断。他们大搞专利壁垒,技术严格保密。垄断中国纯碱市场的是英国卜内门公司,"一战"爆发后,欧亚交通梗阻,英商趁机抬高物价,始则一二倍继之三四倍后来竟涨到七八倍,不但重创了与之相关的中国民族工业,而且影响了亿万民众衣食住行等日常生活。

永利碱厂近景

范旭东决心扭转这种不公正而且屈辱的现状。1917年当久大精盐厂站稳了脚跟并开始进军长江流域市场的时候，高瞻远瞩的范旭东就充满信心地宣布："筹建中国的制碱厂！"

欲成大事，必先人才。

其实，中国从来就不缺少人才，缺少的是人才的发现和使人才大展拳脚的环境。只有二十多岁且血气方刚、东吴大学化学系硕士陈调甫、上海大效机器厂厂长兼总工程师王小徐，不但都是难得的人才，而且痴迷于制碱业。然而，制碱不但需要已被封锁的技术，也需要大型设备。拦路虎

陈调甫

不除，一切都是纸上谈兵。陈调甫为此专程去南通找到张謇，张謇喟然慨叹，自己目前实无精力，但他指出："当今中国搞实业不知难而退的只有一人——范旭东。"于是，陈调甫联合王小徐风尘仆仆地赶到天津。知音难觅，情胜手足。范旭东兴奋不已，与陈调甫、王小徐的手紧紧地握在一起，决心要为中国的化工事业贡献青春和生命。

为了攻克制碱的技术难关，陈调甫远赴美国进修。事有凑巧，在天津火车站范旭东与其话别时，意外地碰到了日本东京帝国大学的毕业生、范旭东留日时的好朋友李烛尘。他们在日本时就曾"共同商定，和衷共济，各用所学，开办工厂，振兴民族工业，挽救国家危亡"。李烛尘此番来津，就是为了践此誓约的。这时范旭东36岁，李烛尘长他一岁。献身祖国和民族事业的一腔热血把兄弟俩连在了一起。陈调甫在美国又结识了哥伦比亚大学研究院化工博士侯德榜，29岁的侯德榜被范旭东的为人和精神所感动，自愿加盟，报效祖国。李烛尘在新中国成立后出任国家食品工业部部长，侯德榜因独创"侯氏制碱法"而名闻世界。

可贵的中国心像一条红丝带，把一群天南地北的英才连结在一起；范旭东的

天津塘沽永利碱厂全景

人格魅力宛如大海，汇集了激流千里的大江大河，中国近代真正意义上的科学家
团队就此诞生。他们胸怀远大理想，勇于牺牲，甘愿奉献。侯德榜放弃了在美国
的优越条件，毅然回国创业。陈调甫的爱妻去世，正值永利银根吃紧，他在讣告中
申明："拒收挽联、挽幛等物，如送奠仪，只收现金。"葬礼过后他将所收礼金全部
交给范旭东，供"永利"使用。这个由企业家和科学家组成的精英团队，在贫瘠而
多灾多难的中华大地上，朝气蓬勃，精诚团结，努力拼搏，为中国的化工事业奠定
了坚实的基础，书写了艰苦而辉煌的创业传奇。

1917年，范旭东和陈调甫、王小徐合作，在位于天津日租界太和里范旭东家
的院子里，进行制碱的模拟实验。王小徐绘制图纸，制成了一套小型机器，建造了
一座三米多高的石灰窑和一套氨碱法制碱装置，以塘沽长芦盐做原料，经过三个
多月夜以继日的奋战，制成了九公斤的成品，试验告捷。

1918年11月，范旭东在天津召开了永利制碱公司筹备成立大会。"永利"是
范旭东为碱厂起的名字，祈望它永远顺利，用心可谓良苦。

然而，"永利"遭遇的磨难远胜于"久大"，从筹备到生产出产品前后共达八年

之久。制碱需要大量粗盐作为原料,首先必须取得工业用盐的免税。此外还要筹集资金、购置设备、招募人才、厂房的选址和建造,等等。每一项工作都像搬山,困难重重,面临巨大的挑战。

范旭东曾与拥有制碱专利技术的外商谈判,对方却毫无诚意,狮子大开口,提出了许多根本无法接受的苛刻条件。范旭东挺直腰杆,断然拒绝,决定自行设计。他委托陈调甫再赴美国,聘请爱国华侨、纽约华昌贸易公司的李国钦在美国聘请技术人员设计图纸。陈调甫和李国钦绞尽脑汁、历经波折,费了九牛二虎之力,总算搞出了一套七拼八凑的图纸。陈调甫昼夜兼程,带回了国内。他在美国购置的制碱设备也发到了天津。

1920 年 9 月,在各方的斡旋努力下,北洋政府农商部终于批准永利制碱公司正式注册,设厂于塘沽,资本总额为 40 万银元,并特许工业用盐免税 30 年。永利碱厂破土动工,施工安装过程暴露出工艺与设备存在许多问题,设计不得不一改

1949 年 5 月 7 日,刘少奇(左)视察天津永利碱厂

再改，工程亦不得不一再返工。1922年侯德榜回国主持技术工作，1923年试车，但是许多重大问题仍未获解决。1924年8月13日，中国化工的创业者们，凝神注视着永利制造的第一批产品问世。

然而，不期而至的打击从天而降，"永利"生产出来的是红黑相间且含有多种杂质的劣等碱！失望和悲哀的气氛笼罩在塘沽的上空，失败令"永利"的股东和一些员工灰心丧气。七个月后又迎来了更大的打击，主要制碱设备的四口干燥锅全被烧坏，连红黑相间的劣质碱也不能生产了，全厂被迫停工。"永利"处于黑暗的谷底。

"永利"的困境令英商兴奋不已，他们认为有机可乘，卜内门公司的首脑尼可逊特意远涉重洋来到中国，铁定要吃掉"永利"，扼杀中国发展化学工业。1925年春，双方在大连举行会谈。尼可逊以其资金雄厚、技术先进为诱饵，提出与"永利"合作。范旭东头脑冷静，观察分析，识破了对方的真实图谋是并吞"永利"，于是以"永利""股东只限于中国国籍者"为由，坚定地拒绝了。尼可逊的狼子野心未能

天津碱厂老厂区正门

得逞，恼羞成怒，蛮横地要求北洋
政府对"永利"粗盐的免税仅限于
一年，这无异于雪上加霜。陈调
甫在后来的回忆录中写道："永利
债台高筑，四面八方受到嘲笑、谩
骂、攻击、阻碍。""永利"岌岌可
危，一片愁云惨雾。

侯德榜

　　人心不稳，诸事难为。而稳
定人心，又重在股东。从大连回
到永利公司后，范旭东召开了股
东大会。他在声情并茂的讲话中，
首先实事求是地讲解了苏维尔制
碱技术的先进性和艰巨性，就是
日本等国虽经多年研究试验亦未
能成功，但是"永利"在设备使用
和工艺流程的主要环节上，已取
得了重大突破。为山九仞不可功
亏一篑，否则将前功尽弃。其次，他揭露了英商企图扼杀中国新兴化工事业的种
种阴谋诡计，鼓励大家要维护民族尊严，为振兴祖国的工业艰苦奋斗。最后，他还
满怀深情地介绍了侯德榜等工程技术人员敬业努力的高风亮节和感人事迹，指出
"永利"一定会走出困境，迎来成功。范旭东诚恳的态度、精辟的分析、坚定的信
心和顽强拼搏的意志，使股东们从悲观的情绪中拨云见日，受到了启发和感染，对
范旭东也增加了理解、信任和支持。

　　为了寻找失败的原因，侯德榜率领几位技术人员再次赴美，终于发现从美国
买来的半圆形干燥锅系被淘汰的产品，由生铁和熟铁合成，造成膨胀系数不一致，
因而容易断裂，而且操作不便，常常混进杂质。侯德榜购置了先进的圆筒形干燥
锅运回国内。同时又修正了图纸、重新梳理了全部工艺流程，反复求证，务求最好。

　　制碱业因其在工业布局中的重要地位，发达国家大多由政府扶持，然而北洋
政府在企业困难时不但不伸援手，反而迫于洋人势力中止免税的承诺，范旭东虽
然悲愤难抑却并不气馁，他理直气壮地向盐务署上书要求恢复免税原案。时值因

"五卅"惨案而形成了全国性的反帝爱国的群众运动,范旭东在上海的英文《大陆报》上刊发文章,揭露英商野蛮干预中国盐税政策、摧残中国新兴化学工业的阴谋,中外舆论反响强烈,在正义的呼声中,官方不得不延长了"永利"工业用盐的免税时间。

永利碱厂重新开工的各项工作均已准备就绪。范旭东在总揽全局的百忙中,仍然与技术人员一道对新购进的圆形干燥锅、重新更换耐腐蚀的铸铁输送碱液的管道、炭化塔水管、滤碱机、石灰窑等设备进行了仔细的检查。

1926年6月29日是永利碱厂历史上难忘的一天,范旭东精神抖擞地按动了电钮,皮带机飞快地转动起来,碱厂重新开工了!不久,早就等候在一旁的员工激动地欢呼起来,爆竹随之在天空炸响,锣鼓也敲响了欢快的节拍,中国人自行设计并制造的纯净、洁白的优质碱终于诞生了!

范旭东将"永利"的产品命名为"纯碱",以区别于"洋碱",从此纯碱之名传遍华夏,声震九州。范旭东为永利纯碱设计了一个三角形中间镶嵌一个实验室坩埚的商标。"红三角"牌纯碱的问世,成为中国化学工业兴起的标志性事件。

1926年8月,为庆祝美国建国150周年,在美国的费城举办了万国博览会,永利纯碱获得了金质奖章,其评语是:"中国工业进步的象征"。中国制造的纯碱蜚声世界。

"永利"的骄人成就,使英商坐立不安。尼可逊和卜内门公司设计了两个毒辣的狠招,其一是降价销售他们的洋碱,妄图挤垮范旭东的纯碱。其二是派人打入永利碱厂,作为经济间谍收集情报,以为其用,摧毁"永利"。

范旭东咬紧牙根,沉着应战,不但通过低价甚至赔本保住纯碱在天津等地的北方市场,而且以险棋拆招,打通了卜内门长期霸占的长江流域市场。卜内门安插的

"红三角"纯碱荣获1926年美国费城万国博览会金奖奖牌

那个"坐探"余啸秋被范旭东和永利员工的精神所感动，坦白了自己的身份，范旭东鼓励其正义之举，要他配合"永利"的"反间谍战"。中英之间的这场商战已呈短兵相接状态，纠缠肉搏，血雨腥风。

"红三角"纯碱荣获 1926 年美国费城万国博览会金奖证书

范旭东和永利员工同仇敌忾，众志成城，终于赢得了最后的胜利。卜内门公司表示服软，负责人李立德与范旭东签署了"永利 55%、卜内门 45%"的成立配销协议。范旭东以实力和智慧为中国人迎来了扬眉吐气的日子。与洋商竞争不被其兼并已属幸事，压倒洋人在商业上的垄断，在近代历史上则更为罕见。协议签定后，卜内门公司要求参观永利制碱厂。范旭东吩咐同事说，英商来厂只准进入锅炉房而不得进入车间。范旭东没有忘记 20 年前他到英国卜内门公司参观时所遭受的耻辱。"礼尚往来"么，谁说中国人没有幽默感？

作为企业家的范旭东，对"永利"实行现代经营，不但对陈调甫等企业领导信赖有加、大胆放手；而且对所有员工也本着以人为本的精神，实行八小时工作制，技术人员每年有休假并安排旅游，工厂设有医院，免费为职工看病治病，还设有学校，职工子弟免收学费，工人也可参加业余识字班。在优越待遇的同时，制度也是严格的，奖惩分明，执行到位。工人的生产积极性很高，工厂的管理井然有序，生机盎然。

"永利"的纯碱以其优良的品质不仅牢牢地占据了中国的市场，而且远销日本、印度和东南亚国家，代表中国工业的最高水准而扬名海外。范旭东科技救国的宏伟理想落到了实处。

坚持不懈的探索和不屈不挠的战斗，将生命的交响推向高潮。双簧管、单簧管和长笛等管乐依次奏出优美的旋律，在融入弦乐的和谐辉映中，英雄的主题重又投入烈火中冶炼，在铁砧上锻造、锤打，呈现了强者的华彩乐章，而胜利的喜悦就像小喇叭光芒万丈的高鸣，令人热血沸腾……

孔祥熙像

第三乐章 黄海，黄海

永利制碱厂除生产纯碱外，还生产洁碱和烧碱，广泛用于民事和工业。然而，对于完整的化学工业体系而言，"制酸"这一重要缺口必须填补，否则就像雄伟的大鹏鸟少了一只翅膀，那是无法在蓝天翱翔的。

范旭东从1930年起即向南京国民政府实业部提出申请，希望得到国家的实际支持创办中国的制酸产业。硫酸钠可以生产硝酸，而硝酸又是制造炸药不可或缺的原料，国防意义不言而喻。当时，日本军国主义侵华的狼子野心已是昭然若揭，因而南京政府对于建设硫酸厂也很重视并已提上日程，然而对范旭东的申请的批文却句句是空话，拖延推诿，云山雾罩，与实际操作八杆子打不着。

在中国疯狂掠夺财富的英国卜内门公司和德国蔼奇颜料公司闻风而上，表示愿与中国合办硫酸铵厂。但在谈判过程中，他们始而提出中国不准与其他公司开设新的硫酸铵厂的垄断要求，继而又提出了产品由他们两家公司实行"包销"的霸王条款。谈判破裂，无果而终。

1931年9月18日日军悍然发动事变，占领东北的大片领土；1932年年初驻守上海的十九路军与侵略者日军开战，战争的硝烟弥漫到了江南。范旭东忧心如焚，更加坚定了独办中国硫酸铵厂的决心。

为了募集资金，范旭东殚精竭虑，四处奔走，取得了中南银行、交通银行等四家银行的贷款，加上永利制碱公司的积累，条件已然成熟，1933 年 11 月 22 日，范旭东呈文实业部要求制酸厂建厂备案，"内外情势已不容我们再观望"，"备案"还特别强调新厂的性质，"由我永利公司集股自办。"同年 12 月 8 日，行政院会议批准，1934 年 3 月，永利制碱公司更名为永利化学工业公司。中国的制酸业历尽了千辛万难，终于在中国近代工业的舞台上亮相。

在南京国民政府批复建设制酸厂的过程中，宋子文、孔祥熙等高官贵胄提出要"官商合办"，被范旭东一口回绝："官商工业，历来没有好成绩，不一定是当事人不道德，但总有一个使它失败的理由！"之后宋子文又提出入股该厂其实是意在图谋董事长职务，范旭东虽然绝不允许把官场中的腐朽风气带进企业，但在回绝的时候还是委婉却也是坚定的："宋院长（宋子文此时任国民政府行政院院长）真会笑谈，区区董事长位置，怎能劳您大驾呢！"机智应对，虎口拔牙，正义刚直的范旭东也不得不讲究策略。

为了选择厂址，范旭东亲自率队先后考察了湖南、安徽等几个地方，最后落实在南京长江北岸江苏省六合县的卸甲甸。1934 年，永利化学工业公司开始在这里修建厂房。新办厂定名为南京铔厂，通称永利宁厂。

为了提高效率，早日开工，范旭东留在国内，总揽全局和基本建设，侯德榜带领技术骨干到美国负责技术选择、图纸设计、设备采购和到相关企业学习技术。侯德榜在美国得到了李国钦的热心帮助，由纽约华昌公司出面签订所有对外合同。为了节省资金，没有引进成套设备，只选购了关键的单机，如美国生产的合成塔、德国生产的高压机。至于辅助设备，则在国外拍卖市场的旧货中挑选，或者干脆在国内自己制造。

1936 年 4 月侯德榜回国，国外订购

李国钦像

永利硫酸铔厂全景

的机器设备如期运回,学习技术的人员也陆续回国。卸甲甸的厂房、道路、码头等也已建好。经过紧张的设备安装、流程调试,1937年2月5日投料生产,一次成功,永利宁厂制造的硫酸铵和硫酸铔化肥掀开了中国化学工业又一崭新篇章。

侯德榜激动地对范旭东说:"您与列强抗争,为中华民族创业,子孙后代是不会忘记您的。"范旭东握住侯德榜的手说:"中国基本化工的另一只翅膀长出来了,从此海阔天空,听凭中国化工翱翔,不再受基本原料恐慌的限制了。"

永利硫酸铵厂的投资巨大,设备精良,工艺复杂,却仅用30个月的时间就顺利投产而且一次试车成功,其工业水平号称"远东第一"。美国的工程师称赞说:"就进度快和质量好而言,中国稳居第一。"后来学者评价说:"远远超出了三十年代初期我国的工业水平。"(祝慈寿:《中国近代工业史》,重庆出版社)国人为之振奋,极大地激发了民族自信心和自豪感。

1937年下半年,日本侵略者的铁蹄践踏了华北大地,在他们进入天津之前,范旭东便痛苦却是坚定地做出决定:久大精盐厂和永利制碱厂停产,除两厂的负责人留守护厂外其他职工疏散。久大后来在连云港和青岛建设的分厂亦先后停

产疏散。范旭东绝不与日本人妥协。

1937年8月13日起，日军的飞机开始对南京狂轰滥炸，永利宁厂三次遭殃，停水停电，一片漆黑。南京已不可保，开工刚刚九个月的制酸厂亦不得已停产，职工向武汉方向撤退。1937年12月13日日军占领了永利宁厂，对其进行了疯狂地掠夺，在汉奸的引路下，他们挖出了埋藏的设备，将其运往日本，安装在大牟田东洋高压株式会社横须工厂。

天津、塘沽和南京的相继沦陷，重创了范旭东的实业，也使刚刚起步的中国化学工业遭受了惨重的损失。心里滴着血的范旭东并没有被击倒，发展中国化工事业的雄心壮志也没有改变。他曾在香港飞往武汉前写下了铮铮的誓言："只要我在一天，就为本团体的事业努力一天，除死方休！"

范旭东委派李烛尘等企业领导人在重庆设立了久大和永利两公司的华西办事处，一方面接待从津、宁来川的职工，一方面积极筹备在重庆大后方重整旗鼓，开办久大和永利的新厂。

在四川盐务局局长缪剑霜的陪同下范旭东和侯德榜踏遍了巴山蜀水，最后在四川腹地犍为县岷江岸五道桥附近的老龙坝选中为永利川厂的基地。老龙坝一带有盐、煤、灰石等化工原料，岷江水深交通便利，具备建厂条件。然而这里巨石纵横，荆棘丛生，原始蛮荒。范旭东动员了四五千人，移山平地、修渠引水、垫土筑路、修建码头，沉睡千年的大山被唤醒了，见证了中国第一代化工建设者们不屈不挠、战天斗地的英姿和实业救国的赤胆忠心。

在缪剑霜的帮助下，范旭东和侯德榜来到四川自贡，在自流井创办了久大川厂。自流井一直采用笨重的办法从井下将盐卤吊上来，粗加工后即为成品。在满足永利川厂制碱需要的同时，久大川厂以其先进的技术改变了这种费时而落后的面貌，利用当地天然气，用平底锅熬制成精盐。1938年久大川厂投产的消息传遍全国，不但解决了久大来川职工的就业，而且使湘、鄂、川、渝等地的民众吃上了国产的精盐。久大川厂在大后方成功立足，深受民众欢迎。

在老龙坝建设的永利川厂工程进展顺利，为了节省用地和安全，有的车间设在山洞里，职工住房则建在丛林中。然而，由于自流井生产的井盐成本远超海盐，必须达到较高的利用率，否则成本高企无法大量生产。1938年侯德榜带队到德国拟

古法制井盐

购察安法专利,但对方条件过于苛刻,范旭东支持侯德榜自行研制新的制碱方法。

经过艰苦的努力,1941年3月,一种崭新的制碱法终于研制成功。它是连续地循环式生产,碱、铵联合制造,充分利用原来碱厂和铵厂的三废,从而把盐的利用率提高到98%以上。这一新技术的发明,把制碱法推到一个新的更高的水平,其性能远超西方的苏尔维等制碱法。这种具有世界先进水平的制碱法,曾向印度、巴西等国输出技术。当时的舆论普遍认为:"这是中国的光荣,受到国际化工界的推崇。"

范旭东为表彰和纪念,将此新法命名为"侯氏制碱法",向社会各界广为宣传,使其享誉海内外,大长了中国人的志气。

侯德榜此时正在美国,这位科学家硬汉子手棒范旭东的祝贺电报时也禁不住泪流满面,他说:"范先生,您遇事总是将功归于人,过归于己,这制碱法走过哪一步,不浸透了您的心血啊!"范旭东追求的是中国的化工事业,个人的名利在他眼里轻如浮云。蒋介石曾多次接见并两次邀他出任国民政府部长,均被他婉拒。

为了永利川厂的设备范旭东亲赴美国采购;由于中缅公路官办的运输车队不接受永利川厂的运输订单,范旭东便在美国购买了200辆载重卡车,"汽车大王"福特与他亲切会见畅谈。回国后他不顾年事已高和身体欠佳,亲自指挥艰巨的运输工作,同时还为解决永利川厂的原料而自办了一个半机械化的煤矿。由于日本发动了太平洋战争,中缅公路中断,永利川厂的设备难于装运,有的干脆取消了合同,留下的只有绵绵的遗恨。

漫长而崎岖的中缅公路和险象环生的"蜀道",正是近代中国民族工业真实而形象的写照。

范旭东在实践"科技救国"的同时,特别注重科学研究,他强调尊重知识,人尽其才,加大科研投入,从而刺激创新,发展生产。早在他创建永利制碱厂的时候,他所创办的黄海化学工业研究社即已诞生。这是中国第一家民营化工科研机构,也是范旭东所说毕生创办的继久大和永利之后的第三大事业。

范旭东创建研究社的目的,不仅是要为久大和永利的生产提供智力支持,而且要为一穷二白的中国培养化工人才,从而强大国家,为此他写道:"中国广大民众,本不应该患贫患弱……惟有邀集几个志同道合的人关起门来,静悄悄地自己去干,期以岁月,果有些成就,一切归之国家,决不自私,否则也惟力是视,绝不气馁。"关于研究社在他事业版图中的地位,他说:"黄海应该是我们的神经中枢。

黄海化学工业研究社旧址

它不属于永久两公司,而是与永久两公司平行独立的化工研究机构。"

经兄长范源濂介绍,范旭东以"三顾茅庐"的精神,聘请了既有资历又肯"沉下心来""不为当世功名富贵所惑"的美国哈佛大学化工博士孙学悟担任社长。黄海化学工业研究社于1922年正式成立,一百多位化学专家在这里进行科学研究。范旭东将自己多年来在久大和永利的酬金全部无偿地捐赠出来,在他的影响下久大和永利的股东们也慷慨解囊,范旭东挥笔写下了"云天高谊"四个大字,以襄盛事。

范旭东之所以将其科研机构命名为"黄海",他解释说:"表明我们对海洋的深情,我们深信中国未来的命运在海洋。"这是极富远见的思想。研究社的社徽设计体现了范旭东的科研思路,"致知""穷理""应用"三者互相促进又完美结合,富有现代科研气息。

黄海化工研究社还创办了一个刊物,作为"永久黄"工业集团凝聚力的载体和喉舌,取名为《海王》。在范旭东的主持下,该刊刊发了"永久黄"工业集团的"四大信条":"在原则上绝对相信科学,在事业上积极发展实业,在行动上宁愿牺牲个人、顾全团体,在精神上以服务社会为最大光荣。"《海王》自1928年创刊至1949

年终刊,累计出版了六百多期,范旭东亲自为该刊撰稿百余篇。

黄海化工研究社在孙学悟和科研工作者的共同努力下,在无机、有机和细菌化学的研究上取得了卓有成效的成果,填补了化工科研的诸多空白,书写了化工科研史上光辉的一页。范旭东历来主张理论与实践相结合,倡导科研服务社会,例如曾为四川南县的一个煤矿提供科技服务,效果明显,成为我国近代化工科技咨询服务的范例。

范旭东热衷科研和学术活动、热心于教育事业,曾担任中国自然科学理事社理事等多种社会职务;同时还是南开大学等校校董,对南开大学化学系赠送奖金,鼓励优秀学生献身于祖国的化工事业。

为了中国化工事业的崛起,范旭东一生忍辱负重、脚踏实地、锲而不舍、劳神劳力,终于积劳成疾,1945年10月4日下午2时因黄胆病与脑血管病同时发作而被夺走了生命。11月13日召开了"陪都工业、文化界人士痛悼范旭东先生大会",沈钧儒、郭沫若、章乃器等各界名流与会。范旭东光明磊落,一心为公不谋私利,生前不置汽车,不营大厦,没有给妻儿留下什么遗产。范旭东身后寂寞寥落,唯铮铮铁骨永存人间。

贝多芬的英雄交响乐的第二乐章通常被认为是"英雄之死",罗曼·罗兰称之为"全人类抬着英雄的棺柩"。庄重、哀伤的和弦充满美感和独特的感情张力,由简单主题发展出多种变化,叙说着英雄所经历的多少次颠扑和多少次奋起,这是浪与浪的冲击,汪洋姿肆,荡气回肠。

沈钧儒像

尾 声

毛泽东在谈到中国工业的发展时，曾指出有四个人不能忘记，"讲化学工业，不能忘记范旭东。"在近代中国的创业者中，范旭东的事业或许是最具开创性的，因为在他之前中国几乎不存在化学工业。他在一片荒原上披荆斩棘，艰难崛起。他是最有勇气的一个。

范旭东尊重科学，尊重人才，远见卓识，脚踏实地，取得了骄人的成就。在20世纪三四十年代，中国的化学工业雄踞亚洲一流，红三角牌纯碱多年占据日本市场。如果这不是唯一，也是史所罕见。

范旭东心胸高远，热爱祖国。他一贯自称"书生"，自觉地远离低俗浊气，浑身弥漫着知识分子的浩然正气。他毕生为中国的化学工业而奋斗，生为此虑，死不瞑目，"商之大者，为国为民"，说的就是像他这样顶天立地的大丈夫。他心地坦荡，心底无私天地宽，个人品行和魅力使周围的精英们对其忠诚不移，终成大事。

范旭东不但青史留名，而且他的事业在21世纪仍然焕发着勃勃生机。塘沽的久大和永利已合并为天津碱厂，海王星和红三角两商标，依然享誉市场。永利硫酸铵厂现已更名为南京化学工业公司，是一个大型的联合化工基地。黄海化学工业研究社已并入中国科学院。"永久黄"集团像一个摇篮，一百年来为中国培养了无数的化工人才，长江后浪推前浪，永无尽期。

范旭东在天津的故居

死神虽然夺走了杰出的生命，却无法夺走伟大的精神。物质生命的结束，正是精神生命的开始。音乐的情绪由此渐次高涨，雄伟、悲壮的和弦呈现出恢宏而崇高的主旋律，钟鼓齐鸣，号角长啸，各种乐器奏出的声音汇成了一股激流，波涛汹涌、浩浩荡荡，强烈地冲击着每一人的心灵……

卢作孚像

悲情卢作孚

　　1952 年 2 月 8 日，阴冷的傍晚。重庆。一个将近六十岁的老人，面色疲惫地回到了民国路 20 号寓所。他平静地告诉保姆："我累了，我需要休息。"随后直接走进卧室，再没有出来。死亡的翅膀正在空中盘旋。当晚八时左右，家人突然发现，他因服用过多安眠药而永远地"休息"了。

　　他是一位身无分文的大亨，一位小学文化的学者，一个航运巨子的传奇，一个风云时代的骄傲。他是卢作孚，近代中国的"船王"、以"实业救国"而名闻天下的企业家。毛泽东称他为不能忘记的中国实业家之一。被称为中国"企业家教父"的当代企业家柳传志说：民国时期的卢作孚是我特别尊敬的人，我绝不敢和他比。我做事情之前会盘算半天，看对企业有利没利，而卢作孚完全是无私的。

1945年2月，卢作孚（右三）参观美国大古力水电站

卢作孚仿佛一座大山，矗立在古老的华夏大地。他轰轰烈烈的一生是如何度过的？他缘何要以这种极端的方式告别他无比热爱的世界？怎样的纪念才是对他在天之灵最好的告慰？

艰难崛起

卢作孚1893年4月14日生于重庆合川，自幼好学，天资聪颖，胸怀大志。因家境贫寒小学没有毕业即开始谋生，后靠自学而成材，曾开办补习学校，讲授中学数学，编著有《中等代数》《三角》和《应用数学题解》等书，后者曾由重庆中西书局正式出版。

卢作孚向往革命，1910年在成都参加同盟会，从事反清保路运动。1911年积极投身于"五四"运动，参加李大钊等组织的少年中国学会，主张"教育救国"。后从事新闻工作，撰写了大量有关时政、经济和教育文章，1919 年接任《川报》社长兼总编辑。1921 年出任泸州永宁公署教育科长，兴办学校，聘请恽代英等革命志士担任川南师范学校领导工作，积极开展民众教育和教育实验，影响全川。1924 年到成都创办民众通俗教育馆，聘请各方面专家，普及大众文化教育。然而好景不长，因军阀连年混战，社会动荡不安，民心不稳，他的"教育救国"理想遭遇严重挫折，最后只能无果而终。

1925 年秋，28 岁的卢作孚走到了人生重要的转折关头，他从实践中得出新的认知，转而开始"实业救国"。又以交通运输为"各业之母"，于是弃学从商，白手起家创办航运。现实的严峻在于，卢作孚此时既无一文钱之资金，更无强大的背景为倚托，而是全凭追求理想的满腔热血和对市场的感觉和判断，便艰难起步、大胆创业。

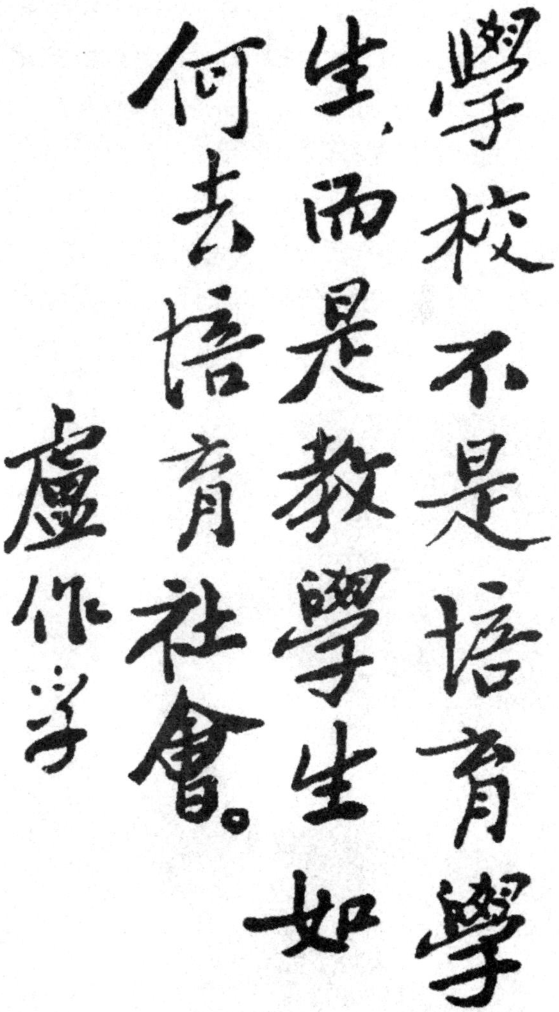

1925 年 10 月，在老师陈伯遵和同学黄云龙等师友帮助下，卢作孚开始了创建轮

學校不是培育學生，而是教學學生如何去培育社會。

卢作孚

卢作孚书法

船公司的筹备工作。几经努力募集到了 20000 元，实际到位却只有 8000 元。卢作孚兴冲冲地到了上海，然而，一艘载重 70.6 吨的铁壳小客轮最低也要 3.5 万元，自己那点钱只能算是个零头。卢作孚困顿数日，做出了一个大胆的决定：用 5000 元买了一台柴油发电机，余下 3000 元作为订金与造船厂签订了购船合同。

卢作孚在合川建了一座发电厂，成为全川第一个用电灯照明的县城。不但引领风尚，造福乡梓；而且也增强了股东们的信心。卢作孚将电厂的赢利积攒起来，又得老师陈伯遵挪借了 8000 元，加上东拼西凑，终于筹齐了购船的全部费用。1926 年 6 月 10 日，卢作孚命名的"民生实业股份有限公司"宣告成立，推举卢作孚任总经理，黄云龙任协理。"服务社会，便利人群，开发产业，富强国家"，卢所制定的公司宗旨展现了他着眼于民生而强国的宏愿。

卢作孚由合川到上海接船路过万县时，四川军阀杨森时在万县执政，力邀卢来任职，月薪为 500 元，而当时卢在民生的月薪是 30 元。孰料，卢却毫不犹豫地婉拒了。卢一生矢志商业而不愿涉足官场，曾多次被军阀和国民政府委以高官却大多被坚辞，即便是为了顺利地经营实业而赴任，也都很快离职。他是一位罕见的、拒绝权力诱惑的企业家。

早在公司成立前，卢作孚和黄云龙就曾对长江上游的航运进行过考察。他们发现，航行在长江上的多为外国列强的轮船，中国的轮船虽然也有二三十艘，却分属于不同的小公司且经营乏力，苟延残喘。卢作孚忧心如捣，发誓要为中国人争口气。他们还发现，长江上的热门航线是重庆到宜宾、宜昌或到上海，竞争异常激烈。然而重庆至合川却无航船运营。他们决定拾遗补缺，短途运输，将公司的第一艘轮船民生

四川军阀杨森

号确定为"嘉陵江渝——合航线"。

1926年7月23日，民生号满载乘客，在喜庆的鞭炮声中完成了重庆至合川65公里的处女航。民生号以客运为主，客货混载，顺水时只需4小时，逆水时需9小时，而原来的民间小船则需2天。民生公司开航顺利，广受欢迎，营业蒸蒸日上，当年便获利20000余元。

创新，是民生公司迅速崛起的根本原因。

体制上的创新，使民生公司的管理科学化、规范化，极大地提升了生产效率。卢作孚抛弃了人、财、物等权力均由船老大说了算的传统"规矩"，建立了具有现代企业理念的"四统制"，即轮船的全部人员由公司统一任用，财物由公司统一

卢作孚

管理，燃料由公司按规定统一发送，驾驶归船长统一指挥。卢作孚为公司的各项管理全都制定了完整的规章制度，《经理须知》《船长须知》《水手须知》等诸多规定均条分缕析、要求明晰、责任清楚、易于操作。

民生公司运营伊始，卢作孚就确定了"一切为了顾客"的理念，上至船长下到水手都要兼作服务工作，连茶房如何敬茶、服务员如何添饭等细节都有严格要求。卢作孚将服务质量视为公司的生命，经常亲自乘坐民生轮，调查研究，不断改进。公司经常举办培训班，强化对员工的培训，使高质量的服务制度化、常态化。后来被兼并的公司在民生严密精细的管理制度下，都很快扭亏为盈，走出困境。以优质服务为核心内容的企业文化理念，是卢作孚坚持了一生的的价值观。

卢作孚一贯反对守旧，追求科技创新。在华商的轮船公司里，民生公司是最早安装无线电设备的，也是最先增添了救险设备、生活设施和拓展了娱乐空间的，开风气之先，受到了顾客的普遍欢迎。在体制架构上，民生公司亦走在了时代的

前列，20世纪30年代中国的民营工商业大多为家族体制，民生公司则将所有权和经营权分离，即或是最大的股东也不一定就是董事长，甚至连董事也可能不是。管理的独立和专业，确保了公司经营的理性有序，充满活力。

民生号轮船行驶不到四个月便遇到了困难。长江上游每到冬季，河水变浅，称为枯水期，轮船不得不停运。卢作孚当机立断，在上海购买了一艘吨位较少吃水也较浅的小客轮，取名为新民号，在枯水期照样可以航行在重庆与合川之间，满足了群众出行和客商运输的需求。

民生公司的事业芝麻开花节节高，又买了第三艘轮船取名为民望号，其航线也从原来的渝——合线扩大到渝——涪线和渝——沪线。他创新了一种被称为三段运输法的模式，即不同吃水量的轮船分别行驶，这样，枯水期也能从长江上游行船到中下游。

远见卓识、聪敏决断、勇于创新和不屈不挠的精神，使他的事业迅速地进入了发展的快车道。

在军阀混战的四川，匪盗横行，商人们只有面对混乱的政局并处理好方方面面的关系，才能生存下来。卢作孚不但有效地化解了与大军阀杨森的矛盾，而且还得到了他的鼎力支持。大环境的顺风顺水助推了民生公司实力的不断增强。

为了整合民族航运业的力量，从而一致对外，1931年卢作孚开启了"化零为整，统一川江"的商业擘画：凡因经营不善面临崩盘的小公司，民生愿意收购，安置员工、量才使用；凡愿意与民生合并的公司，其轮船均以较高价格折价，作为股本加入民生公司。凭借超人的组织能力和人格魅力，仅一年多的时间，民生公司便合并了7家轮船公司、收购了华商轮船28艘，成为川江上实力最为雄厚的华商轮船公司。

中国船王

20世纪初叶，在长江上耀武扬威、横冲直撞的是插着英、美、日等列强国家国旗的外国轮船，他们开始并没把弱小的民生公司放在眼里，可是随着民生势不可挡的日益强大，他们坐不住了。这些傲慢而凶残的庞然大物或明或暗、或单打独斗或沆瀣一气，开始了对民生的疯狂绞杀。日商公司的嘉陵号轮船公然撞击民生公司的民主号轮船，幸亏民生的船长技术高超紧急避让，才避免了一场惨案。更

民生轮船公司成立大典

　　大的麻烦是,列强的轮船公司凭借其财大气粗,联手大打价格战,不惜亏本也要使正在崛起的民生公司不战而降,实现其独霸长江航运的狼子野心。

　　面对敌强我弱的生死考验和命悬一线的惨烈竞争,卢作孚毫不气馁,审时度势,沉着应战。民生底子薄,如果与对手纠缠于"价格战"的血拼,只有死路一条。卢的高明在于巧妙地避实就虚,利用"天时地利人和"的优势,杀出一条血路,突围而出。积贫积弱、被列强瓜分的中国,民众的爱国热情犹如火山喷发,空前高涨。卢认识到,千千万万的爱国民众才是民生的强大后盾、化险为夷的可靠利器。

　　卢作孚适时地点燃了民众在商业上的爱国热情并使之成为燎原之势,越烧越旺。"九一八"事变后,卢积极投身于抗日救亡运动,在国民中影响甚广。民生轮船的卧铺床单和职工宿舍床单上都印有"梦寐勿忘国家大难"的字样,以此激励国人的爱国之心。重庆一带的民众自发地提出"要坐民生船,不坐外国船",工商业者也把货物交与民生公司运输而拒绝外商的低价诱惑。民生员工的爱国热情也被激发出来,当公司陷入重围、资金链断裂的危机关头,他们发出了"勒紧肚皮,

民生轮,1926 年在上海订造的民生公司第一艘轮船

也不让民生公司被外商挤垮"的誓言,在缓领、少领甚至不领工资的困境中,反而更加忘我的努力工作,誓与公司共度时艰。民生在乌云压城城欲摧的艰险时日里,众志成城,越战越勇。

卢作孚在与外商的激烈竞争中,除有效地调动民众的爱国热情,更重要的战略举措是服务质量的远超对手。他在着力挖潜、降低成本,积极应对价格战压力的同时,尽量改善民生轮船的硬件设施、强化管理,努力提高服务质量,巩固民生的良好信誉,争取更多的客货来源。由于竞争对手主要是日商,他有针对性地制定了一套服务标准:"招待乘客和蔼周到的精神要超过日船,保护客货的办法要超过日船,保护船身、节省费用的精神要超过日船,清洁整饬调理秩序的精神要超过日船,对于乘客要随时提起其抗日救国的精神。"

民生公司在轮船上安装了无线电台,增置了电冰箱、消毒柜、电风扇、收音机、浴室、卫生间、阅览室,提供报纸、画报,收听广播、介绍沿岸风景名胜,还为客户代办电报电话和邮政业务。顾客一上轮船，就有服务人员帮助接受行李，安顿铺位和饮食；下船时则帮忙收拾行李、招呼脚夫、为客代觅旅馆、送客上岸。一切都热情周到，体贴入微，真正做到了卢一再强调的让顾客有"宾至如归"之感。有耕耘必有收获。民生的轮船大受欢迎，有人宁愿多等几日也要坐民生的轮船。民国著名女作家陈衡哲从汉口乘民生轮入川，撰文抒写自己的感受时曾说，在民生轮上感到了一种"自尊的舒适"。

在残酷的竞争中，美国籍的捷江公司终于撑不住，轰然倒塌了。卢作孚断然出手，融资收购了捷江的7艘轮船和码头设备。这是民生在与外轮博弈中取得决定性胜利的标志性事件。不久，英商的怡和公司因严重亏损宣布退出川江航运。民生凭借民族情感的感召力和过硬的设施与服务，终于将日本船只也挤出了川江。民生公司在长江的航运中渐渐握有了主动权和话语权，结束了自鸦片战争以来长江的屈辱史，捍卫了民族尊严。民生的轮船往来行驶于长江之上，阳光耀眼，江风浩荡，旌旗猎猎。

1928年冬，卢作孚创办四川第一家轮船修理厂——民生机器厂

在创业那些艰辛拼搏和商战那些惊心动魄的日日夜夜里，铸造了卢作孚勇敢、坚毅、智慧和越挫越勇的品格。他在处理与权力的关系、优化资源配置、企业管理、品牌营销、质量保障、竞争的战略与战术等商业活动中，彰显了卓越的才干和优秀的企业家精神。

至 1935 年，民生公司已经拥有 46 艘轮船，总吨位 18718 吨，超过外轮公司的总和，职工 3991 人，资产 1215 万元，经营长江上游 70% 以上的航运业务。美誉度高企，声望日隆。到 1945 年，民生公司的业务不仅抵达青岛、天津等中国港口，而且商业版图已扩大到新加坡、日本等国，实现了"崛起于长江，争雄于列强"的宏伟愿景，卢作孚也被海内外誉为"中国船王"。香港船王包玉刚曾经说："如果卢作孚还健在，就不会有我今日的包玉刚。"由此可见，卢作孚在近现代中国航运史上的地位。

与此同时，民生公司还涉足于矿冶、机械、纺织等 78 个行业，卢作孚同时担任几十个企业的董事长或董事。

卢作孚创办的三峡纺织厂新购的大隆织机

抗战期间民生机器厂的生产车间

家国情怀

卢作孚不但是杰出的企业家和实业家，而且是坚定的爱国主义者和热爱家乡、建设家乡、奉献家乡的理想主义者。家国情怀终生不渝，成为他生命历程的"主旋律"。

早在1930年春，卢作孚即率团前往东北考察，目睹了关东军在东北的种种野蛮暴行和白山黑水人民饱受侵略者蹂躏的悲惨遭遇，敏锐地预感到一场民族危机已经箭在弦上、迫在眉睫。考察归渝后，他将自己的所见所闻所感写成《东北游记》，分送官方政要、社会名流和亲朋好友，并在报纸上连载，控诉日寇的经济侵略、政治侵略给国家和人民带来的深重灾难，唤醒民众的爱国热情，号召抵制日货，呼吁国家和民众对日寇亡我中华的军事侵略应有警惕和准备，显示了一代精英的忧患意识和远见卓识。

1931年"九一八"事变后，面对民族的生死存亡，卢作孚满腔义愤，挺身而出，为救国图存而奔走呼号，重印了《东北游记》，题写了铿锵有力的序言，激发国人的抗日热情。他还成立了东北问题研究会，探求救国救民的良策，邀请名人来渝做抗日演讲，点燃炎黄子孙刚性和信念的火焰。

1932年1月，卢作孚在重庆发起成立北碚抗日救国义勇军，自任总指挥，发表抗日宣言，组织军事训练，准备随时开赴前线，浴血疆场。抗日救国义勇军佩戴"毋忘东北"的臂章，随军毯子上印有"卧薪尝胆"四个大字，枕戈待旦，时刻警示有志青年，勿忘国耻，奋勇救国。他派民生公司的轮船运送爱国青年请愿代表到重庆向刘湘军政当局请缨抗战，奔赴前线，血战沙场。

卢作孚利用自己的社会影响，积极敦促全川各派力量停止内耗，同仇敌忾，共御外侮，在抗战大后方的四川形成了团结一致、共赴国难的局面。他在主持全川交通运输事务时，为了夺取抗战的胜利而殚精竭虑，输送川军将士奔赴抗战前线，投入全民抗战的伟大洪流。

1932年"一二八"淞沪抗战爆发，卢作孚亲自书写了激励人心的抗战宣传标

官兵在"不灭倭寇，誓不生还"的誓词上签名　　　淞沪抗战期间的中国士兵

语，组织编写印制战事通讯，通过航空、电报、电台等及时向全国报道前线战况。他还组织了 22 个劝募小组，亲自带头捐款，民生公司员工和重庆各界爱国人士慷慨解囊，踊跃捐款捐物，有力地支援了淞沪抗战前线。卢作孚对国家和民族赤胆忠心，为抗日救亡建立了丰功伟业，展现了可歌可泣的壮丽人生，名垂青史，留芳百世。

1937 年 12 月南京陷落，1938 年秋武汉失守，中华民族到了最危险的时刻。为了阻止日军的疯狂进攻，国民政府的海军部长陈绍宽制定了一个最为惨烈的作战方法：在江阴沉船阻塞长江航道。卢作孚的民生公司和其他航运公司一道，忍受着巨痛却也是毫不犹豫地将自己的轮船沉于江底，许多船员流下了眼泪。企业家所付出的牺牲，彰显了他们爱国主义的伟大精神和令人景仰的思想境界。

然而，中国军队仍然节节败退，国民政府已迁往重庆。从上海、江浙等工业重镇撤往四川大后方的重要兵器、航空、重工业、轻工业等工厂设备、物资以及大量的武器弹药和汽油十数万吨，云集在宜昌的江边无法运走。日本的飞机昼夜轰炸，

淞沪抗战期间的日本士兵

卢作孚与长子卢国维

宜昌已势如累卵，长江的枯水季即将来临，情势万分危机。

当此生死存亡关头，卢作孚慷慨赴难，临危不乱，群策群力，组织民生公司的全部船只和职员，采取分段运输的办法，昼夜兼程抢运了四十多天，终于在宜昌失陷前将全部屯集物资抢运到了四川。卢作孚的儿子卢国纪回忆说，"长江航线，从宜昌到重庆，上水航行至少需要4天，下水航行至少需要两天，费时太长，必须采取尽量缩短航程的办法，以争取多运物资。于是，除了最重要的和最不容易装卸的笨重设备，由宜昌直接运到重庆外，次要的、较轻的设备，则缩短一半航程，只运到万县即卸下，交由其他轮船转运。这样就节省了一半的时间。更轻、更不关紧要的器材，再缩短一半航程，只运到奉节、巫山或巴东即卸下，留待以后再转运。还有的甚至运进三峡即卸下，让轮船当天即开回宜昌。这样，每天早晨，必有六七只装满物资的轮船从宜昌开出去；每天下午，也必有同样数量的空船开回宜昌来，充分地利用了难得的40天高水位时间，最大限度地增加了运输能力，使成千上万吨至关紧要的军工和民用工厂设备，从宜昌抢运出去，送到了安全的地方。"

此外，民生公司还抢运了六万四千多名各类专业人才入川，复旦大学、中央大学、武汉大学、中央陆军学校等数十所高校也被抢运入川。卢作孚的民生公司在危机时刻的担当和奉献，不但为中国的抗战保存了物质命脉，也为中国的未来保存了人才火种，创造了民营企业在世界战争史上的奇迹，被称为"中国的敦克尔刻大撤退"。在这次英勇悲壮的抢运中，民生公司损失了16艘轮船，牺牲员工百余人。抗战胜利后，国民政府授予卢作孚一等一级勋章。

自古以来，中国的农村最穷，农民最苦。特别是重庆的北碚地区，山岭重迭，交通困难，自然条件极其恶劣；而且军阀连年混战，兵匪地痞横行。这里根本没有什么工厂或作坊，烟馆、妓院、赌场却大行其道，触目皆是。黎民百姓在贫穷、愚昧和死亡线上痛苦挣扎。

卢作孚决心改变这一现实，要以中国这个最落后的地区作为平台，开始他的乡村实验突围。那么，用什么方法才能成本最低、效果最好呢？当时不少热血青年常以炸弹自比，表示革命的决心。卢作孚却说："炸弹力量小，不足以完全毁灭对方；微生物的力量才特别大，才使人无法抵抗。"然而，"微生物"的办法，却要付出更为艰巨、时间也更为漫长的努力和奋斗。

1927年卢作孚被任命为北碚峡防局局长，他以此为契机，提出"打破苟安现局，创造理想社会"。他所擘画的现代化思路是，"中国的根本要求，是要赶快将这一国家现代化起来，所以我们要赶快将这个乡村现代化起来，以供中国小至乡村，大至国家的参考。"

为此，卢作孚精心规划了北碚乡村现代化的蓝图，以重庆郊区北碚为中心，幅射至嘉陵江的三峡。他的建设主要从两个方面展开：第一是兴办了一些经济事业，

1935年建成的中国西部科学院主楼

相继开办了北川铁路公司、天府煤矿公司、三峡染织厂、北碚自来水公司、北碚印刷厂，同时兴修水利、开通运河；第二是创造文化事业和社会公共事业，修建北碚体育场、北碚温泉公园和北碚公园、峡区地方医院、嘉陵江日报、北碚图书馆、北碚博物馆和兼善中学等各种学校，甚至还创办了中国唯一的民办科研机构——中国西部科学院。抗战中，北碚聚集了近20个国家一流的科研机构、3000多位专家学者，李约瑟称之为"此间最大的科学中心"。

卢作孚社会改造思想的核心是人，他说："建设的第一桩事，是把人建设起来。"他认为，重要的是改善人心，改变国民的精神面貌。要使这里的人民"皆有职业，皆受教育，皆能为公众服务，皆无嗜好，皆无不良习惯"。

著名民间教育家陶行知

难能可贵的是，尽管当时生产力低下，在开发山区和城镇建设上，卢作孚提出了"生态为先"这样别具超前眼光的理念。在较为完善的整体规划下，生态环境得到了有效的保护。而这一切，又与卢作孚在北碚开展的科学活动分不开。

经过几年的努力，昔日贫穷落后、匪盗横行的不毛之地，终于变成了"生产发展，文教事业发达，环境优美"的乡镇。著名民间教育家陶行知参观后赞扬说："可为将来如何建设新中国的缩影。"华西大学创办者约瑟夫·毕启夸赞说：

"平地涌起的现代化市镇!"乡村建设家晏阳初说卢作孚是他最敬佩的朋友,"他是位完人。"敢和毛泽东唱反调的梁漱溟称赞他"庶几乎可比于古之贤哲"。卢作孚也因此而与梁漱溟、晏阳初被称为"民国乡建三杰"。

2008年,重庆评选历史名人,对卢作孚的评语是:"民生公司、北碚实验区、《卢作孚集》其中任何一项都足以改

梁漱溟像

变历史,卢作孚正是这样一位改变历史而让中国人不能忘记的重庆人。"

自杀之谜

1950年6月,卢作孚在中共领导人的一再邀请下自香港回归,他在海外的船队和其他实业也陆续返回大陆。作为特邀代表,他参加了第一届中国人民政治协商会议,两次受到毛泽东的接见,多次与周恩来、朱德、陈云、邓小平等中央领导会见,共襄国是。他放弃了在京做官的机会,回到他的"根"重庆,回到他生死与共的企业。两个月后,民生公司在全国率先成为公私合营的公司。他没有想到的是,此番回家,竟会变成他生命的不归之路。

新中国甫一成立,"天翻地覆慨而慷"。在1950年至1951年的"镇反"运动中,民生公司的陶建中等大批重要干部先后遭到逮捕和受到冲击。在风声鹤唳、人人自危的情势中,卢作孚惶惑而痛苦,却又无能为力。

由于战火方熄,百废待兴,业务量不足,民生公司承受着巨大的财务压力,民铎号轮船触礁沉没,雪上加霜的是,又节外生枝,谣言蜂起。

1944年，卢作孚在北碚

2月6日上午在民生公司资方人员的学习会上，卢作孚生平首次检讨，并当场落泪。内心的痛苦和挣扎，使他常常通宵难以入眠。

2月8日上午在民生公司"五反"动员大会上，公股首席代表张祥麟主动"引火烧身"，声称差一点中了资本家的"糖衣炮弹"。紧接着，卢作孚平时最爱护的随身通讯员（即今之秘书）关怀跳上台去，当场揭发，卢曾请公股代表吃便饭、看京戏、同去理发代付费云云。一切都来得如此突然而流畅，就像早就精心策划好步步惊心的一幕大戏。

卢作孚一生光明磊落、洁身自好、视尊严和人格高于生命，他无法忍受这种无端向他泼来的脏水，"士可杀而不可辱"的中国士大夫精神，使他最后做出了激烈而极端的反应。后世学者大多这样解读卢作孚之死。

也有论者认为，压垮卢作孚的最后一根稻草是，民生公司内部的人情冷暖、世态炎凉。他的自杀是对背叛者的轻蔑、不屑和无声的反抗。

民生公司研究室兼职研究员赵晓玲还指出了两个极应重视的细节：对卢作孚的抢救为什么不及时？公司副总董少生是否要负责任？总之，众说纷纭，迷雾重重。

这些分析和质疑都不无道理。然而，卢作孚的一生历经惊涛骇浪，他都能处变不惊、坚韧不拔，生死的抉择似乎不宜从单一的向度进行简单的解读。笔者以为，对于既有野蛮生长之活力，又有学养护身之定力的卢作孚，只有当他为之奋斗了一生的理想开始坍塌、从而陷入了不可挽回的绝望的时候，他才会"临难毋苟免"。为理想而殉身,也许就是这一代理想主义者的宿命。

在 1949 年中国政治的十字路口上,卢作孚最后之所以选择了共产党而没有去条件优渥的台湾和美国,因为他认为,只有在新中国才可以大展他强国的梦想,实现其人生价值。然而,他对新中国的理解和想象,不断被接踵而至的现实击得粉碎。新的国家不是以经济建设为中心,而是以阶级斗争为中心;不是发展也不是节制私人资本,而是消灭私人资本;人和人的关系不是"推心置腹、相携于义的群的信赖"(民生公司语),而是在没完没了的政治运动中"你死我活"。他的梦就这样一个一个地破灭了,"哀莫大于心死",他没有活着的理由了。他是中国第一个对极左路线进行悲愤反抗并为此而献身的企业家。

改革开放以来,一些企业家或商人也选择了以极端的方式离开世界,其原因虽各不相同,但大抵是经营失误、财富损失、风光不再之类。我们为他们扼腕痛惜的时候,更加深感卢作孚为理想而死的干净和纯粹。

追溯历史是为了更美好的明天。告别极左,少走弯路,珍惜生命。

光风霁月

卢作孚自杀前给夫人蒙淑仪留下了一份遗嘱,遗嘱用钢笔写在一张毛边信纸上,只有简短的四条:一、借用民生公司的家具,送还民生公司。二、民生公司的股票交给国家。三、今后生活依靠儿女。四、西南军政委员会的证章送还西南军政委员会。

卢作孚

卢作孚的幼子卢国纶曾撰文对遗嘱做过解释:卢家 1948 年自南京搬到重庆时,卢作孚的女儿曾借用过民生公司的两件旧家具,卢知道后一直记挂在心。民生公司董事会曾奖励过

1952年，卢作孚先生去世后，其夫人和孙辈们在一起

卢股票，但只是从未参加过分红的干股。卢多年来只靠一份工资维持家庭生活，其他兼职收入全部捐给了北碚的公益事业，卢没有丝毫个人积蓄，撒手人寰之际，对老妻日后的生计做了最后的安排。

卢作孚一生操劳，身后萧条。他一身正气，绝不占公家半点便宜。他克勤克俭，两袖清风，严于律己，廉洁奉公。卢作孚朴实无华的遗嘱，有资格进入中华民族的永久记忆，成为为官为商者的座右铭和警世钟。

卢作孚出身寒门，自幼就养成了艰苦朴素的作风，粗布的中山装是他常年的穿戴，加上为了节约时间而剃了光头，朋友开玩笑说："你的跟班都比你穿得漂亮。"卢的家人和子女都以穿着简朴为荣，全家人的衣服、鞋子大都是卢夫人一针一线缝制的。

卢作孚喜欢吃"豆花饭"，全家很少买肉，有一次生病，家人要为他买一只鸡，却拿不出钱来。时任四川省主席的刘文辉来北碚视察，卢也以豆花入席招待。

卢作孚公私分明，对家属要求极为严格。整条长江上的轮船都是卢的，但卢的妻儿坐船也得买票排队上船，来不得半点含糊。卢上下班用的公车不准子女乘坐，更谈不上接送上下学了。卢夫人缠过足走路不方便，但卢的规定对她也不能例外。

抗战时期，卢家住在重庆红岩村4号，只有四十多平米，如果全家人都回来或来了客人，就得站着吃饭。家里摆设简单而简陋，客人来了只用白开水招待，全家人不吸烟，没有烟缸。家中唯一的一件"高级"用品，是一台破旧不堪、时好时坏的电风扇。

卢作孚的朋友、国民党元老张群评价他，称其为"一个没有受过学校教育的学者，一个没有现代个人享受的现代实业家，一个没有钱的大亨"。民主人士梁漱溟说他"胸怀高旷，公而忘私，为而不有，庶几可比之于古之圣贤"。

卢作孚视富贵如浮云，他的全部财富都献给了社会和人民，他房无一间地无一垄，赤条条来又赤条条去，没有给家人留下任何财产，但他留下了尊贵的人格和高洁的品行，光风霁月，永在人间，泽被后人。

卢作孚光辉而伟大的一生，不仅仅是因为他白手起家创建了声誉卓著的民生

卢作孚重庆故居

轮船公司，不仅仅是因为他在国难当头时的气节和担当，也不仅仅是因为他以一己之力成功地进行了乡村改造实验，而是因为他向我们展示了一个企业家如何为了实现理想而经历着思想和情感的煎熬，在那样一个混乱而坎坷的时代里改变历史、推动进步。他以个体的卑微和一个时代不断抗争、妥协、融合，最终超越了他所在的那个时代。

卢作孚是一位用现代知识理念武装起来的清贫商人，具有牺牲自我、半儒半佛殉道者的悲悯气质，他在自己总结一生的文章《一桩惨淡经营的事业》中说："我自从这桩事业以来，时时感觉痛苦，做得越大越成功便越痛苦。"

笔者在阅读有关卢作孚生平材料时，有一种难以名状的苦涩弥漫在每一个日出和黄昏。凝视卢的旧照，孤独、凝重、悲悯而又无奈，正是那一代宗师的面相。他那双纯净明亮而又目光如炬的眼睛，仿佛穿透了时光的隧道，正在注视着这个浮华而轻佻的当下。他那线条刚毅而紧抿的双唇，万语千言，欲说还休。卢个子不高，身材瘦削，性格内敛，但他的内心世界却波澜壮阔，丰富葳蕤。卢作孚离开这个世界已有六十多年，往事如火惨烈，时光却散淡如烟。阳光底下的悲伤悠长而惊心动魄。我们不禁要扪心自问：

山在那里，我等何为？

北碚"红楼"卢作孚纪念馆

三千年来谁著史

一

如果历史可以穿越，有人愿意回到强大的汉唐，有人愿意回到相对宽松和富庶的宋代，我则神往春秋战国和近代民国这两个草莽乱世。这两个时代走的虽然仍然是专制独裁的老路，但由于中央集权空虚动荡，因而还有较为充沛的个人空间。于是风云际会，杰出人物闪亮登场，潜龙腾渊，鳞爪飞扬，上演了人类历史上一幕幕山谷崩摧却又千回百转的活剧。

犒军救国、荆轲刺秦，豪杰如云，猛士辈出，重义轻利，一诺生死，仗剑江湖，快意恩仇，一想起"春秋战国"这四个字，我就血脉贲张、意绪难平。而近代民国的那些特立独行之士，或豪放或儒雅，或愚或痴，或狷或狂，都透出了个性的光芒，其魂魄、能力、风度、气质、胸襟、学识和情趣，虽历经百年，有恍若隔世之感，但抚摸历史，仍然令人浩叹不已。

二

也许是时间更为接近吧，近代民国那些年那些人和那些事，似乎更加让我放不下。一种人格的魅力，一种情感的靠近，一种无形但绵长的吸引，使我常常陷于回眸过往的精神之旅，将埋进时光废墟里的身形面影和经典案例打捞上来，温习，亲近，打量，理解，对话。

　　我的目光最后聚焦于一个长期被忽视甚至被遗忘的群体——中国近代商业巨子和企业家。然而，当我进入这个原本并不熟悉的领域时，这个群体在我心目中的形象还是一片模糊，浮上脑际的甚至还有什么奸商、买办、卖国贼等曾被意识形态规约的时代烙印和政治标签。随着对史料阅读的深入，这个群体才变得清晰明亮起来，一个个血肉丰满的人物和可歌可泣的事件，也在我的心中鲜活可亲、呼之欲出。由衷的敬意和无限的感慨，使我总想做点什么，否则就有亏欠的不安和痛感。如何以现代的视角重新审视并评价这个群体的历史地位、弘扬他们理想主义和济世的情怀、探究他们的精神及其现实意义，变成了一种遥远但又迫切的召唤，于是便有了这本书的写作。

三

　　19世纪中叶以后，资本主义的嫩芽在古老的中华大地开始滋生，而真正的变化发生在1895年爆发的中日甲午战争，惨败的事实，空前地震动了偌大的"天朝"，也深深地刺激了国人中的有识之士，他们怀着崇高的民族精神，发出了"实业救国""兵战不如商战"的沉痛呐喊，开办工厂、通航修路、创建学校，为中国近代工商业的诞生和发展起到了奠基和引领作用，为中华民族赢得了荣誉和尊严。他们的时代大义、家国情义和生命真义，值得我们永远铭记和学习发扬。

四

　　我选取了15个有代表性的工商人物作为描述的对象。以生年次第，"红顶商人"胡雪岩被排在了首位。由于各种媒体和载体的推波助澜，这些年来"胡雪岩热"经久不衰，从一个放牛娃到富甲天下的巨擘，发财致富的传奇不知使多少人为之痴迷颠狂，杭州的胡氏故居和胡庆余堂几乎成了"朝圣"之地，而"当官要读《曾国藩》，经商要学胡雪岩"更是作为处世箴言而被广泛流传。

平心而论，胡雪岩的商业伦理和经营智慧、技巧，确实值得肯定，可圈可点。然而纵观其一生，并没有投资并经营新式企业，在封闭的社会里，经商不过是谋生的一种手段，他只是流通领域的一个旧式商人，近代工商文明的曙光还没有光顾他。而他依附皇权、结交官府，利用权力资源与各方面斡旋的娴熟机警和纵横捭阖，虽然是一些人追逐和膜拜的热点，但留给历史的却是官商勾结并最终失败的沉痛教训。

"洋务运动"是近代中国工商业发轫的标志性事件。李鸿章和张之洞是大权在握的封疆大吏和呼风唤雨的实力派人物，兴办实业是他们挽封建王朝于即倒的重要国策。张之洞的贡献在于他对近代中国钢铁等重工业的精心擘画和勠力创建。这种贡献是开拓性的，具有划时代的里程碑意义。

如果说张之洞是官僚创业并卓有成效的代表人物，那么盛宣怀就是亦官亦商并可左右时局的代表人物。盛宣怀一生创建了实业和教育等事业11个"中国第一"，他参与或主持的企业经营积极吸纳先进的管理理念，推行有效的生产方式。在推动历史前进方面，他超过了胡雪岩。然而，他在政治上却立足于维护根烂叶枯的清王朝的统治，未能冲破封建政治体制和传统思想的牢笼。作为"官督商办"的推行者，他进入的也都是矿山、土地、银行之类国有垄断行业，在这里他才能如鱼得水、兴风作浪，并且攫取了巨大的财富。他一生的追求还是仕途，不一样的是，他没有走悬梁刺骨的科举老路，而是通过实业这个强有力的阶梯，来实现自己的终极目的。他是一个典型的官僚资本家和实业家。他的头上始终笼罩着不可超越的官本位的障碍，身份的限制使他未能跨进现代的门槛。

五

真正掀开中国近代工商文明篇章的是比盛宣怀小九岁的"状元企业

家"张謇。他对权力干预企业始终葆有的警惕，他对民营体制的开创、追求和卓越才干，他的社会责任感特别是充满理想主义光辉的南通自治实验，使他站上了中国近代工商业的高地，成为一个标志性的人物和精神领袖。紧随其后的一大批企业家，荣德生兄弟、范旭东、周学熙、简照南兄弟、穆藕初、古耕虞、陈嘉庚、卢作孚等等，共同谱写了一个时代艰苦拼搏的长歌、凯歌和悲歌。

从张謇到本书"殿后"的卢作孚，从1853年到1952年，横跨了近百年的时光，前后几代企业家白手起家，殚精竭虑，聚沙成塔，既改写了中国近代的历史，也创造了巨大的财富。他们蓬勃如野草，高贵如雪莲。

六

然而，他们并未获得应有的感念和尊重。昔日的奋斗和荣耀，早已沧桑流转，远山带雾，夕阳掩映。考察他们当年成就的旧址，大多也都消失在时间的冷漠之中，一次次地令人失落、哀伤。就连在抗日战争的危机关头，为整个民族保有了珍贵物质和人才血脉的"东方的敦刻尔克大撤退"，也鲜有人提及，宜昌至今还没有一块哪怕是简陋或粗糙的纪念碑。是我们这个民族易于忘恩吗？是历史被时间粗暴地中断了吗？

问题显然并不那么简单。由于中国是个超稳定的农业社会，因而向来鄙薄商人，"农工士商"，商人的地位与乞丐和妓女为伍。这是我们之所以遗忘这些企业家，诸多因素中很重要的一点。此外，传统观念总是以为，巨大的财富往往与巨大的罪恶相关，因而"杀富济贫"历来都被视为英雄壮举，成为讴歌对象。没有谁怀疑过，"富"就该"杀"吗？这种不问青红皂白杀戮的正义性是什么？陈腐的观念根深蒂固，古已有之，于今为烈，当代学者茅于轼因其"为富人说话，为穷人办事"而遭受到普遍而持久的非难。

七

财富有罪吗？我以为，答案正好相反。财富作为一种力量的存在，可以带动经济的发展，就业的增加，生活水平的提高，从而推动社会前进。财富作为一种天平的存在，可以衡量一个国家、一个地域或一个部门实力的轻重，可以称出一个企业品牌或一个人价值的分量。改革开放以来，中国已成为财富涌流的热土。在可期的未来，一个新的造富高潮必将出现在古老而充满现代活力的华夏大地，有力地促进中国经济的健康发展与和谐社会的全面构建。只有在畸形变态的社会里，财富才成为一种罪恶，而贫穷则成为至高无上的荣耀，其结果早已被事实所证明，那是拉历史车轮倒退的灾难。把一个国家或一个人引向毁灭的，从来不是财富，而是这个国家或这个人自己的所作所为。对待财富的态度，在某种程度上也折射了对待历史和生命的态度。

问题的症结在于，财富是怎么来的？马克思曾有"资本来到世间，从头到脚，每个毛孔都滴着血和肮脏的东西"的著名论断，对劳动者疯狂的盘剥，使资本的原始积累充满了罪恶和血腥。同样，通过非法或非道德手段所攫取或巧取的每一个铜板，也都是污秽肮脏、丑陋不堪的。相反，以张謇、陈嘉庚和卢作孚为代表的企业家，他们积累的每一分钱，都见证了难以想象的巨大努力和付出，汗水、智慧和风险与他们的事业和生命紧紧相连。劳动致富，干净光荣；创新致富，弥足珍贵。光明正大的财富，理应受到公众的认可和社会的尊重。

怎样使用金钱，是检验其拥有者思想境界高与低、人品人格正与邪的试金石。适度消费，当然入情合理，无可厚非。如果无节制的挥霍金钱或沉溺于糜烂生活甚至用来作为伤天害理的资本，暴露的只能是道德的沦丧和灵魂的堕落。近代优秀企业家个人的生活都相当节俭，作为"中国船王"的卢作孚，生病时需要补养身体，家里却连买一只鸡的钱都拿不出来。然而他在贫瘠落后、匪盗横行的四川，却全凭一己之力创建了一个中国乡村的样板，数万黎民得以安居乐业，创造了一个时代的神话。陈嘉庚是华侨首富，每餐却不过是蕃薯粥、豆干之类，他将毕生所赚的金钱全部奉献给了教育。困难时他宁可卖掉苦心经营的企业，也要保证教育所需，其"毁家兴学"的胸襟和美德高山仰止，令人景行行止。

财富的用之有道和取之有道一样重要。1911 年，美国钢铁大王卡耐基捐出了他的全部身家，并留下了一句震撼心灵的话："在巨富中死去是一种耻辱！"当代企业家不要成为财富的巨人、道德的侏儒，而应以更多的人文关怀和感恩的心去回馈社会，为中国的经济发展和民族振兴做出应有的贡献。这是企业家的时代担当和社会责任。

八

中国历史上从来没有哪一个年代，人们对财富的追逐和对财富的仇视像现在这样痴狂；同时也从来没有哪个时候，人们像今天这样在有钱、没钱和与人比较的撕扯中痛苦焦灼而停不下脚步。我们必须走出这个怪圈和阴影，以公正、平和、理性和动态的眼光审视、对待财富。西方和日本"仇富"的心态并非普遍意识，他们肯定财富的价值和企业家的贡献，生活贫困的人对来自富人的资助也心存感恩。在公平的竞争环境中，大家站在同一起跑线上，依靠诚实的劳动和锻造而来的智慧，竞逐财富，造成一种尊重财富、共同富裕的社会氛围，推进文明和时代健康而稳步地前进。

九

与近代中国财富巨子息息相关的关键人物李鸿章，21岁时为应翌年顺天乡试，自老家安徽入京，作《入都》诗十首。开篇便激荡飞扬、豪气干云，"丈夫只手把吴钩，意气高于百尺楼。一万年来谁著史，三千里外欲封侯。"我略加改动，唐突了李中堂，借用其中的一句作为本文即全书"后记"的篇名。有什么用意和考量吗？也许有，也许没有。或者，只是因为喜欢。喜欢，是所有行为的前提。

江风裹挟着丝丝凉意徐徐而来，似有心事；高大乔木和葳蕤灌木的苍翠葱茏间，鸟声如洗。在南中国的一座小城里，近代中国那些高贵而生动的灵魂，陪伴我度过了一年多难忘的时光。我的愿望总是大于能力，我知道没有很好地把这些企业巨子再现给世人，然而技薄如此，又岂奈何？风中落泪，不知有多少不甘也有多少甘心。在书稿即将付梓时，使我萦绕脑际的是，朋友们对我和这本小书的写作给予的温暖和支持，吴井田先生在写作过程中、张明先生在出版过程中的鼎力相助，除了要衷心地向他们道一声感谢外，也将一一铭记在心。

　　人老了，却又似乎从未长大。我或许不是一个安静而有定力的人，有时心里像着火似的为一些想法而焦虑、躁动。正因为此，我或许还要写下去，否则将对不起一生的付出、经历的折磨和苦难，也对不起这个最坏也是最好的时代。青山白水，后会有期。

2016 年 4 月